대한민국의 새로운 국가정신
공동체자유주의

대한민국의 새로운 국가정신 **공동체자유주의**

1판 1쇄 인쇄 | 2015. 9. 24
한반도선진화재단 편 (박세일 손동현 신정근 홍성기 이종은 박명호 박철홍)

펴낸이	한반도선진화재단
등록	2007년 5월 23일 제2007-000088호
전화	(02) 2275-8391-2
팩스	(02) 2266-2795
홈페이지	www.hansun.org

값은 표지에 있습니다.
ISBN 978-89-93093-17-9 03190

대한민국의 새로운 국가정신

공동체자유주의

한반도선진화재단 편

박세일 손동현 신정근 홍성기 이종은 박명호 박철홍

발간사

우리 사회가 지향하는 기본가치와 중심사상은 무엇인가? 온 국민이 공유하면서 지켜나갈 디딤돌이 되고, 국가가 비전을 세우고 전략을 가다듬을 기둥이 될 이념은 무엇인가? 안타깝게도 이에 대한 공감대는 아직 없어 보인다. 그래서 정권이 바뀔 때마다 국정철학이 바뀌고, 의무교육과정에서 가르치는 내용도 지역이나 교사에 따라 들쭉날쭉한 것 같다.

한반도선진화재단은 지난 6개월 동안 시대정신을 염두에 두고 21세기 통일한반도의 기틀이 될 가치와 사상을 탐색하는 연구 작업을 진행해왔다. 머리를 맞대고 고민과 숙의를 거듭한 결과, '공동체자유주의'를 제언하게 되었다. 공동체자유주의는 말 그대로 공동체를 소중히 여기는 자유주의다. 마치 '동그란 삼각형'처럼 얼핏 상충하듯이 보이는 공동체주의와 자유주의를 억지로 합성한 절충안의 개념이 아니다. 이 책에선 공동체주의와 자유주의가 조화를 이룰 수 있을 뿐만 아니라, 나아가 시너지를 창출하는 논거와 사상적 기초를 천착하였다.

연구책임을 맡아 고생하신 손동현 교수, 작업에 참여하신 박세일 한반도선진화재단 상임고문을 비롯해 신정근 교수, 홍성기 교수, 이종은 교수, 박명호 교수, 박철홍 교수께 깊이 감사드린다. 한반도선진화선재단이 주창하는 '공동체자유주의'가 대한민국을 뛰어넘어 인류의 보편적 이념으로 승화되기를 기대한다.

2015. 8
한반도선진화재단 이사장 박재완

차 례

01 공동체자유주의란 무엇인가? — 박세일
시대의 요구 : 새로운 국가철학 • 10
공동체자유주의(communitarian liberalism)란? • 22
국민행복원리로서의 공동체자유주의(인간관) • 35
공동체자유주의적 인간관 • 37
국가개조철학으로서의 공동체자유주의(경세론) • 47
선진통일이념으로서의 공동체자유주의 • 75
국정개혁원리로서의 공동체자유주의 • 85

02 공동체자유주의의 철학적 기초 — 손동현
사회철학의 근본문제: 개인과 사회의 대립 • 102
개인적 자아와 사회적 자아 • 107
개인주의-자유주의 • 114
공동체주의-평등주의 • 119
공동체자유주의의 종합 • 126

03 공동체자유주의와 동양 철학적 기초 — 신정근
여는 글 • 134
동양철학의 공동체자유주의 자산 • 138
공동체자유주의 자산의 현대적 적용 • 146
맺음말 • 154

04 공동체자유주의와 철학적 인간학 — 홍성기
인간의 존재론적 상황 • 156
동양사상에서 '나'의 이중적 이해 • 159
소통가능한 '자유주의'의 의미 • 166
공동체자유주의의 실현을 위한 인프라 • 174

05 공동체자유주의의 정치사상적 기초 — 이종은

서언 • 182
자유주의와 공동체주의의 대립 • 184
공동체자유주의의 가능성 • 193
정책에서의 공동체 자유주의의 함의 • 203
결어 • 207

06 공동체자유주의의 경제적 관점 — 박명호

서론 • 212
근대 이전의 경제사상 • 214
중상주의 시대의 경제사상 • 217
현대 경제학의 탄생 • 220
현대 경제가 처한 당면과제를 극복하기 위한 대안으로서 공동체 자유주의 • 225
요약 및 결론 • 232

07 공동체자유주의의 교육사상적 기초 — 박철홍

서론 • 238
공동체와 개인의 대립적 관점과 한국 교육의 문제 • 242
공동체자유주의로서 삶과 교육 • 251
결론 • 261

부록 2005, 21세기 국가발전이념 공동체자유주의 — 박세일 • 267
2014, 왜 공동체자유주의인가? — 박세일 • 313
공동체자유주의 약사 — 박세일 • 339

01

공동체자유주의란 무엇인가?

| 박세일 |

한반도선진화재단 상임고문

서울대학교 명예교수

시대의 요구 : 새로운 국가철학

이 글을 쓴 목적은 다음과 같다. 2015년 현재 우리 대한민국에 새로운〈국가정신〉내지〈국가철학〉이 요구되고 있다. 국가정신 혹은 국가철학이란 당시 국민을 하나로 묶으며 국가와 시대를 이끌고 갈 정신적 철학적 깃발을 의미한다. 이러한 의미에서 2015년 현재 대한민국에서 새로이 요구되는 국가정신 내지 국가철학은, 환언하면 대한민국의 새로운 정신적 철학적 깃발은 무엇이 되어야 할까? 그에 대한 답을 우리는〈공동체자유주의〉, 즉 공동체를 소중히 하는 자유주의에서 찾는다.

2015년 대한민국은 지금 다음과 같은 3가지 시대적 국가적 도전을 맞이하고 있다. 첫째는 새로운〈국민 행복원리〉를 찾아야 하는 도전이다. 둘째는 새로운〈국가개조철학〉을 제시하여야 하는 도전이다. 셋째는 새로운〈선진통일이념〉을 세워야 하는 도전이다. 이 3가지를 각각 바르게 세우는 것이 지금 이 시대, 대한민국에 요구되는 정신적 철학적 도전이다.

그런데 이 3가지의 시대적 국가적 도전에 대한 올바른 응전의 길을, 그 해결의 올바른 이념적 철학적 방향을 우리는〈공동체자유주의〉에서 찾아야 한다고 생각한다. 바꿔 말하면 시대가 요구하는 새로운〈국민행복원리

〉도 공동체자유주의에서, 시대가 요구하는 새로운 〈국가개조철학〉도 공동체자유주의에서, 그리고 시대가 요구하는 새로운 〈선진통일이념〉도, 공동체자유주의에서 그 이념적 가치적 철학적 기초와 기준을 찾아야 한다고 생각한다. 각각 나누어 생각해 보자.

국민행복원리

1945년 해방 후 지난 70년간 건국과 산업화 그리고 민주화 시대를 겪으면서 우리는 국민의 행복이 경제발전과 민주주의에서 온다고 생각하였다. 발전연대 국민행복원리였다. 경제적으로 풍요로워지고 정치적으로 자유스러워지면 국민행복은 크게 실현될 것으로 보았다. 반(半)은 맞는 말이다. 그런데 경제발전과 민주주의에는 성공하였는데 온전한 국민행복의 시대는 아직 오지 않았기 때문이다. 물질적 풍요와 정치적 자유가 온 것은 사실이나. 그것은 오히려 〈정신적 빈곤〉의 심화와 확대를 수반하고 있다. 한마디로 물질은 개벽되었는데 정신은 개벽되지 아니했다.

우리 사회의 지배적 인간관과 개개인의 인생관이 과도하게 물질 지향적이고 황금만능 주의적으로 되어 버렸다. 그동안 인간이 왜 사는지, 어떻게 살아야 하는지, 인간의 가치와 의미는 어디에 있고 인생의 목표는 무엇인지 등의 문제에 대한 개인적 차원에서도 사회적 차원에서도 성찰과 천착이 너무 없었던 것 같다. 오로지 물질적 풍요를 노래하고 정치적 자유방임만을 외치면서 살아왔다.

그래서 두 가지 문제가 등장하게 되었다. 하나는 〈마음의 빈곤〉이다. 사회구성원 개개인의 자기 긍정, 자기존중의 마음이 약화하고 있다. 다른 하나는 〈공동체의 해체〉다. 가족, 이웃, 기업, 학교, 사회, 국가 등등 각종 공동체의 자기정체성과 연대성이 약화되고 있다. 공동체정신의 약화 내지 공동체연대의 해체다. 한마디로 자기가 자기를 소중히 여기지 않고 자기가 속한 공동체를 소중히 하지 않는 현상이 심화되고 격화되어 왔다. 이것을 우리는 〈정신적 프로레타리아proletariat화〉라고 부를 수 있다. 그 결과 파편화된 개인은 자기비하와 고독 속에서 정신적 공황으로 들어가 정신적 무정부 속으로 무한 표류한다. 우리 사회의 자살률, 이혼율 등이 세계적 수준으로 나타난 것이 이를 반증한다.

더욱 심각한 문제는 이 사회의 〈지도층의 정신적 파산〉과 〈지도층의 도덕적 가치적 권위의 실종〉이다. 한마디로 지도층이 지도층답지 않다. 왜 살아야 하는지, 무엇이 소중한지에 대한 철학과 자기성찰과 반성의 부족은 지도층까지도 정신적 프로레타리아proletariat화하고 있다. 그러니 지도자의 행동에 선공후사가 없고 금욕과 청렴이 없다. 애국愛國도 애민愛民도 잘 안 보인다. 그러다 보니 지도층이 존경과 신뢰를 받을 수 없다. 지도층이 존경과 신뢰를 받지 못하면 국민이 믿고 따를 준거와 기준이 없어진다. 위나 아래나 물질과 권력만을 추구하며 수단과 방법을 가리지 않는 소위 〈막사는 세상〉이 되고 있다. 맹자가 이야기한 자폭자기자自暴自棄者들의 세상이 되고 있다.

지금 우리 사회의 시대적 과제는 올바른 인생관과 인간관의 정립이다. 이것이 더는 소수 개인의 문제가 아니라 이제는 사회적 국가적 과제가 되었다. 사회 전반에 정신적 빈곤의 문제, 즉 마음의 빈곤과 공동체 해체의 문제가 너무나 보편화 일반화되었기 때문이다. 그래서 본래 개인의 문제여야 할 인생관의 문제가 이제는 국가적 차원에서 고민하고 대응책을 세워야 할 단계에 이르렀다. 이대로 가면 국가는 경제적으로 정치적으로 발전한다고 해도 국민은 더욱 더 불행해지는, 즉 행복을 잃어 가는 사회가 될 수도 있다. 그래서 올바른 인간관과 인생관을 세우는 문제에 대한 국가적 차원의 대응 노력이 필요하고, 우리는 그 답을 〈공동체자유주의〉에서 찾아야 한다고 생각한다.[1]

무슨 이야기인가? 앞으로 우리나라에서는 우리 사회에 바람직한 인간관, 인생관으로서 〈공동체자유주의적 인간관〉과 〈공동체자유주의적 인생관〉이 연구되고 제시되어야 한다고 생각한다. 그리고 그러한 개체와 공동체의 관계를 잘 조화시킨 건강한 인간관과 인생관이 확산하도록 노력하여야 한다고 생각한다. 이를 위하여 〈공동체자유주의적 교육철학〉 - 홍익인간 교육 - 이 우리나라의 교육정책의 기본가치와 철학으로 제시되어야 하고, 그 방향으로 국가의 교육개혁이 추진되어야 한다고 본다.

---

1) 일반적으로 인간의 행복은 3가지 조건이 중요하다고 한다. 첫째는 자유이고 자율이다. 둘째는 자긍이고 자존이다. 셋째는 인간관계이고 건강한 공동체이다. 지금 우리사회에선 첫째의 문제는 거의 없다. 건국과 산업화와 민주화 자체가 이미 대대적인 자유의 확산과 심화과정이었다. 지금은 오히려 자유과잉, 자율부족이 문제가 될 정도이다. 그러나 우리 사회에서 둘째와 셋째의 문제는 심각하다. 둘째는 인간의 가치와 인생의 의미가 어디에 있는가? 어디에서 찾아야 하는가? 하는 문제와 관련된다. 건강한 인생관 인간관 없이 자신의 삶에 대하여 자긍하고 자존하기 어렵다. 이 분야가 취약하다. 셋째는 공동체의 문제이다. 건강한 인간관계와 건강한 공동체 없이 인간이 행복하기 어렵다. 그런데 지금 우리사회에서 여러 공동체적 연대는 많이 약화되고 해체되고 있다. 따라서 이상의 두 가지 문제——인생관의 문제와 공동체의 문제——를 고쳐야 국민행복의 시대를 열수 있다. 정신빈곤의 문제를 풀고 정신풍요의 시대를 열 수 있다. 물질적 선진국에 상응하는 정신적 선진국을 이룩할 수 있다.

동시에 우리 사회의 각종 공동체를 건강하게 재구축하는 국가적 차원의 그리고 시민사회 차원의 노력이 함께 있어야 한다. 그래서 가족, 이웃, 직장, 학교, 종교, 시민사회 등등 다양한 공동체들이 본래 각자가 가져야 하는 자기 정체성 – 가치적 의미 – 을 회복하여야 하고, 내부 구성원들 간의 정신적 연대도 크게 강화하여야 한다. 그래서 개인적 자유와 공동체적 연대가 함께 균형과 조화를 이루는 공동체자유주의 사회를 만들어야 나가야 한다. 그래야 우리는 경제적 발전과 정신적 풍요가 함께 가는 진정한 국민행복의 시대를 열 수 있다. 우리 사회에 필요하고 또 바람직한 공동체 자유주의적 인간관과 인생관이 무엇인가는 3장에서 상론한다.

국가개조철학

본래 국가발전철학이나 국가경영철학이란 미래 국가발전의 모습, 즉 국가 비전과 이를 실현할 국가전략을 제시할 수 있는 세계관, 국가관, 발전관을 의미한다. 2015년 현재 대한민국은 이 국가발전철학에서도 새로운 패러다임이 요구되고 있다.

지난 70년간의 건국, 산업화, 민주화 시대를 지나 우리는 지금 〈세계화 지식 정보화〉 그리고 〈인구노령화와 자원부족〉이라는 지구촌의 문명사적 구조변화의 시대를 맞이하고 있다. 세계화 그리고 지식 정보화라는 새로운 세계적 기술, 경영적 구조변화에 어떻게 성공적으로 적응하면서, 또한 인구 고령화와 자원부족이라는 구조적 제약을 어떻게 창조적으로 극복하면서, 〈나라 선진화〉라는 우리 대한민국이 당면하고 있는 중진국에서 선진국으로의 도약의 문제를 풀어 갈 것인가? 우리는 두 가지 구조변화의 도전에 당면하고 있다. 그래서 과거 20세기 〈산업화 근대화〉의 시대와는 근본적으로 다른, 〈세계화 선진화〉 시대에 걸맞는 21세기형 국가발전원리와 철학, 국가경영원리와 철학이 요구되고 있다고 할 수 있다. 새로운 21세기적 세계관·국가관·발전관 그리고 이에 기초한 새로운 21세기형 국가모델이 요구된다고 할 수 있다.

과거 〈산업화 근대화〉 시대에는 정부주도의 추격형catch-up 성장전략, 수출 대기업 주도의 성장전략, 제조업 우선주의, 영·수·국과 암기 위주의 교육, 학교와 교사 등 공급자위주의 교육, 획일적·일방적·권위주의적 행정, 중앙집권적 국가운영, 일국주의一國主義적 발상, 일방적 대미의존의 외교 안보 등등이 중요한 국가발전전략이었다. 60~70년대 당시에는 나름의 올바른 선택이었고 의미와 가치가 있었다. 국가발전에 큰 기여를 한 전략이었다.

그러나 이제 〈세계화 선진화〉 시대에는 민간주도의 혁신형innovation-driven 성장전략, 중소기업과 내수병진의 성장전략, 서비스업 주도전략, 창의성과 다양성 교육, 학생과 기업 등 소비자 위주의 교육, 주민주권의 서비스형 행정, 분권적 국가경영, 세계화 시대에 걸맞는 다국주의多國主義적 발상, 자주적·자강적 외교안보 등등이 새로운 국가발전전략의 중요방향이 되고 있다.

더구나 과거 〈산업화 근대화〉의 시대는 권위주의 시대였다. 이제 〈세계화 선진화〉의 시대는 민주주의의 시대이다. 그런데 권위주의를 종식시킨다고 민주주의의 꽃이 저절로 활짝 피지는 않는다. 21세기 대한민국의 민주주의는 〈이익집단민주주의interest-group democracy〉와 〈포퓰리즘populism〉이라고 하는 새로운 도전에 직면해있다. 목소리 큰 이익집단의 요구가 정치인들의 대중영합주의 즉 포퓰리즘과 결합이 되면, 국정운영은 산으로 올라가고, 그 결과 국민은 분열되고 국가발전은 후퇴한다.

따라서 21세기 세계화 선진화 시대의 새로운 국가발전철학과 전략 속에는 경제와 교육과 외교 등을 각각 어떻게 구조개혁 할 것인가 하는 과제와 더불어 지금의 민주주의를 어떻게 혁신할 것인가 하는 문제도 포함되어야 한다. 권위주의 시대의 민주주의를 〈민주주의 1.0〉, 그리고 민주화 이후의 민주주의를 〈민주주의 2.0〉이라고 한다면, 이 두 민주주의를 넘어서 세계화 선진화 시대에 걸맞는 〈민주주의 3.0〉을 어떻게 구상하고 구축할 것인가 하는 문제가 반드시 포함되어야 한다.

요약하면 이제는 20세기적 산업화 근대화의 시대, 권위주의적 민주주의의 시대가 아니다. 21세기적 세계화·선진화의 시대이고 민주화 이후의 민주주의 시대이다. 그래서 〈산업화-근대화-권위주의형〉 과거 국가발전철학과 원리를 〈세계화-선진화-포스트 민주주의 형〉 새로운 국가발전철학과 원리로 바꾸어야 한다. 그래야 국민을 다시 하나로 묶을 수 있고 국가발전의 미래를 활짝 열 수가 있다.

이러한 변화를 위해선 대대적인 국가대개조grand reform가 필요하다. 법과 제도, 의식과 관행의 환골탈퇴적 개혁과 외교와 문화와 민주주의를 보는 기본시각까지를 크게 바꾸는 대대적 국가개조가 필요하다. 한 두 분야의 국정개혁만으로는 안 된다. 〈구舊 국가개혁철학〉만으론 안 된다. 총체적, 전면적, 근본적 개혁이 필요하다. 그래서 대대적 국가개조를 통해 새로운 시대를 열 새로운 〈신新 국가개조철학〉이 나와야 한다.

올바른 〈신新 국가개조철학〉이 나와야 우선 좌와 우를 하나로 묶어 갈 수 있다. 소위 진보와 보수의 이념 갈등, 지역과 세대의 분열 등을 통합하여 나갈 수 있다. 진정한 국민통합은 〈생각의 통합〉과 〈사상의 통합〉에서 온다. 〈이익의 나눔〉만으로는 한계가 크다.

2015년 지금 대한민국의 국가경영에서는 국민통합도 국가발전도 제대로 이루어지고 있지 않고 있다. 지도자들 나름의 노력에도 불구하고 국정의 침체 표류 혼선은 대단히 걱정스러운 수준이다. 왜 이렇게 되고 있는가? 2015년 우리나라에 국정의 침체와 혼란의 주된 이유는 무엇인가? 시대는 일련의 체계적 국정개혁, 더 나아가 국가 대개조를 요구하고 있는데, 우리나라 정치와 행정에서는 개혁과 개조가 거의 실종되어 있기 때문이다. 모든 국민은 천안함, 세월호, 메르스 사태 등을 겪으면서 〈이대로는 안 된다〉는 국민적 합의가 크게 형성되어 있다. 이렇게 전반적, 근본적인 국가대개조가 필요하다는 국민적 합의는 있는데 이에 부응한 대대적인 국가대개조를 해낼, 그러한 의지와 역량을 갖춘 정치리더십과 정치세력이 거의 보이지 않는다.

이제는 몇몇 분야의 개혁만으로는 안 된다. 정치 · 경제 · 사회 · 문화 등 모든 분야의 대대적인 개혁, 〈제도와 의식과 관행〉 모두의 총체적 발본적 개조가 필요하다. 그리고 거기에 진정한 국민적 합의가 있다. 다시 강조하지만 문제는 개혁과 개조의 이념적 철학적 깃발을 높이 들고 - 우선 철저한 자기확신과 자기헌신을 가지고 - 국민을 하나로 통합시키면서 개혁과 개조를 과감히 추진할, 그러한 정치리더십과 세력이 보이지 않는다. 그래서 국민이 더 좌절하고 분열하고 있다. 지금 대한민국의 위기는 그리고 시대의 고통은 바로 여기에 있다. 이 문제를 풀어야 한다. 시작은 공동체자유주의적 국가개조철학의 정립에서 출발하여야 한다.

선진통일이념

이제 21세기 초에 한반도 통일의 여건은 당위만이 아니라 필연으로 다가올 것이다. 한반도 통일에 유리한 외부적·국제적 여건은 크게 성숙할 것이다. 문제는 우리의 주체적 의지, 능력과 준비에 있다. 지금까지 분단의 시대를 살아온 우리로서 대한민국의 모든 제도와 사고는 분단을 전제로 만들어져 있다. 지금도 그러한 분단제도와 분단의식을 가지고 살고 있다. 그래서 한동안 통일을 기회와 축복이 아니라 부담과 고통으로 생각하는 사람들이 많았다. 북한도 마찬가지일 것이다. 그러나 이제는 더 이상의 분단은 남과 북 모두에게 큰 불행이 된다. 그래서 우리는 반드시 70년의 분단을 뛰어넘어 하나의 길로, 통합과 통일의 길로 나가야 한다.

그런데 통일은 단순히 분단 이전으로의 복귀가 아니다. 새로운 국가의 창조여야 한다. 21세기 통일 한반도라고 하는 새로운 의미와 가치를 가지는 〈현대적 국민국가의 탄생〉이어야 한다. 그리고 그것은 동아시아의 역사를 분쟁과 갈등의 시대에서 평화와 협력의 시대로 바꾸는 역사적 대 사건이 될 것이고, 또한 되어야 할 것이다. 그러나 만일 한반도가 통일되지 못하고 분단의 고착화로 간다면, 한반도 내부의 긴장은 물론이고 동아시아 전체가 갈등과 대립의 새로운 제2의 냉전의 시대를 맞이할 것이다. 반면에 한반도가 통일된다면 남과 북의 경제가 욱일승천할 것이고 이를 계기로 중국의 동북 3성도 러시아의 극동도 비약적 도약의 시대를 맞이할 것이다. 이를 계기로 중국, 일본, 러시아 그리고 통일 한반도가 21세기 지구촌 경제에서 가장 다이나믹dynamic한 발전의 중심축이 될 것이다. 그리고 경제적 번영은 반드시 안보적 협력으로 발전하여 동아시아 평화의 시대를 열 것이다.

따라서 한반도가 통일할 것인가, 못할 것인가는 우리 한민족의 미래만 달린 문제가 아니다. 동아시아 전체의 미래와 복지가 달린 문제이다. 그래서 우리는 반드시 한반도의 통일을 성공시키고 동아시아 전체를 평화와 번영의 시대로 만들어야 한다. 이것이 우리 한민족의 시대적 사명이고, 동아시아 인ㅅ들의 지역적 사명이다.

이 통일의 시대를 열려면 통일의 시대를 끌고 갈 새로운 이념 가치 철학 사상이 나와야 한다. 이것을 우리는 〈선진통일의 이념〉이라고 부른다. 〈한반도 전체〉와 〈동아시아 전체〉를 선진화시킬 한반도의 통일이 우리가 이야기하는 선진통일이다. 따라서 이 선진통일을 이룰 이념은 2가지 부분으로 구성되어야 할 것이다.

첫째는 통일 한반도를 끌고 갈 이념이다. 통합과 발전의 이념이다. 민족통합과 국가발전의 이념이다. 이것은 당연히 공동체자유주의가 되어야 할 것이다. 그래서 통일 한반도의 모든 제도를 공동체자유주의적으로 바꾸어 나가야 한다. 그리고 구성원들의 사고와 가치도 공동체자유주의적인 방향으로 수렴하여 나가야 한다. 특히 북한의 제도와 사고에는 철저한 〈자유주의적 개혁〉이 불가피할 것이다. 지금까지의 분단시대의 반反자유적 전제주의의 잔재가 확실하게 청산되어야 한다. 그리고 남한의 제도와 사고에는 〈공동체주의의 강화〉가 필요할 것이다. 그동안 남한에서는 지난 산업화·민주화 시대를 거치면서 자유의 확대는 눈부시게 확대됐으나 공동체는 크게 약화되어 왔다. 이 문제점을 확실하게 보완하고 보강하지 않으면 안 된다.

그래서 통일 한반도 전체가 보다 공동체를 소중히 하고 자유주의를 강화, 확대, 심화하는 방향으로 법과 제도, 정치와 경제 그리고 사상과 문화를 개혁하여 나가야 한다. 분단 이념의 시대를 넘어 통일 이념의 시대를 열어야 한다. 그래서 이 한반도 위에 19세기와 20세기적 근대적 국민국가를 넘어 21세기 현대적 국민국가를 창조하여야 한다. 그리고 그 〈현대적 국민국가〉가 통일 이후에는 〈세계국가〉를 지향하면서 발전하여 나갈 것이다.

둘째는 통일 후 동아시아를 이끌고 갈 이념이다. 통일 한반도가 〈세계국가〉 내지 〈세계중심국가〉를 지향할 때 내세울 이념적 깃발이다. 이 새로운 동아시아 이념도 당연히 공동체자유주의여야 한다고 본다. 우선 동아시아의 미래질서를 자유주의적 국제주의liberal internationalism로 만들어야 한다. 〈자유주의의 국제판〉을 만드는 것이다. 그래서 동아시아 제국의 국제관계를 호혜·평등의 자주독립 국가들 간의 선린우호 관계로, 한마디로 자유 국가들의 수평적 관계로 만들어야 한다.

그리고 이를 전제로 그다음에는 동아시아 공동체를 만들어 나가야 한다. 〈공동체주의의 국제판〉을 만들어야 한다. 우선 동아시아 경제공동체를 만들고 더 나아가 동아시아 안보협력체를 만들어 나가야 한다. 물론 이들 공동체는 둘 다 배타적 지역주의가 아닌 〈열린 지역주의〉를 지향하여야 한다. 그래야 세계화·선진화 시대가 요구하는 세계주의, 다국주의와 모순되지 않는다. 이 열린 지역주의에 기초하여 〈동아시아 경제공동체〉를 만들어 이 지역에 풍요와 번영을 가져오도록 해야 하고, 이를 바탕으로 〈동아시아의 안보협력체〉를 만들어 이 지역에 비핵화와 평화를 가져오도록 해야 한다.

이처럼 우리 대한민국은 지금 통일 후 어떠한 통일 한반도를 만들 것인가에 대한 비전 그리고 통일 후 어떠한 동아시아를 만들 것인가에 대한 비전을 제시하여 한다. 그리고 이 두 비전을 하나의 이념·사상·철학으로 엮어 내어 제시하여야 한다. 분단 시대의 구 이념을 넘어선 선진통일 시대의 신 이념이 제시되어야 한다. 그리고 우리는 이 한반도전체와 동아시아 전체를 선진화시킬 이념 즉 〈선진통일이념〉이 공동체자유주의에 기초하여야 한다고 생각한다.

공동체자유주의communitarian liberalism란?

〈자유주의liberalism〉란 무엇인가? 자유주의란 국가나 개인에게 있어, 개인의 존엄, 자유, 창의가 가장 중요한 가치이고, 국가는 이 개인 자유의 가치를 최대한 존중하고, 그 확대와 보장에 최선을 다해야 한다는 주장이다. 물론 개인의 자유는 타인의 자유를 훼손하지 않는 범위 내에서만, 확대되고 보장되어야 한다. 모두가 평등한 자유를 누려야 한다. 그래서 자유주의는 공정한 행위 준칙rule of just conduct 으로서의 법치주의를 전제로 하게 된다. 따라서 이러한 자유주의의 입장에서는 법 앞의 평등과 법치주의를 전제로, 국가의 제도나 정책이 국민 개개인의 자유를 최대한 확장하고 보장하는 제도와 정책일수록 바람직하다.

〈공동체주의communitarianism〉란 무엇인가?[2] 인간이란 본래가 개별적·독존적·자기완료적 존재가 아니다. 공동체적·관계적·상호의존적 존재

---

2) 공동체주의를 집단주의collectivism 내지 전체주의totalitarianism와 혼동하는 경우가 있다. 그러나 이 둘은 크게 다르다. 집단주의 내지 전체주의는 기본적으로 개인주의를 부정하는 입장이다. 개인의 가치보다 집단이나 전체의 가치를 절대적으로 우선한다. 그래서 집단이나 전체를 위한다는 명목으로 개인의 희생을 강제한다. 그러나 공동체주의는 자유주의와 마찬가지로 개인주의를 전제로 한다. 다만 〈개명된 개인주의enlightened individualism〉를 희망한다. 공동체의 이익과 개인의 이익을 조화하려는 노력을 개개인이 자발적으로 하여 줄 것을 주장한다. 그래서 공동체주의는 개인의 자유와 공동체의 건강성의 조화와 공존과 병진을 최대한 실현하려는 노력이라 하겠다.

다. 그래서 공동체주의는 개개인의 존엄·자유·창의가 그가 속한 공동체가 건강할 때-공동체적 가치와 소속감, 그리고 연대성이 잘 발휘될 때-더 잘 실현된다고 본다. 따라서 국가든 개인이든 모두가 공동체를 소중히 하여야 한다고 주장한다. 개인은 자유를 통하여 자기의 존엄과 창의를 실현하여야 하고, 동시에 공동체의 건강한 발전에 기여하여야 한다고 주장한다. 또한, 국가는 개인의 자유 확대와 보장에 최선을 다함과 동시에 공동체의 건강성 유지에 최선을 다해야 한다고 주장한다.

그러면 우리가 주장하는 〈공동체자유주의〉란 무엇인가? 한마디로 〈공동체를 소중히 하는 자유주의〉이다. 좀 더 구체적으로 이야기하면 〈동양의 공동체주의〉와 〈서양의 자유주의〉를 통합한 사상이고 철학이고 이념이다.

우리는 21세기가 통通종교, 통通사상의 시대가 될 것으로 본다. 모든 종교와 사상의 지역적 문화적 차이는 줄어들고, 가장 심층적인 기본원리와 기본철학을 중심으로 세계적 보편화가 진행되어, 〈세계종교〉와 〈세계사상〉이 등장하는 통通종교, 통通사상의 시대가 열릴 것으로 본다. 이러한 시대의 변화에 걸맞은 사상이 동양의 공동체주의와 서양의 자유주의를 통합하는 〈공동체자유주의〉라고 생각한다. 그리고 이 사상이 21세기 한반도는 물론 동아시아를 앞장서 갈 사상이며 궁극적으로는 미래 세계사상이 될 수 있다고 생각한다. 그러면 왜 앞으로 한반도를 선도할 사상, 그리고 동아시아를 앞장설 사상이 동양적 공동체주의와 서양적 자유주의를 결합한 공동체자유주의여야 하는가?

이에 답하기 위해 우리는 먼저 공동체자유주의가 왜 서양적 자유주의를 중요하다고 하고, 우리의 미래 국가철학의 한 부분이 되어야 한다고 하는가 또한 공동체자유주의는 왜 동양적 공동체주의가 중요하다고 하고 우리의 미래국가정신의 한 부분이 되어야 하다고 하는가 하는 문제부터 살펴보도록 하자.

왜 자유주의여야 하는가?

우선 왜 자유주의여야 하는가? 왜 서구적 즉 개인주의적 자유주의가 중요한가? 왜 서구적 자유주의가 앞으로도 우리 대한민국과 동아시아의 미래를 인류를 리드할 사상인가? 두 가지 이유가 있다. 하나는 존재론적으로 인간 자체가 대단히 존귀한 〈자유생명체〉이기 때문이다. 다른 하나는 역사경험적으로 자유주의가 인류의 물질적·정신적 발전 – 정치적·경제적·문화적 발전에 – 의 동력이었기 때문이다.

우선 인간은 대단히 귀한 존재이고 자유생명이다. 귀한 존재란 두 가지 의미이다. 하나는 인간의 성립, 즉 육체와 정신의 등장 자체가 우주적 노력의 결과이기 때문이다. 무한한 시간적·공간적 노력의 총합이다. 50억 년 전의 태양, 45억 년 전의 물, 35억 년 전의 생물의 등장, 그리고 그 이후 수많은 선조의 은혜와 이웃의 땀과 노동으로 오늘의 우리 개개인이 존재하게 된 것이다. 그래서 인간은 참 귀하다고 할 수 있다.

인간이 귀한 두 번째 이유는 인간마다 불생불멸의 시공을 초월한 〈정신적·영적 생명〉이 있기 때문이다. 모든 성인의 주장을 보면 하나로 모인다. 기독교에서는 성령聖靈, 불교에서는 불성佛性, 유교에서는 천성天性이라고, 각자 부르는 명칭은 다르나 내용은 같다. 요약하면 사람이 곧 하늘이므로 하늘처럼 존귀하다는 주장이다. 우리나라 천도교에서 가르치는 인내천人乃天과 같은 주장이다.

이렇게 존귀한 인간이 끊임없이 자기변화와 발전을 한다. 그래서 인간은 자기 형성적이고 자기 진화적이다. 왜냐하면, 본질적으로 자유생명이기 때문이다. 따라서 우리는 개개인의 자유를 최대한 확대·보장하여야 한다. 그것이 고귀한 자유생명체로서의 인간의 자기변화와 발전을 보장하는 질서이고 자유생명체로서의 인간의 본성에 맞는 질서이기 때문이다.

자유주의를 대단히 중요하다고 생각하는 또 하나의 이유는 인류 발전의 역사를 보면 자유주의가 경제적 풍요와 정치적 민주화 그리고 과학기술의 발달의 동력driving force이 되어 왔다는 점이다. 주지하듯이 인류는 오랫동안 물질적으로 대단히 어렵게 살아왔다. BC 1,000년 경 인류의 일 인당 평균소득은 오늘의 가치로 환산하면 약 $150로 잡힌다. AD 1,750년경에는 이 수치가 약 $180이었다. 무슨 소리인가? 거의 2,500년이 넘는 오랜 기간 동안 인류는 물질적, 경제적으로 거의 발전이 없었다는 이야기이다. 그러던 인류가 AD 2,000년 현재 일 인당 평균소득이 약 $6,600이 되었다. 경천동지할 비약적 발전이었다. 1,750년부터 2,000년 까지 약 250년간 $180에서 $6,600으로의 비약이었다.

무엇이 이것을 가능하게 하였는가? 한마디로 〈경제적 자유주의〉였다. 재산권의 보장과 시장의 확대였다. 이 두 가지가 인류의 경제적 비약을 가져 왔다. 특히 시장이 동네시장에서 지역시장으로 그리고 국내시장으로 더 나아가 세계시장으로 확대되고 다양한 상품과 서비스로 심화되어 온 것이 결정적으로 중요한 발전의 계기였다. 이것은 경제적 자유주의의 확산 없이는 불가능했다.

지난 2~300년간의 민주주의의 발전도 마찬가지이다. 인간의 기본적 인권, 참정권의 확대, 의회 민주주의, 법치주의 등등 〈정치적 자유주의〉의 확산이 그 동력이었다. 또한, 같은 기간 동안 과학기술과 문화예술의 획기적 발달도 모두 〈사상적 자유주의〉에서 비롯된 것이다. 중세적 사상의 억압이 사라졌기에 창의적·자주적 사고가 가능하고 그것이 계기가 되어 과학혁명과 문화혁명이 가능하게 되었다. 이처럼 자유주의는 발전의 원리였다. 인류의 물질적·정신적 발전의 원리였다.

이렇게 인간은 자유생명체이고 자유주의는 국가발전의 원리라는 두 가지 이유로 우리는 서구에서 발전되어 온 개인주의적 자유주의가 앞으로도 우리 미래 대한민국과 동아시아에서 나아가 인류 전체의 발전을 이끌고 갈 사상이라고 생각한다.

왜 공동체주의여야 하는가?

그러면 자유주의로 충분하지 공동체주의는 왜 필요한가? 왜 특히 동양적 공동체주의가 필요한가? 우리가 공동체주의를 중요시하는 것은 다음과 같은 이유 때문이다. 인간은 존재론적으로 본래가 자유생명체이면서도 동시에 공동체적·관계적 생명체이기 때문이다. 인간은 혼자 존재할 수 있는 개별적·독존적 생명이 아니다. 이웃·자연·역사 속에서 타자他者들과 함께 끊임없이 관계하면서 살아야 하는 존재이기 때문이다. 공간적으로 보면 인간은 〈사회, 국가공동체〉와 〈자연공동체〉와의 상보적·상생적 관계 속에서 존재하고 변화 발전한다. 그리고 시간상으로는 〈가족, 민족공동체〉와 〈역사공동체〉와의 상보적·상생적 관계 속에서 존재하고 변화 발전한다. 그래서 사실은 나 속에 많은 타자他者 즉 이웃, 자연, 선조가 존재한다. 한마디로 인간은 존재공동체—관계적 공동체적 존재—이면서 〈타자내재적他者內在的 존재〉이다. 여기서 두 가지 문제가 나온다.

하나는 인간의 자기실현과 자아완성은 공동체를 떠나 가능하지 않다는 사실이다. 본래 인간은 타자 내재적 존재이기 때문에 자기를 바꾸면서 타자를 바꾼다. 그리고 타자를 바꾸면서 자기를 바꾼다. 중생이 없으면 부처가 나올 수 없고, 소인이 없으면 군자가, 죄인이 없으면 성자가 가능하지 않다는 것이다. 다른 하나는 인간의 행복은 공동체를 떠나 가능하지 않다는 사실이다. 아담 스미스Adam Smith는 그의 〔도덕 감정론〕에서 인간의 최대 행복은 가족과 친구, 이웃과 세계와의 〈상호동감 내지 공감mutual sympathy〉에서 나온다고 주장하고 있다. 서로에 대하여 혹은 같은 대상에 대하여 함께 공감할 때 인간은 무한한 행복을 느낀다는 것이다.

이상의 이유로 공동체적 가치와 연대를 소중히 하여야 한다는 공동체주의가 인간 개개인의 자아완성과 자기 행복에 필수적이다. 건강한 공동체 없이 인간은 완성도 행복도 불가능한 존재이기 때문이다.

물론 서구에도 공동체를 중시하는 공동체주의적 전통과 사상이 있었다. 그러나 동양의 공동체주의보다 약하다. 서구사상은 기본적으로 신과 개인과의 관계를 중심으로 구축되고 발전되어 왔다. 신에의 인간의 복속인가 아니면 신으로부터 인간의 해방인가가 중요한 관심이었다. 신으로부터 해방이 성공한 이후 개인주의가 등장했다. 그리고 개인주의가 등장한 이후 개인주의의 폐해가 생기면서 공동체 구상과 공동체에 대한 관심이 나오기 시작하였다. 그리고 본래 서구의 공동체 개념 속에는 자연은 들어가지 않는다. 인간과 자연의 관계는, 동양에서 주장하듯이 상의 상생의 공동체적 관계가 아니다. 단순한 정복과 개척과 개발대상으로서의 자연일 뿐이다. 그래서 서구에서 자연은 야만이나 비非문명으로 이해되는 경향이 강하다.

동양에는 서구적 의미의 신이 없으므로 기본적으로 사람과 사람, 사람과 자연, 사람과 역사의 관계를 중심으로 오랫동안 철학 하여 왔다. 그래서 보다 〈관계 중심적〉이다. 동양에서는 유사 이래 지난 수천 년간 인간을 사회와 역사와 자연과 분리해 사고해 본 적이 없다. 그래서 서양에서는 공동체도 근세 이후 등장한 〈사회공동체〉가 중심이지만, 동양의 공동체에서는 서구와 달리 〈가족공동체〉, 〈역사공동체〉, 〈자연공동체〉 등 모두 대단히 중요하다. 가족적 유대, 조상에 대한 경배와 후손에 대한 헌신 등이 동양에서는 아주 강하다. 즉 가족공동체와 역사공동체를 대단히 중요하게 생각한다. 또한, 인간을 자연 일부로 생각한다. 자연을 지배하는 천리天理와 인간을 지배하는 인륜人倫을 하나로 본다. 자연 속의 인간과 인간 속의 자연을 모두 소중히 한다. 자연과 인간은 대립하고 갈등하는 관계가 아니라 – 서양에서와 같이 정복의 대상이 아니라 – 하나의 우주적 · 공동체 속에서 함께 생성 · 발육하는 존재공동체로 본다.

이상과 같은 차이를 보면서 우리는 개인주의에 더욱 철저하였던 〈서양의 자유주의〉와 공동체주의에 보다 비교우위를 가진 〈동양의 공동체주의〉를 결합하여 공동체자유주의를 만들어 나가야 한다고 주장하는 것이다. 동양의 장점과 서양의 장점을 결합하여야 한다고 주장하는 것이다.

결국, 21세기 세계인류는 서양의 자유주의의 전통과 성과인 경제적 발전, 정치적 자유 그리고 과학기술의 발전을 계승 · 발전시켜야 한다. 동시에 동양의 공동체주의 전통과 성과인 가족주의, 정신/도덕주의, 왕도의 리더십, 선비문화 등도 발전적으로 계승하여야 한다. 그리고 이 두 가지의 인류의 지적 · 문화적 자산을 통합하여 공동체자유주의로 발전 · 승화시켜 나가야 한다. 그래서 21세기 인류의 문제 – 개인행복의 문제, 사회통합의 문제, 국가발전의 문제, 세계평화의 문제 등등 – 를 이 공동체자유주의의 입장에서 창조적으로 풀어나가야 한다. 그러한 의미에서 21세기 우리에게 필요한 것은 〈창조적 공동체자유주의〉라고 할 수 있다.

〈공동체를 소중히 한다〉는 것은?

앞에서 우리는 공동체자유주의는 공동체를 소중히 하는 자유주의라고 정의하였다. 그러면 〈공동체를 소중히 한다〉는 것은 무엇을 의미하는가? 결론부터 이야기하면, 공동체를 소중히 한다는 것은 공동체 본래의 목적 달성을 돕는 것을 의미한다. 주지하듯이 모든 공동체 – 가족, 기업, 사회, 국가 등등 – 는 나름의 고유목적과 자기가치를 가지고 있다. 그리고 모든 공동체는 자기가치의 실현과 고유목적 달성을 위하여 노력한다. 이러한 노력을 돕는 것이 바로 〈공동체를 소중히〉하는 것이 된다. 한마디로 공동체완성을 돕는 것이다.

자유주의는 인간으로 하여금 각자 개인의 〈자기완성〉의 길로 뛰어나갈 것을 기대한다. 공동체자유주의는 개개인이 〈자기완성〉에 노력하면서 동시에 〈공동체완성〉을 도와야 함을 주장한다. 그런데 공동체자유주의가 주장하는 자기완성과 공동체완성 혹은 〈자아완성〉과 〈타자완성〉은 기본적으로 상보적·상생적 관계이다. 자기완성이 깊어질수록 공동체를 위한 기여가 많아지고, 공동체가 건강하고 완성되어 갈수록 개개인의 자기완성이나 자기실현의 가능성도 높아진다.

일반적으로 개인의 발전과 공동체의 발전은 함께 간다. 즉 자기의 완성과 공동체의 완성은 동시에 함께 이루어진다. 병진한다고 볼 수 있다. 그러나 예외적인 경우가 얼마든지 등장하는 것은 아닌가? 만일 개인의 이익과 공동체의 이익이 서로 충돌할 때는 어떻게 해야 하는가? 바꿔 말하면 자유주의와 공동체주의가 충돌할 때 어떻게 해야 하는가? 이 문제에 대하여 공동체자유주의는 명쾌한 답을 제시하여야 한다.

그 답을 우리는 서경書經에서 순舜임금이 우禹임금에게 준 말에서 찾을 수 있을 것이다.³ 즉 인심人心은 위험하고 도심道心은 미미하니 오직 정성을 다하고 마음을 통일하여 진실로 그 바른 중심中心을 잡아라人心惟危 道心惟微 惟精惟一 云執厥中하는 이야기이다. 이것을 지금 우리식으로 풀어 이야기하면 자유주의는 개개인의 욕심이 함께 가기 때문에 위험할 수 있고, 즉 과도할 수 있고, 공동체주의에서는 공동선과 공익을 주장하니 그 명분은 좋으나 실제 힘이 미약하기 쉽다. 그러니 이 양자를 잘 조화롭게 조정해야 할 입법자는 오직 사심私心을 없애고 정성으로 마음을 하나로 통일하여, 이 양자 간의 올바른 중심中正을 잡아야 한다는 이야기가 된다.

그러면 여기서 올바른 중심이란 무엇인가? 단순한 가운데가 아니다. 단순한 기하학적 중심이 아니다. '올바른'이란 어떻게 판단하여야 할까? 그것은 그 상황에 즉 우리가 처한 시간과 공간에 적절하여야 함을 의미한다. 그래서 〈적절한 중심〉이어야 함을 의미한다. 때에 맞아야 하고 장소에 맞아야한다. 즉 시중時中이고, 방중邦中임을 의미한다.

여기서 예컨대 경제학자들이 흔히 이야기하는 시장이냐 국가이냐의 문제를 살펴보자. 어디까지 경제사회활동을 시장에 맡기고 어디까지 정부가

---

3) [書經]〈虞書 大禹謨〉

나서야 하는가? 하는 문제이다. 이에 대한 논쟁은 한없이 많으나, 결국은 시장의 영역과 정부의 영역을 적절한 수준에서 나누고 양자 간 역할의 조화와 균형을 추구하여야 할 것이다. 여기서 적절한 수준이란 어디인가? 무엇인가? 단순한 중간은 아니다. 경제활동의 반半은 시장이, 반半은 정부가 맡는 식은 아니다. 하나의 일반적 기준을 이야기한다면 아마 다음과 같이 될 것이다.

경제규모가 작은 나라에서 국가운영은 정부의 역할이 시장의 역할보다 - 규모가 큰 나라보다 - 상대적으로 더 중요할 수 있다. 나라가 작으면 정부실패의 발생이 적을 수 있기 때문이다. 반면에 나라가 크고 경제규모가 클 경우 정부가 나서서 많은 일을 하려 하면 정부실패가 커질 위험이 있다.

그리고 같은 나라에서도 경제개발 초기에는 개발 후기보다 정부의 역할이 시장의 역할보다 더 중요할 수 있다. 일반적으로 개도국의 경우 경제개발 초기 정부주도의 개발전략이 더 효과적인 경우가 많다. 반면에 경제개발에 성공하여 중진국을 지나 선진국에 접근할수록 정부보다 시장의 역할이 더 중요해진다. 그래서 정부주도에서 민간주도로 넘어가게 된다. 따라서 공동체자유주의에서의 자유주의와 공동체주의와의 결합은, 그 시중時中과 방중邦中을 찾아, 양자 간의 적절한 균형과 조화를 기하여야 한다. 그러면 양자 간의 잠재적 상충의 문제가 풀리게 된다.[4]

---

4) 어려운 문제는 실제로 적절한 중심 즉 시간과 공간에 맞는 구체적인 적절한 중심을 어떻게 찾을 것인가이다. 두 가지 조건이 필요하지 않을까? 하나는 결정권자가 사심이 없어야 하고 공동선에 서서 판단을 내려야 한다. 두 번째는 결정권자가 지극한 전문성을 가져야 한다. 자신이 부족하면 최고의 전문가들의 의견을 들어 판단하여야 한다. 그래서 옛날부터 정심正心과 치지致知가 수신修身의 기본이고 반드시 수신修身한 후 안민安

지금까지 우리의 논의는 공동체 내부의 이해는 일치하는 것을 전제로 하였다. 그래서 개개인의 자유의 가치와 공동체의 가치 – 공동체가치를 단일 가치로 가정하고 – 이 두 가치를 균형·조화로우면서 두 가치가 공존·공영하도록 하는 공동체자유주의를 추구하자고 주장하였다. 여기서 한 가지 더 살필 일은 만일 공동체가 단일가치로 묶이지 않고 공동체 안에 갈등과 대립의 문제가 발생하면 어떻게 풀어야 하는가 하는 문제가 남는다. 공동체 내부의 이해가 일치하지 않아 내부 갈등과 대립이 발생할 때 이 문제를 어떻게 보고 어떻게 풀어야 하는가?

이에 대한 답은 우리는 노자老子에 나오는 유무상생有無相生, 시비동문是非同門, 난이상성難易相成에서 찾아야 할 것이다. 예컨대 음과 양이 함께 작용하여야 춘하추동도 생로병사도 가능하다. 음만 있거나 양만 있어서는 춘하추동도 생로병사도 가능하지 않다. 그래서 서로 반대하는 입장과 견해가 같은 문門이니 실은 서로서로 완성해 준다고 본다. 즉 상반상성相反相成이라고 보아야 한다. 그러니 어느 한쪽 편만 들어서는 안 된다는 것이다. 공동체 전체의 관점에서 보면 A냐 B냐가 아니고 A도 B도여야 한다. 그래서 관용·존중·타협·회통·조화의 길을 찾아야 한다. 공동체의 최종입장을 결정할 입법자가 마음을 사심이 없는 태극太極에 놓고 – 이퇴계선생의 표현을 빌리면 우리의 마음을 중천中天에 떠 있는 해같이, 우주의 중심에 놓고 – 상반하는 대립자의 존재의미를 인정하고, 각각의 의견을 경청·포용하면서 상생의 길을 찾아가면, 모순과 갈등과 대립의 문제를 풀 수 있게

民)하라고 했던 것이다

된다는 것이다.

　이상을 다음과 같이 요약해 보자. 자유주의는 개인완성과 국가발전의 원리이다. 공동체주의는 개인 행복과 국민통합의 원리이다. 서양은 독존적 개인의 발전에, 동양은 관계적 공동체의 발전에 많은 관심을 가져 왔다. 자유주의는 경제발전, 정치발전, 과학기술의 발전에 크게 기여하여 왔다. 공동체주의는 가족과 정신/도덕 발전, 리더십 그리고 선비문화의 발전에 크게 이바지하여 왔다. 서양은 법과 제도를 발전시켜 좋은 세상을 만들려 하여 왔고 동양은 사람을 개명시켜 좋은 세상을 만들려 하여 왔다. 21세기 우리가 풀어야 할 많은 과제는 이제 이 두 가지 사상, 가치, 접근방법이 하나가 되어야 풀 수 있다고 본다. 그동안 서양의 자유주의로 물질이 많이 개벽 되었으니 이제는 동양의 공동체주의로 정신을 개벽해야 한다. 또한 이제는 민주화에 성공하였으니 선공후사와 금욕 청렴의 리더십이 나와야 한다. 그리고 공동체를 사랑하는 시민들이 나와야 한다. 이러한 새로운 시대적 과제와 가치관의 변화는 우리에게 공동체자유주의의 깃발을 높이 들고 나갈 것을 요구하고 있다.

국민행복원리로서의 공동체자유주의(인간관)

왜 행복하지 않은가?

60년대와 70년대의 산업화 그리고 80년대와 90년대의 민주화를 통하여 근대화혁명에 성공한 대한민국이 지금 정신적·가치적으로 공허해 하고 있고 동요하고 있다. 국민이 눈부신 경제성장과 정치발전에 상응하는 행복을 느끼지 못한다. 왜 그런가? 왜 동요하는가? 가장 중요한 이유는 두 가지일 것이다

하나는 공동체의 약화와 해체이다. 가족 공동체, 사회공동체, 국가공동체의 연대가 약화되고 해체되고 있기 때문이다. 인간의 행복은 기본적으로 건강한 공동체와의 관계에서 온다. 인간은 본래 타자내재적他者內在的 존재 즉 공동체가 자기 속에 내재하는 존재이다. 그래서 공동체가 약화되고 동요하니 자신이 약화하고 동요한다. 그러니 행복하기 어렵다. 과도한 개인주의 이기주의의 팽배 때문이다.

다른 하나는 정신적·영적자본spiritual capital의 낙후 내지 빈곤이 문제이다. 정신적·영적자본의 핵심은 인간이 어떠한 존재이고 어떻게 살아야

하는가에 대한 올바른 견해를 가지고 있는가 하는 문제이다. 그 사회에 건강한 인간관과 인생관을 가진 국민이 많을수록 그 사회의 정신적·영적 자본은 높아진다. 그런데 지금 우리나라는 바로 이 정신적·영적 자본이 고갈되고 있다. 지도자든 국민이든 심하게 이야기하면 〈막 살고〉 있는 것 같다. 한마디로 과도한 물질주의와 황금주의 만연 때문이다.

결국, 국민의 행복수준을 높이려면 두 가지를 해야 한다. 하나는 우리 사회의 공동체성 – 공동체적 정체성과 연대성 – 의 회복이고 다른 하나는 구성원 개개인의 올바른 인간관과 인생관의 정립이다. 전자가 국민행복의 필요조건이고 후자가 국민행복의 충분조건이다.

공동체자유주의적 인간관

인간은 도대체 어떠한 존재인가? 어떻게 살아야 하는가? 이에 대한 공동체자유주의적 답을 생각해보자.

정신적 · 영적 존재

첫째: 공동체자유주의는 인간을 기본적으로 〈정신적 · 영적존재〉로 이해한다.

공동체자유주의는 인간이 가지고 있는 육체적 · 물질적 측면과 정신적 · 영적 측면 중에서 후자를 중시한다. 주지하듯이 모든 동물도 식물로 육체와 물질은 가지고 있다. 그래서 인간의 가치는 정신과 영혼에 있지 물질과 육체에 있다고 보지 않는다.

공동체자유주의는 인간은 영 · 혼 · 육의 3가지 부분으로 구성되어 있다고 본다.

(1)은 영靈 Spirit이다. 모든 인간에 보편적으로 존재하는 불생불멸不生不滅의 영적 부분이다. 성령聖靈 Holy spirit, 불성佛性, 명덕明德, 천성天性, 양심良心, 참

나 등등 이를 부르는 이름은 종교에 따라 문화에 따라 다양하다. 그러나 의미는 기본적으로 같다.

(2)는 혼魂, consciousness이다. 개체적인 의식, 생각, 기질이다. 영은 시공時空을 떠난 존재로서 모든 인간에게 다 같지만, 혼은 시공적 제약 속의 존재이기 때문에 개인별로 다르다. 신新유가에서는 전자를 본연지성本然之性, 후자를 기질지성氣質之性이라고 부른다. 기질지성은 개개인의 부모가 다르고 개개인의 경험, 성격, 습관 등등이 달라서 생기는 것이다.

불교식으로 이야기하면 개개인의 숙세宿世의 원願과 업業이 달라서 생기는 것으로, 모든 사람은 서로 다른 혼을 가지게 된다.

(3)은 육肉 body이다. 개체적 몸이다. 흔히 영혼을 합쳐서 마음이라고 하기도 한다. 그래서 간단히 줄여서 인간을 마음과 몸으로 구성되어 있다고 할 수도 있다.

이 인간을 구성하는 3부분을 좀 더 살펴보면 인간은 기본적으로 공동체자유주의적이라는 사실을 알 수 있다. 우선 영靈의 세계를 보면 영의 세계는 개체성이 없고 기본적으로 보편적이고 일반적이다. 모두의 영적 내용과 자질은 다 같다. 예수교에서는 하느님이 주신 성령, 즉 인간의 영성은 모두 같다고 한다. 유가儒家에선 모든 인간의 본성은 다 같고 그 속에는 인의예지仁義禮智의 4가지 덕성이 공통으로 들어 있다고 본다. 불교에서도 모든 중생의 불성은 같고 불성에는 부처님의 6바라 밀의 공덕이 다 들어 있다고 본다. 그래서 인간들의 영은 개별적이 아니고 공동체적이다.

다음 혼魂의 세계는 개인마다 다르다는 개체성은 있으나 기본적으로 그 개체성은 공동체적 관계 속에서 형성되고 존재한다. 이웃, 사회, 국가, 자연 등 타자他者와의 다양한 관계 속에서 개별 혼이 형성되고 존재한다. 조상으로부터의 정신적 DNA, 성장 과정에서의 교육, 살아온 역사, 전통, 문화 등 바로 무수한 타자他者와의 상호관계 속에서 형성된 산물이 바로 개별 혼이다. 따라서 혼의 세계도 개체적이지만 기본적으로 관계적 공동체적이다.

마지막으로 육肉을 보자. 육의 경우도 형식은 개체적이지만 사실 내용은 공동체적이다. 즉 인간의 몸도 겉으로는 독립적이고 개체적이지만 사실은 다양한 타자와의 상호관계 속에서만 유지·성장시킬 수 있다. 의식주 등은 기본이지만 그 이외에서 다양한 사회적 분업망網을 통한 재화와 서비스의 공급 없이 – 사회공동체없이 – 인간의 육체적 생명은 단기간도 지탱할 수 없다. 물론 햇빛, 공기, 물 등 자연공동체의 도움이 없어도 마찬가지이다. 영은 보편적이지만 혼과 육은 기본적으로 개체적이면서 공동체적이다.

이 영혼육의 3가지 부분도 서로 밀접하게 상호연계 되어 있다. 그러한 의미에서 진정으로 인간은 안과 밖으로 관계적 존재이다. 존재공동체라고 부를 수 있다.

이러한 관계적 존재로서 인간의 실상을 앞에 두고 공동체자유주의는 인간의 가치를 육보다 영과 혼에 두고 있다. 환언하면 물질적·육체적 존재의 측면보다 인간의 정신적·영적측면을 보다 소중히 한다. 물질과 육체가 중요하지 않다는 주장이 아니다. 다만 인간의 가치는 정신과 영적 측면에서 찾아야 한다는 것이다. 주지하듯이 물질적·육체적 측면은 모든 동물이 다 가지고 있다. 인간이 금수禽獸와 다른 것은 어디에 있는가? 인간 본래의 가치 존엄성은 어디서 찾아야 하는가? 우리는 정신과 영혼에서 찾아야 한다고 본다. 인간을 기본적으로 정신적·영적 존재로 보는 것이 공동체자유주의의 인간관이다.

형성적 자유생명체

둘째: 공동체자유주의는 인간을 끊임없이 〈자기완성〉을 향해 가는 〈형성적 자유생명체〉로 파악한다.

그래서 인간이 어떻게 살아야 하는가 하는 인생론에 대한 답을 공동체자유주의는 〈자기완성을 위한 투쟁〉 속에서 찾아야 한다고 본다. 이 세상에서 사는 인간 삶의 가치·의미·목표는 인간 각자의 자기완성이라는 것이다. 그러면 자기완성이란 무엇인가? 두 가지 의미로 이해해야 할 것이다. 하나는 인간이 각자 자기의 육체적·정신적 능력을 개발하여 사회적 분업에 적극 기여함으로서 각자 자기성취를 이루는 것이다. 〈직업적 자기실현〉이라고 볼 수 있다. 사회에 무엇이 필요한가, 내가 무엇을 좋아하고 잘할 수 있는가를 잘 살펴 자신의 능력을 마음껏 개발하고, 그 분야에서 자기 기여와 자기실현을 최대화하는 것이다.

다른 하나는 인간이 가지고 있는 영靈의 영역을 개발하는 것이다. 맹자孟子식으로 이야기하면 인간의 본성에 있는 인의예지仁義禮智를 확충하는 것이다. 수양을 통하여 인간의 기질지성氣質之性을 바꾸어 인간의 본연지성本然之

性을 들어내는 것이다. 구체적으로는 본연지성 속에 있는 인의예지가 완전히 개화되도록 노력하는 것이다. 불교식으로 이야기하면 계정혜戒定慧 3학學을 통하여 불성을 체득하고 일상의 현실 속에서 6바라밀 – 보시, 지계, 인욕, 정진, 선정, 지혜 – 을 실천하는 것이다. 예수교식으로는 성령을 내 육신 속에 받아들이고 매일 매일 하늘의 부름에 응하여 – 성령의 인도함에 따라 – 사는 것이다. 그래서 이 땅에 하늘의 뜻을 이루는 것이다. 공자식으로 이야기하면 충忠과 노 – 恕를 통하여 – 혹은 극기복례克己復禮를 통하여 – 인仁을 이루고 종국적으로는 성인聖人이 되는 것을 의미한다. 이것이 인간의 자기완성이라고 볼 수 있다. 표현을 다르게 하면 소아적小我的 자아에서 점차 대아적大我的 자아로의 진화 그리고 변혁과정이라고도 볼 수 있다. 개인의 욕심·관습·기질·업·죄 등에 매여서 작아진 자아 즉 소아적 자아의 틀을 벗어나, 광명정대한 대아 즉 우주아宇宙我로의 대 변화가 바로 인간완성이라고 볼 수 있다.[5]

이러한 두 가지 의미를 가지는 〈인간의 자기완성〉이 인간의 삶의 의미 가치 목표여야 한다고 보는 것이 공동체자유주의적 인생관이다.

---

5) 어떻게 수양을 하여 우주적宇宙的 아我를 이룰 것인가? 유학에서는 경敬공부 정좌 정려법正坐 靜慮法이 있고 초기 불교에서는 사마타와 위빠사나 그리고 대승불교에는 선禪 공부가 있다. 이러한 공부들을 통하여 우선 마음을 고요히 하여 〈맑은 마음의 기상〉을 만들어야 한다. 그리고 나서 세상의 이치를 자신의 맑은 마음에 비추어 그 선과 악을 잘 살피고 그래서 나온 결론을 힘껏 실천함으로서 잘못된 생각, 습관, 행동을 고쳐 나가면 인간완성에 이른다고 볼 수 있다. 이것을 율곡은 그가 쓴 성학집요聖學輯要에서 거경居敬 궁리窮理 역행力行이라고 잘 정리하였다.

타자내재적他者內在的 존재공동체

셋째: 공동체자유주의는 인간의 자기완성 속에 타자완성他者完成이 들어 있다고 생각한다.

진정한 자기완성은 반드시 타자완성과 함께 가야 한다고 생각한다. 왜냐하면, 인간은 본래가 관계적 존재이고 타자내재적他者內在的 존재이기 때문이다. 그래서 나의 완성은 내 속에 있는 타자의 완성과 함께 이루어진다. 또한, 타자의 완성은 바로 나의 완성으로 연계되어 나타난다. 그래서 자기완성은 〈이웃의 성취〉, 〈세계의 완성〉과 함께 가야 진정한 〈자기완성〉이 된다. 중용中庸에서는 이것을 성기성물成己成物이라고 하였다. 나의 완성과 타자의 완성이 동시에 일어나는 것이다. 여기서 타자는 이웃뿐 아니라 동식물은 물론 천하의 대자연을 모두 의미한다. 그래서 자기완성과 타자완성을 동시에 이루어 내는 사람이다. 유가에서 이야기하는 성인聖人은 우주宇宙의 신神과 함께 천지만물天地萬物의 화육化育에 동참한다고 하였다. 이처럼 모든 인간은 성인이 될 수 있고 되어야 한다고 하는 것이 〈공동체자유주의의 인간관이고 인생관〉이다.

가까이는 지난 조선조 500년간 우리나라에서는 모든 선비가 위와 같은 인간관과 인생관을 가지고 살아왔다. 일반 농민들과 서민들도 정도의 차이는 있으나 인간의 양심에 있는 인의예지를 확충하고 실천하는 것이 인간의 도리라는 것을 다 알고 배우며 살아왔다. 한마디로 건강한 공동체 자유주의적 인간관과 인생관을 가지고 살아왔다. 그런데 19세기 말 서세동

점의 근대화의 파고가 밀려올 때 우리 선조들은 동도서기東道西器를 가지고 새로운 변화에 대응하려 하였다. 동양의 도道 즉 동양의 공동체적 인간관·도덕관·인생관을 유지·발전시키면서, 서양의 기器 즉 자유주의적 법과 제도를 받아들이려고 하였다. 아주 올바른 생각이었다.

그러나 불행이 동도서기론東道西器論을 국가정책으로 구체화하지 못하고, 우리는 일본의 식민지가 되었다. 그리고 해방을 맞이했다. 그 이후 산업화와 민주화라는 근대화의 물결을 타게 되는데, 이때는 동도東道를 집어던지고 오직 서기西器만을 향하여 질주했다. 〈자주적 근대화〉가 아니라 〈서구적 근대화〉가 시작되었기 때문이다. 결국, 동도는 파괴되고 국혼이 없는 서구적 근대화로 질주하게 된다. 정신적·영적 자본이 함께 하지 않는 물질적·경제적 발전에 모두가 정신을 잃게 되었다. 그 결과가 우리가 오늘날 보고 있는 극단의 개인주의, 이기주의와 물질주의 그리고 황금주의 만연이다. 그래서 지금 우리는 다시 동도東道를 즉 〈동양적 공동체주의〉를 강조하고 있다. 우리 전래의 정신주의의 현대화를 기도하는 것이다. 그렇게 하여 이제는 물질과 정신의 균형과 조화를 이루고, 경제와 문화의 균형과 조화를 이루어 진정한 국민행복의 시대를 열고자 하는 것이다.

국가의 역할

마지막으로 이 모든 인간관의 문제나 인생관의 문제는 개인의 문제, 개개인의 선택의 문제가 아닌가, 국가공동체가 국민들이 자유로이 선택할 인간관이나 인생관의 문제까지 고민하여야 하는가, 정책을 마련할 필요가 있는가, 개인의 문제인데 공동체가 너무 깊게 관여하는 것이 과연 바람직한가 하는 문제 제기가 있을 수 있다.

결론부터 이야기하면 그 답은 반半은 맞고 반半은 틀리다는 것이다. 공동체가 개개인의 인간관과 인생관에 깊이 개입하는 것은 안된다. 전혀 바람직하지 않다. 그러나 공동체 구성원이 어떠한 인간관과 인생관을 가지는가가 공동체의 유지·발전에 큰 영향을 주고 있으므로 공동체로선 당연 관심을 가져야 하고 책임을 느껴야 한다. 공동체의 일각에서 반反공동체적 인간관과 반反인륜적 인생관을 가르치고 있다면, 만일 파탄된 가정과 부실한 교육 그리고 언론의 과도한 상업주의 때문에 이러한 경향이 지속하고 있다면, 이는 당연히 교정되어야 하고 보다 공동체 친화적인 인간관과 인생관으로 대체되어 나가야 한다.[6]

그렇다면 어느 수준에 어느 정도의 국가 개입이나 공동체의 선도가 바람직한가? 생각건대, 15세 전후를 하나의 기준으로 삼는 것이 좋을 것 같다.[7] 인간은 15세 전에 성숙한 이성적 판단을 하기에는 이르다고 한다. 또

---

6) 예부터 風俗을 바로 잡는 것正風俗이 정치의 요체라고 하였다. 올바른 정신문화교육정책이 필요하다는 것이다. 그런데 우리 사회가 과도하게 서구화하면서 모든 것이 자유라는 이름하에 방임되어, 국가가 자신이 하여야 할 책무도 방기하는 경향이 생겨 왔다. 앞으로 정신문화와 종교교육 분야에도 공동체의식을 강조하는 보다 적극적인 정책 노력이 필요하다고 생각한다.

7) 왜 15세인가? 사실 15세는 과거 유학에서 오랫동안 사용해 오던 기준이다. 21세기 아동들의 신체적 정서적 지적 발달의 속도가 과거보다 빨라서 그 기준을 아래로 ―예컨대 12세― 낮추어야 할 지 모른다. 아동발달심리학의 연구결과를 참고하여 조정할 수도 있을 것이다

한, 어릴 때 적어도 15세 전까지는 좋은 인간관·도덕관·인생관이 이성적 판단을 통하여서가 아니라 좋은 습관을 통하여 익힌다고 한다. 이때는 스승과 부모님의 가르침이 절대적이고, 그들의 솔선수범을 보고 반복과 습관을 통하여 건강한 인간관계, 건강한 윤리 도덕 등을 익힌다고 한다. 그러다가 15세가 지나면 서서히 자신의 독자적인 이성적 판단 때문에 도덕기준과 인생관을 취사선택할 지적·윤리적 판단 능력이 생긴다고 한다.

그렇다면 국가공동체는 좀 더 적극적으로 15세 전의 학동들이 건강한 인간관과 인생관을 가지도록 윤리 도덕 교육을 강화하여야 한다. 그들이 좀 더 가족 친화적이고 역사와 자연공동체 친화적인 사고를 할 수 있도록 도와야 한다. 이 때의 교육은 주로 일상의 올바른 말씨, 행동거지, 마음가짐 등에 집중하여야 할 것이고 올바른 마음과 몸가짐이 하나의 습관이 되도록 반복하여 교육해야 할 것이다.

15세 이후가 되면 그러한 마음과 몸가짐을 가져야 하는가에 대한 이성적·철학적 교육이 시작되어야 한다. 그래서 자유생명으로서 인간의 존엄성의 가치를 가르쳐야 하고, 서로서로 존중할 수 있도록 도와야 한다. 그리고 인간 각자가 자기 능력을 개발하여 사회에 공헌하는 것이 어떠한 의미를 가지는지를 올바로 이해시켜야 한다. 그리고 이웃에 대한 태도와 사회에 대한 공헌이 각자 인간의 성장과 완성에 어떠한 의미를 가지는지 올바로 이해하도록 도와야 한다. 이러한 노력들이 있어야 국민 한사람 한사람이 올바르고 건강한 인간관과 인생관을 가질 수 있고, 그래서 우리는 극단의 개인주의와 이기주의를 벗고 극단의 물질주의, 황금주의의 질곡을 벗어나 모든 국민이 행복할 수 있는 사회를 만들어 나갈 수 있다. 이것이 이 시대 국가공동체의 책무라고 생각한다.[8]

---

8) 요즈음 인성교육에 대한 관심이 많아지고 있다. 바람직한 일이다. 문제는 어떠한 인성교육을 시켜야 하는가 이다. 그 내용과 방향이 확실해야하고 시대의 흐름에 맞아야 한다. 우리는 공동체자유주의적 인간관과 인생관을 가르치는 인성교육이 필요하다고 생각한다. 그리고 다시 강조하지만 15세 미만의 학동들에게는 좋은 사고, 좋은 행동이 무엇인지를 먼저 가르치고 좋은 언행이 가능한 일상의 습관이 되도록 하고 15세가 지나면 왜 그것이 좋은 사고이고 좋은 행동인지 그 이유와 원리를 가르쳐야 한다. 그러한 의미에서 지금 이 시대 우리에게 필요한 것은 단순한 공동체주의적 인성교육도 자유주의적 인성교육도 아니고 〈공동체자유주의적 인성교육〉이라고 생각한다.

국가개조철학으로서의
공동체자유주의(경세론)

    변화가 요구될 때 변화를 하지 않으면 그 사회는 정체되고 결국은 위기로 간다. 지금은 세계문명의 패러다임이 바뀌는 시기이고 특히 동아시아에서는 지정학적 변화와 지경학적 변화가 겹쳐서 그 변화가 다층적이고 더 격심하다. 우선 어떠한 변화가 일어나고 있는가를 살피고 그러한 변화가 우리에게 어떠한 국가개조를 요구하는가를 밝혀 나가기로 한다. 그래서 우선 현재 진행 중인 문명사적 5대 변화, 그리고 국가개조의 2대 기본원리, 3대 국가개조의 방향을 차례로 토론하도록 한다.

문명사적 5대 변화

    2015년 우리 대한민국은 지금 20세기적 〈산업화 근대화〉의 시대를 끝내고 21세기적 〈세계화 선진화〉의 시대로 들어가고 있다. 정치적으로는 〈권위주의와 분단〉의 시대를 끝내고 〈민주주의와 통일〉의 시대로 들어가고 있다. 이러한 시대의 변화는 다음과 같은 5가지의 전 세계에서 일어나는 문명사적 변화를 배경으로, 이와 깊은 관련 속에서 진행되고 있다.

첫째: 초超세계화와 초超지식정보화로의 변화이다.

1990년경부터 시작된 세계화와 정보화의 물결은 21세기 들어와 그 변화의 폭과 속도가 더 급격해지면서 이제는 초세계화, 초지식정보화의 시대로 변화하고 있다. 이제는 자본, 사람, 상품 서비스는 물론 지식과 정보의 국제 간 이동의 폭과 속도가 급격히 빨라지고, 그 결과 지구촌의 모든 사람이 서로 서로 긴밀히 연계되는 초연결Hyper connected의 시대로 들어가고 있다. 그러면서 모든 나라는 그 나라만의 〈새로운 비교우위New comparative Advantage〉를 즉 〈상대적 장점〉을 끊임 없이 창출해 내야 성공하고 발전하는 나라가 될 수 있는 시대로 들어가고 있다. [9]

대한민국은 대한민국의 새로운 비교우위를 어디서 어떻게 창출할 것인가? 이것이 이 시대의 화두이다. 새로운 비교우위를 끊임없이 창조하여 지속해서 상대적 장점을 유지할 수 있다면 대한민국은 계속 발전하여 초일류국가가 될 것이다. 그래서 문제는 새로운 비교우위를 창출하려면 지금의 교육제도는 어떻게 개혁되어야 하는가? 지금의 R&D정책은, 지금의 산업정책은, 지금의 노동정책은, 지금의 복지정책은, 지금의 지역발전정책은, 지금의 공정거래정책은, 지금의 규제개혁정책은 각각 어떻게 개혁되어야 하는가? 이것이 문제이고 이 문제를 올바로 푸는 것이 이 시대의 요

---

9) 개인이든 국가든 이제는 세계발전에 기여하는 바가 있어야 발전한다. 세계발전에 어느 정도의 새로운 가치부가 new value added가 있었는가가 중요하다. 새로운 가치부가가 많을수록 그 개인이나 국가의 소득과 부는 올라간다. 이 가치부가를 창출하는 구조가 비교우위구조이다. 그래서 이 비교우위구조를 끊임없이 진화 갱신시켜 나가 끊임없이 새로운 가치부가를 창출하여야 그 개인이나 경제는 지속적 성장과 발전을 하게 된다.

구이고 과제이다. 이 과제들을 우리는 새로운 비교우위를 창출하기 위한 구조개혁structural reform이라고 부른다. 지금 대한민국의 경제성장률 하락 경향은 이 구조적 문제들을 풀지 못하면 해결되지 않는다.

둘째: 노령화와 에너지 및 자원 부족의 시대로의 변화이다.

노령화는 세계적 현상이고 이젠 선진국과 중진국에는 대단히 빠르게 진행되고 있다. 이 노령화는 소비 감소와 저축 증대의 경향을 가지기 때문에, 지금 21세기 초 전 세계가 글로벌 총수요global aggregate demand의 부족을 경험하게 되는 구조적 원인의 하나가 되고 있다. 즉 지금 지구촌 전체가 겪고 있는 경제 침체의 하나의 구조적 원인이 되어 있다. 이와 함께 에너지 부족, 자원부족, 환경문제 등은 21세기 초 또 하나의 큰 구조변화이다. 이제 어느 나라든 에너지, 물 등 자원 절약, 즉 소위 녹색성장의 문제가 시대적 과제가 되고 있다.

노령화와 에너지 자원부족은 새로운 위험사회의 도래를 의미한다. 과거 산업화 근대화시대 젊은 인구층이 많고, 자원부족의 제약을 하지 않았을 때의 교육, 노동, 사회보장, 환경, 에너지, 자원정책 등이 이제는 전혀 맞지 않게 되고 있다. 이 변화를 수용하는 제도와 정책 개혁을 해 내지 못하면 새로운 〈신 위험사회new risk society〉는 필지必至이다. 예컨대 노인실업 문제, 연금개혁 문제, 평생교육 문제, 세대갈등 문제, 물 부족 문제, 환경 재해 문제 등이 과거 산업화 근대화 시대에는 볼 수 없었던 〈21세기적 신 위험〉으로 나타날 수 있다.

우리 대한민국은 앞으로 오는 신 위험사회를 어떻게 대비하고 관리하여야 하는가? 이것이 이 시대가 요구하는 또 하나의 과제이다. 지금 대한민국의 빈곤과 양극화 문제의 핵심에는 단순한 소득분배의 문제 - 공정인가 불공정인가? - 만 있는 것이 아니다. 사실은 21세기형 신 위험사회를 어떻게 합리적으로 관리할 것인가하는 〈신 위험 관리 거버넌스〉의 문제가 들어 있다. 〈신 위험 관리 거버넌스〉의 문제에 대한 올바른 제도적 정책적 대응을 하면, 빈곤과 양극화의 문제를 크게 완화할 수 있으나 그렇지 않으면, 정치 사회적 갈등으로 폭발할 위험도 크다.

셋째: 과학기술의 발전 속도가 과히 혁명적이다.

IT, BT, NT, ET, 등등의 발전이 눈부시다. 3D 프린팅 같은 탈 물질산업, 고용을 위협하는 로봇산업, 생명복제산업 등의 발전 속도도 엄청나게 빠르다. 과학기술의 급속한 변화는 지금까지 〈산업화 근대화〉시대의 암기형·모방형 교육과 공급자 위주의 경직적·획일적 교육구조와 제도로는 새로운 〈세계화 선진화〉시대에 대응이 전혀 안 된다는 것을 의미한다. 이제는 창조형·선도형 교육, 수요자 위주의 유연하고 다양한 교육제도로, 대대적인 교육개혁이 필요한 시대이다. 이것이 이 시대의 요구이다. 이것을 해내지 못하면, 즉 기술변화에 교육개혁이 따라가지 못하면 결과적으로 기민棄民정책이 된다. 백성을 버리는 정책이 된다.

오늘날 대졸자 실업문제, 비정규직의 증가 등의 문제도 상당 부분 기술변화에 교육변화가 따라가지 못해서 일어나는 것이다. 그래서 어떻게 해서라도 세계 최고의 일류교육을 해야 하고 모든 국민에게, 소수의 국민만이 아니라 절대 다수의 국민이 다 그러한 수준의 교육을 받을 수 있도록 만들어야 한다. 어떻게 모든 차세대 국민에게 세계 최고의 교육을 할 것인가? 이것이 이 시대의 화두이다.

넷째: 민주주의의 혁명적 확산이 진행되고 있다.

지구촌 모든 곳에서 주민들의 정치적 각성과 욕구가 폭발하고 있다. 그래서 젊은 민주주의 국가young democracies가 늘고 있다. 1900년 초 10여 개 하던 민주주의 국가가 1970년 30여 개 국가로 늘어났었는데 2000년에는 119개 국가로 폭증하였다. 그런데 20세기에 활짝 개화한 민주주의가 21세기에는 혹독한 과도기나 시련기를 맞이하게 될 것이다. 왜냐하면, 적지 않은 신생민주주의국가에서 선거민주주의가 포퓰리즘 정치의 난장판이 되고 있기 때문이다. 특히 정치인들의 인기영합주의와 목소리 큰 이익집단의 이해관계가 결합하면서 국정 운영이 산으로 올라가는 나라가 많아졌기 때문이다. 젊은 민주주의 국가에서 민주화가 권력의 무한 분산만을 가져왔지, 국정운영의 효율성을 담보할 최소한의 권력의 집중을 만드는 데는 실패했기 때문이다.

우리 대한민국에서도 크게 보아 유사한 문제에 당면해 있다. 그래서 21세기 대한민국의 민주주의를 어떻게 성공적 민주주의로 만들 것인가가 또 하나 이 시대의 시대적 과제이다. 지금 대한민국의 정치적 혼란과 국정 혼선의 상당부분은 바로 건국과 산업화시대의 민주주의(민주주의 1.0)와 민주화시대의 민주주의(민주주의 2.0)를 넘어선 세계화 선진화시대에 걸맞는 신민주주의(민주주의 3.0)를 창조해내지 못했기 때문에 일어나는 것이다.

다섯째: 이제는 신新정신주의new spiritualism 시대이다.

지난 20세기 세계화로 인한 지구촌 전체의 부의 증가는 대단히 경이적이었다. 이러한 변화와 함께 등장한 물질주의, 상업주의, 배금주의 등에 대한 반발과 갈등도 함께 증가하고 있다. 또한, 세계화와 도시화로 인한 전통적 공동체와의 단절, 그로 인한 개인의 파편화·유동화에 대한 부적응 등도 커지고 있다. 한마디로 우리나라도 마찬가지이지만 산업화·근대화 시대가 경제적 부의 증가는 가져 왔으나 정신적 풍요를 수반하지 못하였다.

그래서 이 〈정신적 빈곤〉의 문제를 풀기 위한 다양한 움직임들이 있다. 명상운동, 공동체운동, 생태운동, 인문학운동, 다양한 신흥종교운동 등이 있다. 이러한 움직임은 사실 해체되어 가는 〈인간의 공동체성〉을 회복하기 위한 노력이다. 그러나 이러한 움직임들은 대부분이 정正에 대한 반反을 만드는 일에 그친다. 정신적 빈곤에 대한 반응reaction이다. 우리가 필요한 것은 합合이다. 즉 정신과 물질의 풍요를 함께 이룩하는 길이 필요하다. 그래서 이 문제를 정면으로 해결하려면 〈인간이란 무엇인가? 인간은 어떻게 살아야하는가?〉 즉 올바른 인간관과 인생관에 대한 답이 나와야 한다. 그래야 물질과 정신의 조화, 경제와 종교의 조화, 인간과 생태의 조화, 개인과 공동체와의 조화가 그리고 통일이 가능하게 된다. 우리는 앞에서 〈공동체자유주의적 인간관〉〈공동체자유주의적 인생관〉이 나와야 하고 이것이 광범위하게 청소년들의 교육개혁, 국민의 사상개혁으로 연결 될 때 〈정신빈곤의 문제〉가 문제가 풀린다고 주장하였다.

이상에서 우리는 지금 지구촌에서 진행되고 있는 5가지 문명사적 변화를 간단히 정리하여 보았다. 이러한 변화가 제기하는 문제는 이제는 시대의 문명이 근본적으로 변화하기 때문에 이제는 국가의 〈제도와 구조〉는 물론 국민의 〈의식과 관행〉도 모두 바꾸어야 한다는 것이다. 산업화·근대화 시대의 〈제도와 의식〉을 가지고는 더 이상의 국민행복도 국가발전도 기대할 수 없다는 것이다. 이제 세계화·선진화 시대의 〈제도와 의식〉으로 바꾸어야 한다는 것이다. 이것이 바로 〈국가개조〉이다.

2015년 대한민국에서 요구되는 시대적 과제는 〈국가개조〉이다. 천안함, 세월호, 메디스 사태 등을 통하여 국민모두가 이제는 과거의 제도와 의식을 가지고는 국가경영·국민행복 모두를 보장할 수 없다. 완전히 환골 탈퇴하여 새로운 제도와 의식을 창조해 내야 한다고 생각하게 되었다. 국가개조를 위한 국민적 컨센서스consensus가 이루어진 셈이다. 한 두 가지의 개혁과 개선으로는 안 된다. 국가 시스템 전체의 대대적 개조, 국민의식 전체의 대대적 개조가 있어야 세계화 시대에 선진일등국이 될 수 있다는 국민적 컨센서스이다. 제도와 구조의 경직성에 대한 대대적 수술과 의식과 관행의 낙후성에 대한 대대적 수술이 필요하다는 컨센서스이다.

그러면 이 국가개조라는 국민적 컨센서스를 실천하려면, 각 분야별 국가개혁 과제를 설정하고 그 개혁방향을 구체화하기 전에 반드시 먼저 〈국가대개조의 철학〉을 반듯하게 세워야 한다. 그래야 각 분야별 개별개혁이 종합성과 체계성, 그리고 일관된 원칙성과 방향성을 가질 수 있다. 우리는 국가대개조의 철학을 세우려면 우선 국가개조 철학의 2대 원칙Principles을 확실하게 밝혀야 한다. 그리고 국가개조의 3대 목표Goals을 명확히 제시하여야 하다고 생각한다.

국가개조의 2대 원칙

우선 국가개조의 2대 원칙은 자유주의와 공동체주의이다. 국가제도와 구조를 그리고 국민의식과 관행에 대한 〈자유주의적 개혁〉이 우선돼야 한다. 그리고 그다음에 〈공동체주의적 개혁〉이 뒤따라야 한다.

우선 〈자유주의의 원칙〉에 따라 국가의 정치·경제·사회·문화 일반을 보다 자유주의적으로 개혁해야 한다. 그뿐만 아니라 국민의 의식과 관행도 모두 자유주의적 방향으로 개혁하여야 한다. 제도와 의식의 자유주의적 개혁이란 두 가지를 의미를 가진다. 하나는 〈창조화〉이다. 무엇보다 개인의 창의와 혁신이 마음껏 발휘될 수 있도록 하는 것이다. 그러한 창조적·친화적 제도를 제공하고 그러한 의식을 자극하고 함양하는 것이다. 여기에 국가개조의 초점을 맞추는 것이다. 다른 하나는 〈세계화〉이다. 세계 최고의 수준에 맞추어, 바꿔 말하면 세계의 최고표준global standards에 맞추어 제도와 의식의 대대적 개혁을 추진하는 것이다. 세계 최고의 선진제도와 세계 최고의 선진의식으로 국가개조를 추진하는 것이다. 이상을 요약하면 국가개조의 일 단계로 우선 국가의 모든 제도와 구조를, 그리고 국민의 의식과 관행을 모두 창조화하고 세계화하는 방향으로 자유주의 개혁을 추진하여야 한다.

다음은 〈공동체주의의 원칙〉에 따라 국가의 정치·경제·사회·문화 일반을 그리고 국민의 의식과 관행을 공동체주의적으로 개혁하여야 한다. 여기서 공동체주의적 개혁이란 가족·기업·학교·지역·시민사회 등의 공동체를 모두 건강한 공동체로 만들고 그 건강성을 강화하는 개혁이다. 〈건강한 공동체〉란 공동체의 목적과 가치가 잘 실현되며 구성원들의 소속감과 연대성이 높은 공동체를 의미한다. 예컨대 가족이란 공동체는 가족의 본래 목표와 가치가 잘 실현되어야 한다. 부부자자父父子子: 부모는 부모답고 자식은 자식다움의 공동체, 사랑과 존경의 공동체가 되어야 한다. 그래야 가족 간의 사랑과 연대 귀속감 등이 커진다.

이러한 의미의 건강한 공동체를 만들려면 두 가지를 하여야 한다. 하나는 〈자주화〉이고 〈지방화〉이며, 다른 하나는 〈리더십의 창조〉이고 〈선비정신〉이다. 국가의 제도와 국민의 의식을 보다 자주화하고 지방화하여야 한다. 그리고 동시에 모든 국민이 각자의 자리에서 리더가 되도록 자극하고 격려하여야 한다. 보다 구체적으로는 모두가 각자의 자리에서 〈정신적 선비〉가 되도록 〈선비적 리더십〉을 창조하는 노력을 하여야 한다. 이것이 공동체주의적 개혁이다.

좀 더 자세히 살펴보자. 여기서 제도와 의식의 〈자주화〉란 자기 나라의 역사·전통·문화 속에서 장점을 찾아 이를 소중히 하는 것을 의미한다. 지킬 것을 지키고 배울 것을 배우는 태도이다. 한마디로 동도는 지키고 서기는 배우는 동도서기東道西器의 정신이다. 〈지방화〉란 각 지방이 나름의 장점을 찾아 이를 창조화하고 세계화하도록 만든 것을 의미한다. 그래서 각각의 지방공동체를 나름대로의 다양성과 특색을 자랑하는 세계일류의 공동체로 만드는 것을 의미한다. 이 두 가지를 결합하면 사실 지방에서부터 창조화가 많이 일어나도록 만드는 것이 공동체주의적 개혁이다.

다음 〈리더십의 창조〉란 모든 국민이 각자가 속한 공동체에서 창조적 지도자가 되는 노력을 하도록 함을 의미한다. 구체적으로는 선비정신을 실천하는 선비적 지도자가 되도록 하는 것을 의미한다. 〈선비정신〉이란 선공후사와[10] 금욕청렴의 정신을 의미한다. 그래서 각 공동체－가족, 직장, 학교, 지자체, 시민사회 등－의 지도자는 〈큰 선비〉가 되는 노력을, 그리고 일반 구성원들 모두도 최소한 〈작은 선비〉가 되는 노력을 해야 함을 의미한다. 대한민국의 제도와 의식을 모두 이러한 방향으로 개혁하여 나가는 것이 바로 이 시대가 요구하는 〈공동체주의적 개혁〉이다.

이러한 자유주의적 개혁의 원칙과 공동체주의적 개혁의 원칙－두 가지 원칙을 앞세우고 국가개조를 추진할 때, 우리나라의 국가개조 구체적 목표는 어디에 두어야 하는가? 우리는 21세기 대한민국에서 국가개조가 성취할 목표는 다음의 3가지가 되어야 한다고 생각한다. 첫째는 민본적民本的 민주주의이다. 둘째는 인본적人本的 자본주의이다. 그리고 셋째는 홍익인간弘益人間 교육이다.

---

10) 선비란 공익(公益)을 사익(私益)보다 앞세우는 사람이다. 많이 앞세우면 큰 선비이고 조금 앞세우면 작은 선비이다. 동양에서는 큰 선비가 되는 것이 인간의 꿈이고 인생의 목적이었다. 사익은 거의 없고 공익만 있는 사람을 대인 나아가 성인이라고 하였다. 그래서 성인이 되는 것이 동양적 인생의 목표이다.

국가개조의 3대 목표

민본적 민주주의

국가개조의 첫 번째 목표인 〈민본적 민주주의〉란 무엇인가? 아니 왜 지금 〈민본적 민주주의〉가 요구되는가?

1980년대와 90년대 민주화 성공 이후 지금 우리나라에는 〈과소민주주의〉와 〈과잉민주주의〉가 공존하고 있다. 사회 일각에서는 아직 민주주의가 부족하다. 예컨대 다문화가정, 탈북동포, 이주노동자 문제 등 아직 소수자들의 인권과 평등권이 제대로 보호되고 있는지? 또 우리 정치의 독과점구조도 여전히 심각하다. 지역패권과 이념패권에 안주하는 기득권 양당제가 국민의 다양한 후보선택권을 즉 정치적 자유를 사실상 막고 있다. 여기에 끼리끼리의 사회적 유착관계, 소위 정政피아·법法피아 등으로 불리는 불공정 관행도 아직 심하다. 실제로 자유주의 사회가 아니다.

다른 한편 우리나라 일각에서는 〈과잉민주주의〉가 만연하고 있다. 목소리 큰 집단의 집단이익주의가 판을 치고 있다. 내용보다 이미지, 국익보다 당리당략이 앞서는 포퓰리즘 정치가 민주주의를 허구화하고 희화화하고 있다. 반면에 민주화와 더불어 청와대와 정부의 힘은 크게 약화되고 있다. 국회가 제왕적이 되었으나 국회의 정책능력과 책임능력은 아직 많이 부족하다. 반면에 산업화와 민주화로 인하여 시장권력-기업권력과 시민사회권력-NGO권력은 커지고 있다. 이 모든 것이 합쳐서 일어나는 것이 국정운영이 산으로 올라가는 현상이다. 한마디로 국가가 국가과제를 올바로 풀

국가능력state capacity이 약화되고 표류하고 있다.

이상의 과소민주주의와 과잉민주주의 두 가지의 종합결과는 대한민국의 민주주의가 국민의 이익을 지키고 국가의 이익을 실현할 수 없다는 것이다. 즉 민본民本을 할 수 없는 – 애민愛民을 하지 않는 – 민주주의, 즉 비非민본적 민주주의가 되고 있다는 것이다. 이래서는 안 된다. 그래서 백성을 사랑하는, 즉 애민을 하는 민본적 민주주의를 다시 세워야 한다. 이것이 국가대개조 개혁이 지향하여야 할 제 1의 목표이다.

그러면 어떻게 할 것인가? 우선 우리나라 민주주의에 〈자유주의적 개혁〉이 필요하다. 그래서 과소 민주주의의 문제를 풀어야 한다. 소수자의 인권과 자유를 보호하기 위한 노력을 강화하여야 한다. 현재의 독과점적 정치질서를 깨고 보다 자유 경쟁적 정치질서로 만드는 정치개혁이 필요하다. 정당제도와 선거제도의 개혁을 통하여 연성軟性 다당제가 – 이념과 가치에 기초한 소수 다당제가 – 나오도록 만들어야 한다. 그리고 사회적 유착관계의 단절은 각종 의사결정 과정의 투명성 · 공정성 확보와 인허가제도의 개혁, 그리고 엄정한 법치주의의 강화로부터 시작되어야 할 것이다.

자유주의적 개혁과 더불어 우리나라 민주주의에는 공동체주의적 개혁이 반드시 추진되어야 한다. 우선 권력분권과 집중의 재균형이 필요하다. 과거 권위주의 시대에는 과도 집중이었지만 지금 민주화 시대 과도 분권으로 나가고 있다. 그 결과 지금은 권력의 과잉 분산의 시대가 되어 중요한 국가적 의사결정을 자주 미루거나 하지 못할 수준이다. 왜냐하면, 정부

권력보다 의회 권력이, 정부 권력보다 시장 권력과 시민사회 권력이 너무 커졌기 때문이다. 그래서 지금은 국가 능력을 높이기 위하여 힘의 관계의 재균형 – 권력 분립과 권력 집중의 재조정 – 이 필요한 시기이다.

이와 동시에 이제는 단치軍治의 시대가 아니다. 이제는 협치協治 – 공치共治의 시대이다. 따라서 권력 분산과 집중의 재조정을 통하여 정부 권력을 강화하면서 동시에 정부 운영은 보다 협치형 내지 공치형으로 나가야 한다. 무조건 일방적인 하향식top down으로는 안 된다. 물론 신라 시대의 화백제도로 돌아갈 수는 없다. 전원 합의제로 돌아갈 수는 없다. 그러나 적어도 정부운영 스타일과 그 정신은 집단 합의의 문화로, 즉 공치과 협치의 문화로 돌아가야 한다. 그래서 국가적 의사결정에 집단지성을 모아내야 한다. 그래서 앞으로 모든 통치문화는 〈단일성 집단지도의 문화〉가, 〈협치형 공치의 문화〉가 바람직하다. 그래야 진정으로 애민하는 민본적 민주주의에 성큼 다가 갈 수 있다.

민본적 민주주의를 위한 공동체주의적 개혁의 또 하나의 영역은 정치지도자의 리더십 교육과 국민의 민주시민 교육이다. 포풀리즘과 이익집단민주주의 – 심한 경우는 폭민暴民주의 – 를 막으려면 선공후사와 금욕청빈의 선비들이, 즉 〈선비정치인〉들이 많이 나와야 한다. 그래서 정치지도자에 대한 국민들의 신뢰를 다시 세워 나가야 한다. 또한 국민들도 성숙한 민주사회의 일원으로서 〈선비시민〉이 되어야 한다. 자기이익과 더불어 국가이익을 소중히 하는 선비시민이 되어야 우리는 선비적 정치지도자들을 뽑을 수 있을 것이다.

이상이 우리가 주장하는 민본적 민주주의를 위한 공동체자유주의적 개혁의 대강이다. 사실 이러한 개혁이 성공하면 대한민국의 민주주의는 〈민주주의 3.0〉이 될 것이다. 과거 건국과 산업화시대의 민주주의, 북한의 공세로부터의 자유방어를 목표로 하는 방어적 민주주의, 그리고 일방적 하향top-down 형의 권위주의적 민주주의를 〈민주주의 1.0〉이라고 부를 수 있다. 그리고 민주화 이후의 민주주의 즉 과소민주화와 과잉민주화가 혼합되어 나타나는 민주주의를 〈민주주의 2.0〉이라고 부를 수 있다. 그리고 앞으로 우리가 만들어 나가야 할 민주주의, 민본적 민주주의는 〈민주주의 3.0〉이라고 부를 수 있을 것이다.

그리고 이 민주주의 3.0은 장기적으로 우리나라에서는 〈선비 민주주의〉를 향하여 나가는 디딤돌이 될 것이다. 반드시 되어야 한다고 생각한다. 선비 민주주의란 큰 선비는 지도자가 되고 국민도 모두 작은 선비가 되는 민주주의 시대이다. 여기서 작은 선비란 사익과 공익의 중요성을 비슷하게 생각하는 선비이고, 큰선비란 공익을 사익보다 수 배 중시하는 선공후사의 선비들을 의미한다. 우리는 이 선비 민주주의를 가장 이상적인 〈공동체자유주의적 민주주의〉라고 부를 수도 있을 것이다.

인본적 자본주의

둘째, 국가개조의 두 번째 목표인 〈인본적 자본주의〉란 무엇인가? 왜 우리 사회에서는 지금 인본적 자본주의가 요구되는가?

인본적 자본주의란 홍익인간의 자본주의이다. 모든 인간을 이롭게 하는, 인간을 우선하는, 따뜻한 인간의 얼굴과 마음을 가진 자본주의이다. 이러한 의미의 인본적 자본주의가 되려면 두 가지 조건이 필요하다.

첫 번째 조건은 자본주의가 지속해서 성장할 수 있어야 한다. 경제가 성장하지 않는 자본주의는 인본적 자본주의가 될 수 없다. 성장 없이는 양질의 고용 문제, 양질의 소비 문제를 풀 수 없기 때문이다.

인본적 자본주의가 되는 두 번째 조건은 자본주의가 공정해야 한다. 부와 소득분배가 심하게 불공정하면 인본적 자본주의가 될 수 없다. 그래서 혹자는 전자를 〈지속가능한 자본주의〉 후자를 〈포용적 자본주의〉라고 부르기도 한다. 그런데 문제는 지금 대한민국의 자본주의는 두 가지 모두에 문제가 발생하고 있다는 데 있다. 산업화·근대화시대 고도성장과 비교적 평등분배를 자랑하던 대한민국의 자본주의가 지금 세계화·선진화 시대에 들어와 저성장과 양극화의 덫에서 벗어나지 못하고 있다. 어떻게 할 것인가? 어떻게 하여 성장경제와 공정경제를 만들어 낼 것인가?

지금 대한민국 경제는 극심한 저성장의 늪을 벗어나지 못하고 있다. 어떻게 할 것인가? 단기적으로는 급한 상태를 완화하기 위하여 총수요 확대정책을 쓰지 않을 수 없을 것이다. 팽창적 통화정책과 재정정책이 일시적으로 불가피할 것이다. 그러나 중장기적으로 중요한 것은 결국 대한민국의 새로운 비교우위를 창출하기 위한 경제 사회 각 부문에서의 구조개혁이 될 것이다. 〈새로운 비교우위〉를 창출하기 위한 끊임없는 〈부분별 구조개혁〉을 통하여 우선 대한민국의 자본주의의 국제경쟁력을 한 단계 높여야 한다. 그것이 인본적 자본주의로 가는 일차 관문이다. 이를 위한 구조개혁 분야로서는 경제사회 전 분야가 들어 갈 수밖에 없다.

가장 중요한 것이 새로운 비교우위를 창조하기 위한 (1)교육개혁과 노동개혁 (2) 과학기술전략과 산업정책, (3) 대도시와 지방발전개혁이다. 새로운 교육개혁과 노동 및 직업훈련이 모든 개혁에 우선한다. 그리고 과학기술정책과 산업정책의 역할은 여전히 중요하다. 다만 추진방식을 민관협치民官協治형, 내지 집단지성集團知性형으로 하여야 할 것이다. 또한 앞으로 일국의 비교우위는 대도시의 경쟁력과 그리고 지방의 경쟁력이 결정적 역할을 한다. 이러한 전략적 핵심 문제를 고려하여 국가의 〈신 비교우위전략 Strategy for new comparative advantages〉이 나오면 그다음에는 이 전략을 성공하기 위한 일련의 보완적 개혁이 뒤따라야 한다. 정부개혁과 공기업개혁, 대기업개혁과 공정거래개혁, 그리고 복지개혁과 사회보장개혁 등이 그러한 분야이다.

우리나라의 경우 저성장의 늪에서 벗어날 수 있는 또 다른 하나의 계기가 있다. 아마 대한민국에만 주어진 축복이다. 그것이 한반도 통일이다. 한반도가 통일되면 지금 세계 경제가 총수요 부족에 허덕이고 있는데 적어도 대한민국은 북한이라고 하는 새로운 경제영토가 확대되기 때문에 일거에 총수요 부족에서 벗어 날 수 있다. 북한개발을 위한 엄청난 투자수요와 소비 수요가 일어나기 때문이다. 북한 개발수요의 80%만 남한에서 생산한 물자로 충당한다고 해도 그것만으로 대한민국의 성장률을 년 5~6% 추가로 높일 수 있다는 연구도 있다. 여기에 남한의 평균성장률 연 3% 수준을 추가하면 일거에 연 8~9%수준까지 오를 수 있다는 계산이 된다. 혹자는 그러한 개발투자에 필요한 자금은 결국 국민적 부담이 되는 것 아닌가 하고 생각한다. 그러나 이것은 크게 잘못된 생각이다. 지금 세계는 자금부족이 아니라 자금 과잉이 문제이다. 미국의 랜드Rand 연구소는 북한에 개발투자 기회만 열리면 투자수요의 55% 이상이 해외자본에서 온다고 보고 있다. 국내 기업들도 앞 다투어 투자할 것이다. 정부부담은 20% 미만이 될 것으로 보고 있다. 여하튼 한반도의 통일은 지금 한국경제의 저성장 문제를 일거에 해결하고, 장기적으로는 한반도 경제를 세계 초일류의 선진경제로 만드는 결정적 계기가 될 것이다.

물론 그렇다고 하여 지금 대한민국에서 요구되고 있는 각 분야의 구조개혁을 늦추어서는 안 된다. 대한민국 경제의 선진화를 위한 각 분야의 구조개혁이 추진되어야 그 힘으로 통일도 이룰 수 있고, 통일 후에도 한반도 경제 전체를 선진화할 수 있는, 그래서 세계 초일류의 선진국이 될 힘을 가질 수 있다.

인본적 자본주의를 위한 또 하나의 축은 〈자본주의의 공정성〉을 제고하는 것이다. 쉽게는 분배악화·양극화의 문제를 푸는 것이다. 어떻게 대응하여야 할까? 여기서도 단기적으로는 최저 빈곤층 대책을 강화하는 것으로부터 시작해야 한다.

그러나 중기적으로는 몇 가지 〈공동체주의적 구조개혁〉을 함께 하여야 한다. 우선 교육개혁을 통하여 노동 수요와 공급 간의 기술격차를 줄여야 한다. 특히 중요한 것은 이 과정에서 빈곤층의 자녀가 양질의 교육을 받을 수 있도록 만들어야 한다. 다음은 고소득자의 조세부담이 증가하여야 하고 누진율을 강화하여야 한다. 그 이전에 각종 탈세 탈루를 막는 것이 전제되어야 한다. 다음은 노동시장의 이중구조를 개혁하여 비정규직과 저임근로의 확산을 막아야 한다. 현재의 복지정책의 비효율과 낭비를 막는 복지구조개혁이 추진되어야 한다. 특히 복지 사각지대를 없애기 위한 복지전달delivery 개혁도 필수이다.

양극화와 관련하여 반드시 지적되어야 할 것은 양극화는 인구의 고령화와 과학기술의 발전과 긴밀히 연계되어 있다는 사실이다. 고령화로 인한 〈라이프사이클의 변화〉와 과학기술의 변화로 인한 〈워크 사이클의 변화〉이 두 가지 변화가 우리사회를 〈새로운 위험사회〉로 이끌고 가고 있다.[11] 예측하지 못한 고용의 단절, 단기 비정규직 고용의 증가, 새로운 교육과 훈련의 필요, 복지정책의 수정보완, 새로운 의료수요의 증가 등의 문제가 발생하고 있다. 이에 대한 국가의 제도적 대응이 준비되어 있지 않으면 예측하지 못한 다양한 사회적 위험이 발생한다. 그래서 앞에서도 지적하였지만 이 새로운 사회적 위험을 어떻게 관리할 것인가? 하는 〈신新위험 관리 거버넌스〉의 구축문제가 중요하다 이를 위해선 교육-고용-복지 3각 연계 행정체제의 강화, 이동노동시장 정책의 강화, 이모작·삼모작 라이프사이클의 설계 등이 아주 중요한 국가개조 과제가 된다. 이들 문제에 대한 대응이 미흡하면 빈곤과 양극화의 문제는 더욱 심화되고, 결국은 인본적

---

11) 에너지와 자원부족, 환경재해 등으로 발생할 수 있는 새로운 사회적 위험의 문제는 여기서는 잠시 논외에서 제외시킨다.

자본주의 구축에 실패하게 된다.

대강을 정리하면, 인본적 자본주의를 구축하기 위한 노력은 세 가지로 정리할 수 있다. 첫째는 자유주의적 개혁, 둘째는 공동체주의적 개혁 그리고 셋째는 공동체자유주의적 개혁이다

우선 〈자유주의적 개혁〉부터 시작하면 모든 경제행위자가 자유스럽게 자신들의 창의와 혁신의 기량을 마음껏 발휘할 수 있도록 하는 제도 정책이 필요하다. 예컨대 재산권 보호, 반독점, 반유착, 조세평등, 규제혁파, 법치주의, 개방과 세계화 등이 필요하다. 특히 세계 최고의 표준적 제도와 관행을 도입하는 데 노력하여야 한다. 또한, 중요한 것이 정책의 예측 가능성을 높여주는 일이다. 바꿔 말하면 정책이 일관성과 안정성을 가져야 한다. 그러기 위해서는 반드시 여하한 형태와 이유의 정책포퓰리즘을 모두 막아야 한다. 이것은 기본이다. 원칙과 룰rule이 바로 서지 않으면 자유주의의 장점은 작동하지 못한다.

다음은 〈공동체주의적 개혁〉이다. 가장 중요한 것은 분배 악화를 막기 위한 최저빈곤층 대책, 빈곤층의 교육개혁, 복지정책의 실효성을 높이기 위한 복지구조개혁, 고소득자의 부담증가를 위한 세제개혁, 신 위험 관리 거버넌스 구축, 노동시장 이중구조개혁, 교육-고용-복지의 3각 연계망 강화 등이 필요하다. 그리고 복지정책의 구조는 장기적으론 정부복지, 기업복지, 가정복지, 종교복지 등을 효율적으로 상호 연계하는 〈공동체 복지의 시대〉로 나가도록 만들어야 한다.

공동체주의적 개혁에 한 가지 분야가 더 있다. 그것은 공동체 교육과 의식의 함양을 통하여 〈선비기업가〉, 〈선비노동자〉, 〈선비소비자〉를 만드는 일이다. 자본주의의 천민성과 황금주의 배리를 극복할 수 있는 건강한 공동체적 정신자본을 세우는 일이다. 결국은 이 일까지 성공하여야 인본적 자본주의가 현실화 될 수 있다.

마지막으로는 〈공동체자유주의적 개혁〉을 하여야 한다. 대표적인 공동체 자유주의적 개혁은 국가가 새로운 비교우위를 끝임 없이 창출하기 위해 〈새로운 국가전략〉을 구상하고 추진하는 일이다.

미래과학기술 분야에서의 찾아지는 새로운 비교우위 분야, 대도시와 지방의 경쟁력 제고를 위한 새로운 비교우위 창출분야, 교육개혁과 훈련개혁을 통한 새로운 인재의 육성분야, 문화예술과 사상의 경쟁력 제고를 위한 인문학적 전략, 통일과정에서 새롭게 창출한 비교우위 분야, 통일 후 동아시아 시대에 예상되는 새로운 비교우위 분야 등을 민과 관이 함께 찾아 이에 대한 중장기 국가전략을 세우고 이를 추진하는 일이 중요하다.

이러한 새로운 국가전략의 구상과 성공적 추진을 위하여 – 뒤에서 언급하겠지만 – 우리나라에서 〈21세기 국가전략원〉(정부출연기관)과 〈21세기 국가기획원〉(정부조직)을 세우는 일은 필수불가결의 공동체자유주의적 개혁사업이라고 본다.

홍익인간 교육

셋째, 국가개조의 3번째 목표는 홍익인간 교육이란 무엇인가? 지금 우리 사회에서는 왜 홍익인간 교육이 필요한가?

우리나라는 역사적으로 교육열의 전통이 대단하다. 땅과 소를 팔면서 교육을 시킨 나라이다. 그 결과 우리는 어느 나라보다도 짧은 기간 안에 산업화와 민주화에 성공하였다. 그런데 산업화와 민주화 이후 이제 세계화 선진화의 시대를 맞이하고 있는데 지금 우리나라의 교육은 희망과 축복이 아니라 불안과 고통이 되고 있다.

우선 몇 가지 현상과 문제들을 살펴보자. (1) 시급한 문제의 하나가 〈대졸자 실업〉을 양산하고 있는 대학교육의 문제이다. 이것이 노동수급의 일시적인 불균형으로 인한 것이라면 큰 걱정이 아니다. 그러나 우리나라 교육이 시대가 요구하는 인재를 교육해 내지 못하는 구조적 결함, 구조적 경직성을 가지고 있다면 큰 문제이다. 21세기가 요구하는 창의성과 창조성, 그리고 다양한 〈첨단의 전문성〉을 가진 세계적 수준의 인재를 키우지 못해 대졸자의 구조적 실업이 늘고 있다면, 이것은 대학교육의 근본적 결함이다. 또한, 학교가 길어내는 인재가 가족·친구·기업·사회·국가·세계라는 다양한 공동체와 친화할 수 있는 〈공동체적 인격〉을 갖추고 있지 않다면, 특히 기업 등 조직 내에서 타자와 협력하고 협동할 수 있는 능력이 없다면, 이것 또한 우리 교육의 큰 근본적 결함이 된다. 이러한 문제들이 있다면 – 첨단의 전문성도 공동체적 인격도 부족하다면 – 근본적이고 대대적인 교육개혁 없이 대졸자의 실업문제는 결코 풀릴 수 없다.

(2) 다음은 중고등학교 교육 현장에서 보이는 〈교실붕괴〉의 모습이다. 한마디로 적지 않은 학생들이 수업시간에 자고 있다. 그래도 선생님들이 깨우려 하지 않는다. 선생님들이 깨우려 하여도 부작용만 있고 개선은 전혀 안 된다는 것이다. 이것은 교육 실종이고 교육 부재이다. 그리고 다수의 학생은 학원에서 꼭 필요한 수업을 보충받는다. 그러니 본인들도 힘들지만 사교육비 부담으로 인한 부모들의 경제적 압박만 증가한다. 물론 이러한 현상이 일어나는 데는 여러 이유가 복합적으로 작용하여서 일 것이다. 그러나 확실한 것은 이 교실붕괴 교육 실종의 문제를 바로잡지 않고 우리 다음 세대의 미래가 열릴 수 없다는 점이다. 도대체 무엇이 이러한 교육 부재의 현상을 가져 왔는가?

(3) 다시 근본적인 문제로 돌아간다. 우리의 대학과 중고등학교에서 교육해 내는 인간상의 목표는 무엇인가? 우리는 어떠한 미래인재들을 키워내려 하는가? 지금 우리의 교육은 남과 더불어 사는 공동체적 인간을 길러내고 있는가? 지금 우리 교육은 시대가 요구하는 창의적이고 창조적이면서 다양한 전문적 능력을 갖춘 인재들을 길러내고 있는가? 하는 문제이다. 이 문제는 다음의 문제와 깊이 관련된다. 즉 지금 교육은 시대(세계화와 선진화)와 수요자(학생과 학보모, 기업과 지역사회)가 선호하고 요구하는 내용과 방식의 교육을 하고 있는가? 아니면 공급자(교사, 학교, 정부)가 선호하고 제공할 수 있는 내용과 방식의 교육만을 반복하고 있는가? 그래서 세상의 변화를 외면하는 아니면 적어도 세계의 변화에는 크게 지체되는 교육만 반복되고 있는가?

(4) 지금 대학과 중고등학교의 소위 지배구조 즉 〈학교 거버넌스school governance〉는 어떠한가? 각각의 학교의 교육현장에서 끊임없이 새로운 교육혁신 - 교육내용과 교육방식의 지속적 개선과 혁신 - 이 일어날 수 있는 그러한 학교 거버넌스인가? 아닌가? 현재 우리나라의 지배적인 학교의 〈소유 및 지배구조〉는 이러한 교육혁신을 촉진하고 있는가? 방해하고 있는가? 우리 정부의 교육정책은 교육현장에서의 각종 교육혁신을 조장하고 격려하고 있는가? 아니면 좌절시키고 있는가? 우리의 교사나 교수들은 교육혁신을 위해 노력할 경제적 유인과 제도적 환경을 가지고 있는가? 아니면 그 반대인가? 지금의 중고등학교와 대학의 〈학교 거버넌스〉는 교육혁신보다 현실 안주와 복지부동을 격려하고 조장하고 있는 것은 아닌가?

(5) 그동안 정부 마다 교육개혁은 여러 형태로 시도됐다. 1995년 5.31교육개혁 이후만 보아도 수차례의 크고 작은 교육개혁이 있었다. 그런데 물론 많은 개선도 있었지만, 대졸자 실업의 문제는 더 나빠져 왔다. 학생들이 잠을 자는 교실붕괴 현상도 개선되었다는 소식은 없다. 인성교육이 잘 되어서 학교폭력이나 왕따 현상들이 줄었다는 이야기도 없다. 공교육이 크게 개선·강화되어, 학원에 갈 필요가 없어 학부모의 사교육부담이 크게 줄고 있다는 소식도 안 들린다. 도대체 지난 20년간의 크고 작은 교육개혁의 노력은 그렇게도 많았는데, 왜 대한민국의 교육개혁은 해결과 개선의 방향으로 들어섰다는 신뢰를 국민들에게 주지 못하고 있는가? 오히려 개혁의 피로감만 크고 개혁 냉소주의만 확대되고 있는가?

이상 대한민국에서 보이는 몇가지 근본적인 교육문제들을 예시하여 보았다. 왜 이러한 현상들이 일어나는가? 지난 20년간 크고 작은 개선노력이 있었고 지금도 있는데 왜 근본적으로 달라지고 있다는 확신을 국민에게 주지 못하는가? 여러 이유가 있지만 가장 큰 이유는 그동안의 개혁과 개선노력에는 〈개혁사상과 개혁노선〉이 뚜렷하지 못했기 때문이다. 깃발이 선명하지 못했기 때문이다. 교육개혁의 기본사상·방향·이념에 혼란이 많았기 때문에 교육개혁의 방향이 일정하지 못하고 수미일관하지 못했다. 그리고 수시로 상호모순되는 정책이 동시에 추진되는 경우도 많았다.

왜 교육개혁의 기본사상, 기본노선에 동요와 혼란이 있었는가? 두 가지 이유가 있었다.

하나는 교육개혁노선에 이념적 충돌이 많았고 정권이 바뀌면서 개혁의 사상과 노선이 좌左와 우右를 크게 왔다 갔다 했다. 또 다른 하나는 교육개혁이 장기적 안목과 목표를 가지고 일관성 있게 추진되지 않고, 그때 그때 상황에 따라 수시로 인기영합적으로 혹은 현안의 빠른 해결만을 목표하는 편의주의적으로 추진됐다. 그래서 기본방향과 원칙을 수시로 포기 내지 수정하는 정책이 적지 않았다. 보여주기 위한 행정, 급한 불을 끄는 것과 같은 행정도 적지 아니했다. 요약하면 우리 사회의 시대착오적인 〈좌우이념의 대립〉이 교육개혁을 춤추게 하였고, 우리 정치권에 만연한 〈정책 표퓰리즘〉과 〈행정 편의주의〉가 교육개혁을 산으로 올라가게 한 경우도 적지 않았다. 이것이 지금까지 교육개혁의 노력이 그 효과를 제대로 내지 못한 주된 이유라고 본다.

어떻게 할 것인가? 다른 개혁도 마찬가지지만 교육개혁은 더욱 기본·

원칙 · 가치 · 이념 · 노선을 확실히 세워야 한다. 그리고 그 원칙과 가치에 따라 확고한 방향성과 일관성을 가지고 중장기적으로 중단없이 추진되어야 한다. 교육정책이란 기본적으로 국가의 〈큰 질서정책〉의 하나이다. 올바른 큰 질서를 바로잡는 정책이지 수시로 땜질하는 정책도, 급한 불을 끄는 소방정책도 아니다.

앞으로 대한민국의 교육은 공동체자유주의적 개혁을 하여야 한다. 그래서 〈홍익인간 교육〉의 시대를 열어야 한다. 이것이 교육 분야에서의 국가개조의 기본방향이다. 홍익인간 교육이 목표이고 공동체자유주의적 개혁이 그 수단이다. 홍익인간 교육을 위한 공동체자유주의적 개혁을 위하여 우선 대한민국 교육의 자유주의적 개혁부터 시작하여야 한다.

〈자유주의적 개혁〉을 위하여 첫째로 학생들의 교육프로그램과 교육기관에 대한 〈선택의 자유〉가 확대되어야 한다. 그다음으로 학교의 〈자율과 책무〉를 높여야 한다. 우선 교육 수요자가 자신들에게 맞는 교육내용과 기관을 선택할 수 있도록 하여야 한다. 그러한 의미에서 현재의 평준화 제도는 폐기 정도의 대개혁이 필요하다. 그리고 어느 학교가 학생들과 사회가 원하는 교육을 잘 할 수 있는가를 경쟁하게 만들어야 한다. 그런데 학교가 이러한 경쟁을 하게 만들려면 학교 안에서 교육프로그램의 개혁, 교수방법의 개혁 등등이 자유롭게 일어날 수 있어야 한다. 그래서 교육혁신의 자율과 그에 대한 책무가 강화되어야 한다. 학교가 스스로 판단하여 현장에서 교육혁신을 자율적으로 할 수 있는 자유가 보장되어야 한다. 정부나 학교 소유자, 노동조합과 시민단체 등의 부당한 간섭과 압박에서 벗어나야 한다. 물론 그 교육혁신의 결과에 대한 책임은 학교가 지도록 하여야 한다. 그래서 어느 학교가 최고 수준의 교육을 시킬 수 있는가를 가지고 경쟁하도록 만들어야 한다. 그리고 그렇게 경쟁하도록 하려면 교육소비자인 학생들의 학교선택권이 완전히 보장되어야 한다. 그래야 학생들의 움직임을 보고 어느 학교가 교육혁신을 잘하고 있는지 천하가 알 수 있게 된다. 그리고 잘하는 학교는 발전하고 못하는 학교는 퇴보하게 된다. 그래야 국가 전체적으로는 교육의 대발전이 일어날 수 있다.

자유주의 개혁을 위하여 둘째로 필요한 것이 〈개방화와 세계화〉이다. 교육내용과 기관을 모두 개방화하고 세계화하여야 한다. 학교와 학생들, 그리고 교육프로그램의 국내외 이동을 자유화하여야 한다. 국내 학교와 학생들이 세계로, 세계 학생과 학교가 국내로 자유로이 이동할 수 있어야 한다. 교육프로그램, 교육내용과 교육방식도 마찬가지고 개방화하여야 한다. 그래서 우리나라 안에서 제공되는 교육내용과 방식이 세계 최고의 교육내용과 방식이 되도록 하는 여건을 만들어야 한다. 즉 세계화하여야 한다. 그러면 자연히 대한민국의 교육부와 교육 행정은 외국의 교육부나 교육 행정과 보이지 않은 경쟁을 하게 된다. 대한민국의 일류대학도 외국의 일류대학과 경쟁하지 않을 수 없게 된다. 교수와 교사도 국내 경쟁뿐 아니라 국제경쟁에 노출해야 한다. 이러한 자유주의적 개혁이 일어나야 대한민국의 교육이 세계 최고 수준의 교육의 내용과 질로 급상승하게 된다.

다음은 〈공동체주의적 개혁〉이 필요하다. 3가지 분야에서 추진되어야 한다. 첫째는 교육의 자유경쟁이 어려운 계층에 대한 특별대책이다. 경제적 어려움이 있는 경우와 신체적 정신적 제약이 있는 경우를 생각할 수 있다. 즉 극빈층 자녀와 학습부진아의 경우이다. 이에 대하여는 공동체적 관점에서 국가가 특별 대책을 마련하여야 한다. 교육바우처 제도나 특별학교의 건립 등을 준비하여야 한다.

둘째는 인성교육 내지 홍익인간 교육분야이다. 개인의 자유로운 판단과 선택에 맡기면 다수의 학생들이 우선 노동시장에서 취업이 쉽거나 소득이 높은 쪽으로 몰리게 된다. 그리고 그러한 고소득업종에의 취업에 유리한 교육에만 투자가 일어난다. 이것은 개인적으로는 합리적인 선택이다. 그러나 국가공동체 입장에서는 수정과 보완이 요구되는 부분이다. 〈소아적 효율성〉은 있으나 〈대아적 효율성〉은 없는 선택들이다. 그래서 국가 공동체 입장에서의 개입이 필요하다.

앞에서 우리는 공동체자유주의적 인간관과 인생관이 필요하고 이것이 국민행복시대를 여는 데 결정적으로 중요함을 지적하였다. 그러한 의미에서 동양의 인간론·수행론 등이 우리 교육 내용 속에 들어가야 한다. 율곡 선생의 〈격몽요결擊蒙要訣〉이나 유교의 4서의 하나인 〈대학大學〉 등은 학교에서 가르쳐야 한다. 이와 더불어 인간 교육과 관계가 깊은 문학·역사·철학 등에 대한 교육은 정부가 제도적으로 지원하여야 한다. 또한 기초과학 분야 등도 정부가 나서서 지원하여야 한다.[12] 요컨대 교육시장에서 개개인

---

12) 이제는 사실 국립대학의 목적이 무엇인가 재고되어야 할 시점이라고 본다. 과거 산업화 근대화시대에는 선진 인재의 양성이 급하여 국가가 나서서 인재양성에 앞장섰으나 이제는 교육시장에서 인기 있는 과(법대 의대 등)는 사립대학에 돌리고, 국가가 필요하나 자유로운 교육시장의 움직임에 맡기면 교육이 부실해 지는 분야 예컨대 文史哲분야 基礎科學분야 世界地域硏究분야 등에 집중하는 것이 앞으로 세계화 선진화 시대의 국립대학

의 자유선택에만 맡겨서는 사회적 요구 수준에 미달할 모든 분야에 대한 공동체주의적 개입이 필요하다.

셋째는 〈국가전략 분야〉이다. 교육은 국가발전의 백년대계이다. 그래서 교육개혁은 자유주의적 개혁만으로는 부족하다. 공동체주의적 개혁이 함께하여야 한다. 결국 두 가지 분야에서 교육개혁이 국가주도로 일어날 수밖에 없다. 하나는 앞으로 필요한 교육이 어떠한 분야인가 어떠한 내용이어야 하는가를 미리 예측하고 대비하는 부분이다. 미래산업 분야에 대한 예측을 전제로 추진하여야 한다. 새로운 교육기관의 창조, 새로운 교육프로그램의 개발, 새로운 교육인재의 양성 등등은 불가피하게 국가가 선도하는 교육개혁을 통하여 추진되어야 한다.

다른 하나는 앞으로 대부분의 교육혁신은 교육현장에서 지속해서 자발적으로 일어나야 한다. 그렇게 하려면 현장에서의 교육혁신이 지속적·자발적으로 일어 날 수 있도록 학교의 소유 지배구조 즉 〈학교 거버넌스〉를 개혁해야 한다. 이 학교 거버넌스의 개혁은 자유시장에 맡겨서 저절로 진화 발전하도록 둘 시간도 없고, 그렇게 한다고 잘된다는 보장도 없다. 그래서 민간에 맡겨서는 안 된다. 국가가 직접 나서야 한다.

의 존재이유고 목표가 되어야 한다고 본다.

선진통일이념으로서의 공동체자유주의

선진통일이란?

여기서 〈선진통일〉이란 한반도 전체의 선진화를 위한 통일이고 동아시아 전체를 선진화하는 통일을 의미한다. 선진화란 이제 근대화 시대를 넘어 서는 것을 의미한다. 산업화와 일국주의, 패권주의를 넘어서는 것을 의미한다. 이제 지식정보화와 다국주의, 평화주의 시대를 여는 것을 의미한다.

선진통일이란 우선 한반도 내부에서는 〈한반도 전체의 선진화〉를 위한 통일을 의미한다. 구체적으로 두 가지를 의미한다. 첫째는 그동안 남쪽에서만 성공하였던 [근대국민국가 modern nation state 만들기]를 북쪽으로 확대하여, 한반도 전체에서 [근대 국민국가 만들기]에 성공하는 것을 의미한다. 소위 남한에서만 성공하였던 근대화 즉 산업화와 민주화를 북한으로 확산하여, 한반도 전체가 산업화와 민주화 즉 근대화혁명에 성공하는 것을 의미한다.

다음 둘째로는 한반도 전체의 근대화 혁명에 성공한 통일 한반도가 이제는 더 나아가 선진화혁명을 이루어 [선진일류국가 건설]에 성공하는 것을 의미한다. 즉 한반도 전체가 근대화에 성공하고 이제 선진화로 뛰어나가는 것이 바로 선진통일이다. 주지하듯이 세계는 이미 20세기 근대화(산업화와 민주화)의 시대를 끝내고 세계화 정보화의 시대로 들어가고 있다. 이제 통일을 통하여 북한의 근대국민국가 건설 즉 근대화에 성공한 후 통일한반도는 그 다음 단계인 선진 일류국가 건설로 나아가야 한다. 이러한 목표를 가진 통일이 선진통일이다.

둘째로 선진통일은 한반도 외부에서는 〈동아시아의 선진화〉를 위한 통일을 의미한다. 즉 동아시아에서 근대화시대에 상응하는 〔일국一國주의 패권주의〕시대를 끝내고 세계화 정보화시대에 걸맞은 〔다국多國주의 평화주의〕시대를 여는 것을 의미한다. 한반도 선진통일의 동아시아적 차원의 의미이다. 과거 20세기적 산업화 · 근대화 시대에는 국가발전은 일국一國주의가 기본이었고 성공한 나라는 대외적으론 패권주의 제국주의의 망상을 가졌었다. 그러나 이제 21세기 세계화 · 정보화의 시대는 국가 간 협력을 중시하는 다국多國주의 없이는, 그리고 호혜 · 평등과 상호존중과 평화적 국제질서 없이는 국가발전이 불가능한 시대이다. 따라서 우리가 주장하는 동아시아의 선진화는 한반도의 선진통일은 곧 동아시아적 차원에서는 일국주의 패권주의적 잔재를 극소화하고 다국주의 · 협력주의 · 평화주의적 요소를 극대화하는 것을 의미한다.

좀 더 구체적으로 보면, 선진통일은 우선 공동체를 소중히 하는 자유주의 즉 〈공동체자유주의적 한반도〉를 만들기 위한 통일을 의미한다. 무엇보다 먼저 북한 안과 밖의 자유주의자들과 연대하여 그들의 개혁개방 노력을 지원하고 그들의 꿈과 연대하는 통일이어야 할 것이다. 북한의 개혁개방을 통한 자유주의 통일이 기본이어야 한다. 그리고 동시에 오랜 분단의 시대를 살아 온 남쪽의 국민도 이제는 그동안 약화된 공동체주의를 크게 진작시켜야 한다. 분단 의식과 갈등 의식을 넘어서 북한 동포들을 크게 포용하는 통일이어야 한다. 그러기 위해선 남쪽에선 공동체 의식과 문화가 크게 높아져야 한다.

또한, 선진통일은 〈공동체자유주의적 동아시아〉를 만들기 위한 통일을 의미한다. 이를 위해선 동아시아의 자유주의적 세력과 연대하여 동아시아의 국제질서가 〈자유주의적 국제주의〉에 기초한 질서가 되도록 노력해야 한다. 그래서 인권·빈곤·평화·핵·테러·환경 등의 문제를 다국주의·협력주의·평화주의의 입장에서 호혜·평등과 상호상조의 입장에서 풀어나가야 한다.

그리고 더 나아가 동아시아의 공동체주의 세력과 연대하여 동아시아에 지역공동체를 창조하여야 한다. 예컨대 〈동아시아 경제공동체〉, 〈동아시아 안보협력체〉 등을 만들어 동아시아의 번영과 평화의 질서를 완성해 나가야 한다. 그리고 종국적으로는 〈유럽연합EU〉과 유사한, 아시아판 〈동아시아연합EAU〉이 등장할 수 있도록 노력하여야 한다. 그러한 계기를 만들도록 앞장서 선도적 노력을 하는 것이 한반도 선진통일의 목표이고 내용이 되어야 한다. 환언하면 동아시아에 일국주의·패권주의 시대를 끝내고 다국주의·평화주의시대를 여는 것이 우리가 주장하는 한반도의 선진통일의 궁국의 목적이다.

다시 요약하면 국내외 자유주의 세력 – 남한, 북한 그리고 이웃나라 – 과 연대하여 한반도 통일문제를 풀고, 국내외 공동체주의 세력 – 남한, 북한 그리고 이웃나라 – 과 연대하여 동아시아 미래 문제 더 나아가 세계 문제를 공동체주의적으로 풀어나가자는 주장이다. 바꿔 말하면 자유주의적 한반도 통일과 공동체주의적 동아시아연합의 시대를 열어나가자는 주장이다. 이것이 선진통일의 주장이고 목표이다.

통일은 어디쯤 와 있나?

한반도 통일문제가 처해 있는 상황을 간단히 살펴보자. 전체적으로 볼 때 〈시간이 없다〉고 본다. 모든 가능성에 대한 철저한 준비를 서둘러야 하고 가까운 기간 안에 국가지도자와 모든 국민이 중대한 결단을 해야 할지 모른다. 무슨 소리인가? 왜 그런가? 우선 3가지 문제점을 지적해 보자.

첫째는 시간이 우리 편이 아니다.

시간이 갈수록 우리가 불리해진다. 북한의 핵 개발의 성공과 실전 배치의 시기가 다가오기 때문이다. 북한의 핵이 소형화·경량화되고, 적정한 미사일이 실전에 배치 되면 남과 북의 군사력 균형은 일거에 깨진다. 남한은 북한의 핵 공격과 〈핵 공갈의 대상〉이 될 것이다. 미국의 핵 억지력으로 핵 공격은 못한다 하여도 핵 공갈은 증가하고 격화될 수 있다. 지금 현재 이러한 방향으로 역사가 진전되는 것을 막는 어떠한 노력도 진행되고 있지 않다. 그동안의 북한 핵개발을 막으려는 유인과 압박의 모든 외교적 노력이 다 실패하였기 때문이다. 현재로는 군사적 노력도 외교적 노력도 없다. 시간이 가면 갈수록 우리는 어렵게 된다. 냉정한 전문가들은 지금 가능한 것은 선제preemptive 공격이거나 북한의 정권교체regime change 밖에 북핵 문제의 해결책이 없다고 보고 있다.

둘째는 북한은 개혁개방을 못 한다.

북한이 개혁개방으로의 노선전환만 하면 대한민국 정부와 국민은 모두 환영하면서 최대의 지원을 아끼지 않을 것이다. 남쪽 모두는 점진적 합의 통일을 가장 원한다. 그러나 불행하게도 대부분의 전문가는 북한은 점점 더 개혁개방을 못 한다고 보고 있다. 수령절대주의와 핵 개발의 선군사상이 개혁개방의 가능성을 사실상 전면적으로 막고 있다고 본다. 이것은 결국 북한의 정권교체regime change의 가능성이 빠르게 커짐을 의미한다. 그리고 그것도 예측하지 못한 방식으로 예측하지 못한 시기에 급격하고 과격하게 올 수 있다는 것을 의미한다. 여기에 또 하나의 문제는 북한의 정권교체가 반드시 한반도 통일로 연결된다는 보장은 없다는 것이다. 오히려 북한에 급변사태가 나 정권교체가 일어난다고 하여도, 중국의 군사적·비군사적 개입으로 북한에 〈친중국 변방국가〉의 등장 가능성이 한반도 통일의 가능성보다 더 많은 것으로 보는 견해도 많다.

셋째는 모든 가능성에 대하여 철저하게 준비하여야 한다.

특히 정권교체가 오는 경우에 대하여 준비하여야 한다. 가장 중요한 것이 〈북한동포의 마음〉을 잡는 것이다. 〈공동체자유주의적 통일〉이 북한동포와 우리 민족 모두의 살길임을 설득하는 일이다. 우선 지금 대한민국에 있는 2만8천의 탈북동포 그리고 50만이 넘는 조선족 동포들에게부터 이러한 노력을 시작하여야 한다. 탈북동포, 조선족 동포의 마음을 잡아야 북한 동포의 마음을 잡을 수 있다.

그 다음은 중국을 설득하는 일이다. 북한의 정권교체가 있는 경우 대한민국을 도와 남한주도의 통일을 지원하는 것이 천하天下의 정도正道임을 설득하여야 한다. 단기적 안목에서 북한의 변화과정에 개입하는 것, 특히 군사적 개입을 하는 것은 중국에 큰 재앙이 될 것을 설명하여야 한다. 이와 함께 한반도 통일 없이는 동아시아의 미래는 〈제2의 냉전의 시대〉인 전쟁과 갈등의 시대로 회귀하게 될 것을 지적하여야 한다. 그리고 이것은 중국의 국가이익에도 크게 해로움을 이야기하여야 한다. 그래서 남한 주도의 한반도 통일만이 동아시아를 평화와 번영의 시대로 이끌고 갈 유일한 길임을 설득하여야 한다. 중국은 물론 특히 미국, 일본, 러시아 등의 한반도 통일에 대한 적극적 지원과 지지를 끌어내야 한다.

결론적으로 통일은 오는 것이 아니다. 통일은 만드는 것이다. 지금 외부의 사정은 유리하다. 우리 대한민국도 이제는 작은 나라가 아니다. 우리가 하나가 되어 통일을 외치면 어느 나라도 우리의 뜻을 막을 수 없다. 문제는 우리의 내부의 사정이다. 지도자는 물론이고 국민 모두가 얼마나 강렬하게 통일을 열망하는가가 가장 중요하다. 지금 이웃 나라들은 대한민국

지도자와 국민이 어떠한 결단과 각오를 하는가를 지켜보고 있다.

통일은 사상전이다.

자유自由주의 대對 전체全體주의

새로운 시대는 새로운 정신과 새로운 사상이 없으면, 열리지 않는다. 통일의 시대도 마찬가지이다. 대한민국에 통일을 이끌 새로운 사상이 나와야 한다. 그리고 이 남한의 통일사상이 북한의 통일사상을 이기고 격파할 때 남한주도의 통일이라는 역사가 가능하게 된다.

현재 한반도에서는 두 가지 사상이 대립하고 있다. 북한의 통일사상은 물론 적화통일이다. 남한까지 북한식 수령절대주의 국가로 만드는 통일이다. 남한의 통일사상은 무엇인가? 남한의 통일은 대한민국의 헌법에 규정되어 있는 자유주의 통일, 자유민주주의 통일이다. 우리 식으로 표현하면 공동체를 소중히 하는 자유주의 즉 〈공동체자유주의 통일〉이다. 우리는 자유주의 중에서도 특히 공동체를 소중히 하는 공동체자유주의 통일이어야 한반도와 동아시아 전체를 선진화할 수 있는 선진통일의 시대를 열수 있다고 믿기 때문이다.

요약하면 한반도에서는 지금 〈자유주의〉 대 〈전체주의〉가 치열한 사상전을 벌리고 있다. 환언하면 〈수령절대주의〉와 〈공동체자유주의〉가 치열한 사상전을 벌리고 있다. 그래서 우선 이 사상전에서 중요한 것은 북한의 전체주의의 허구성 바꿔 말하면 수령절대주의의 반反합리성, 반反민중성, 반反역사성을 철저하게 파헤치는 일이다. 그리고 그 수령절대주의에 기초하여 대한민국의 역사를 폄훼하고 부정하고 학대하는 일체의 〈수정주의修正主義 역사관〉-신新좌파역사관-의 반反사실성, 반反민중성, 반反역사성을 철저히 밝혀 내야 한다. 이 〈사상전쟁과 역사전쟁〉에서 이기려면 우리가 공동체자유주의적 통일사상으로 똘똘 뭉쳐야 한다. 그리고 공동체자유주의 사상에 대한 깊은 신념을 가져야 한다.

우선 내부를 단단히 사상무장하여야 한다. 〈자유주의〉야 말로 국가발전의 원동력이고 개인의 자기완성 전제조건이 됨을, 그리고 〈공동체주의〉야 말로 국민통합 민족단결의 원동력이고 국민행복의 전제가 됨을 확신하여야 한다. 그리고 1948년 이후의 대한민국 역사, 크게 보아 빛나는 성공의 역사임을 역사적 사실史實연구에 기초하여 확신하여야 한다. 모든 역사에는 빛과 어둠이 있지만, 대한민국의 역사는 어디에 내어 놓아도 큰 성공의 역사임을 자세히 배우고 확신해야 한다. 결국, 수령절대주의와 수정주의 역사관의 허구성과 비非사실성이 철저히 밝혀져, 남북한 동포가 북한의 수령절대주의 역사가 아니라, 대한민국의 건국 산업화·민주화의 역사를 소중히 하고 공동체자유주의를 신뢰하게 될 때 통일은 성큼 다가오게 된다.

통일 한반도의 비전

선진통일을 위하여 다음으로 중요한 것은 북한동포의 마음을 잡는 일이다. 그들에게 통일 후 한반도가 어떠한 나라가 될 것인가? 우리 개개인의 삶은 어떻게 달라질 것인가? 에 대한 희망의 비전을 제공하여야 한다. 우리는 북한의 경제사회 개발계획 – 예컨대 경제개발 5개년 계획 – 을 준비하여야 한다. 북한 동포 한 사람 한 사람의 정치적 경제적 삶이 어떻게 개선될 것인지? 어떻게 개개인의 기본적 인권이 보장될 것인지? 어떻게 모두의 물질적 삶이 풍요롭게 될 것인지? 그 청사진을 보여야 한다.

또한, 통일 후에 어떠한 형태로든 지난 분단시대의 잘못에 대한 정치적 보복은 없을 것을 확신시켜야 한다. 모두가 함께 불행한 지난 역사를 묻지 말고 서로 자기반성과 성찰을 하면서 새로운 민족 번영의 길로 나갈 길을 제시하여야 한다. 이러한 〈통일 한반도의 비전〉을 만들어 이를 가지고 북한 동포에게 선진통일이란 대도大道에 적극 참여를 설득하여야 한다. 그래서 그들이 〈수령절대주의자〉에서 〈공동체자유주의자〉로의 변화하는 것을 도와야 한다.

이를 위해 우선 탈북동포들과 중국동포들에 대한 지금까지의 우리의 마음과 태도와 정책이 바뀌어야 한다. 동포사랑과 동포나눔이 더욱 활성화되고 정책화되고 제도화 되어야 한다. 이에 앞서 우리 남한 국민의 개개인의 삶 자체가 공동체 자유주의적이 되어야 한다. 우리 남한 국민 모두가 공동체를 소중히 하는 자유주의자들의 삶이 되어야하고, 우리 한 사람 한 사람의 〈공동체자유주의적 삶〉 자체가 탈북동포나 중국동포들에게 깊은 감동을 주어야 한다. 그래서 이 분들 모두가 공동체자유주의와 선진통일이야 말고 남북동포 모두가 힘을 합쳐 실현하여야 할 가치이고 사상이고 그리고 목표이고 비전임을 확신할 수 있게 되어야 한다.

통일 후 동아시아의 비전

다음으로 중요한 것은 이웃 나라들의 지도자와 국민에게 한반도가 통일되면 통일 한반도가 앞장서 동아시아에 〈공동체자유주의적 질서〉를 만들어 나갈 것임을 약속하여야 한다. 통일 한반도가 앞장서 호혜·평등과 선린우호의 동아시아 경제공동체, 동아시아 안보협력체를 만들어 나갈 것을 약속하여야 한다. 그래서 통일 한반도가 동아시아의 번영과 평화의 미래 질서의 개척자가 될 것을 약속하여야 한다. 한마디로 이웃 나라들에게 한반도 통일이 동아시아의 번영과 자유의 미래를 여는 횃불이 될 것을 확신시켜야 한다. 그리고 우리가 주장하는 공동체자유주의이야 말로 20세기적 일국주의 패권주의를 넘어 21세기적 다국주의 평화주의를 여는 동아시아의 사상, 동아시아의 가치가 될 수 있다는 점을 확신시켜야 한다. 그래서 동아시아인 모두가 공동체를 소중히 하는 자유주의의 깃발 아래 함께 모여, 21세기 평화와 번영의 동아시아 공동체의 시대를 함께 만들어 나가자는데 공감하도록 만들어야 한다. 그리고 한반도 통일이 이러한 새로운 시대 질서 창조의 시작임을 설득해야 한다.

국정개혁원리로서의 공동체자유주의

지금까지 〈국민 행복원리〉로서 〈국가개조철학〉으로서 그리고 〈선진통일이념〉으로서의 〈공동체자유주의〉를 논하여 왔다. 그런데 공동체자유주의의 의의와 가치는 거기에서 끝나지 않는다. 공동체자유주의는 국가정책을 구상하고 추진하는 원리나 원칙으로서 대단히 유효한 의미를 가진다. 각종의 국가정책을 입안하고 추진하는 경우, 특히 국가개조를 위하여 개혁정책을 입안하고 추진하는 경우, 어떠한 구상과 추진원리나 원칙이 필요한가? 하는 문제에 대한 답도 우리는 공동체자유주의에서 찾을 수 있다.

구체적으로 이야기하면, 예컨대 우리는 국가개조철학으로서 공동체자유주의를 주장하였다. 그런데 국가개조를 위해서는 일련의 국정개혁이 필요하다. 교육개혁도 노동개혁도 복지개혁도 공공부문 개혁도 나아가 정치개혁도 필요하다. 그렇다면 이러한 일련의 국정개혁을 추진하려 할 때 어떻게 시작하여야 할까? 우선 개혁안을 어떠한 원칙과 절차로 만들어야 하는가? 그리고 나서는 그 개혁안을 어떻게 원칙을 가지고 추진하여야 할까?

공동체자유주의는 일반적으로 다음과 같은 〈5가지 국정개혁원리〉를 주장한다.

첫째는 〈공동체자유주의의 원칙〉을 지켜, 개혁정책의 입안과 추진은 하향식top down과 상향식bottom up을 결합하는 방식이 바람직하다. 이를 위해 특히 국가 지도자의 선도적 노력과 전문가들의 공론화 과정, 그리고 국민여론의 수렴과정을 적정하게 잘 결합하여야 한다. 둘째는 〈자유주의의 원칙〉을 지켜 개혁정책은 반드시 〈보완성의 원칙〉을 지키는 개혁이어야 한다. 개인이 풀 수 있는 문제는 정부가 나서지 않는다. 셋째는 〈자유주의의 원칙〉을 지켜, 정책입안과 추진과정에서 반드시 정책 현장과 현장당사자들의 의견을 우선하여야 한다. 넷째는 〈공동체주의의 원칙〉을 지켜, 과거 정책의 역사와 이웃 나라의 정책 경험을 소중히 하는 개혁이어야 한다. 자국과 타국의 역사와 경험에서 반드시 배워야 한다. 다섯째는 〈공동체주의의 원칙〉을 지켜, 개혁추진주체 간의 정보공유와 민民과 관官의 협치주의에 기초한 개혁이어야 한다.

하향top down과 상향bottom up의 결합

공동체자유주의는 개혁정책의 입안과 추진과정에 하향과 상향을 결합할 것을 주장한다. 자유주의자들이 주장하는 상향방식과 공동체주의자들이 주장하는 하향 방식은 각각의 장점과 한계를 가지고 있으므로 두 가지 방식을 결합하는 것이 국정개혁추진원리가 되어야 한다고 생각한다. 그러면 두 가지 방식을 어떻게 결합할 것인가? 어떻게 결합하는 것이 최적이 될 것인가? 하는 문제는 개혁추진의 시기와 과제에 따라 다를 수밖에 없다. 불가피 시중時中 내지 방중邦中일 수밖에 없다. 바꿔 말하면 때와 장소에 가장 걸맞은 결합을 도모할 수밖에 없다.

그러나 일반론을 이야기한다면, 개혁정책의 입안과 추진은 다음의 4단계를 거치는 것이 바람직하다.

제1단계는 개혁추진세력(국가의 최고지도자 등)이 세계의 변화를 설명하고 그 당면 개혁과제의 의미 중요성, 그리고 개혁의 당위성과 시급성 들을 국민에게 자세히 설명하는 데서부터 시작하여야 한다. 그래서 정책적으로 정직한 지도자가 거짓을 이야기하지 않는 지도자, 국민의 신뢰를 받는 지도자가 대단히 중요하다. 그리고 개혁의 비전과 신념과 원칙을 가진 지도자가 대단히 중요하다. 개혁의 당위와 개혁의 어려움 모두를 진솔하게 이야기하여야 한다. 일반적으로 인기영합적인 포퓰리즘 개혁은 불진정개혁不眞正改革이다. 우리가 여기서 논하는 시대가 요구하는 진정개혁眞正改革이 아니다.

제2단계는 이론전문가와 실무전문가들이 개혁과제에 대하여 공론을 형성하는 단계이다. 공론화 단계이다. 공론公論, public judgement은 여론與論, public opinion과 다르다. 여론은 그 시대 다수국민의 견해이지만, 이는 기본적으로 감성적이고 비전문적이다. 따라서 일시적이고 가변적이다. 그러므로 여론에 따라 국정개혁의 방향과 내용을 정하면 안 된다.

다만 여론은 어떤 국정개혁을 우선할 것인가에 대하여는 큰 참고가 될 것이다. 예컨대 교통문제를 먼저 풀 것인가? 환경문제를 먼저 풀 것인가? 아니면 사교육비 문제를 먼저 풀 것인가? 등을 선택할 때는 국민의 여론을 크게 참고하는 것이 바람직하다. 그러나 교통문제를 환경문제를 그리고 사교육비 문제를 어떻게 풀 것인가는 전문가들에게 물어야 하고 그들에게 맡겨야 한다. 그 경우 전문가들의 수렴된 의견을 우리는 공적 판단 즉 공론公論이라고 한다. 그래서 제 2단계는 개혁추진세력이 공론을 형성하는 전문가들과 협력을 구축하는 단계이다. 개혁의 방향 원칙 등에 대하여 〈정치적 개혁세력〉과 〈정책적 개혁세력〉이 협력하는 단계이다.

제3단계는 개혁세력과 정책세력이 함께 국민과 소통하는 단계이다. 개혁세력의 의지와 정책세력의 공론을 묶어 〈개혁 초안〉을 만든 후, 이를 가지고 국민에게 설명하고 동의와 협력을 구하는 단계이다. 물론 국민과의 소통과정에서 개혁 초안이 일부가 보완 발전할 수도 있다. 가장 중요한 한 것은 적어도 국민의 다수가 개혁과 개혁의 방향과 원칙에 공감하는 것이다. 국민적 공감과 지지가 있어야 개혁은 성공할 수 있다.[13] 그래서 국민이 공감하고 지지하는 안을 우리는 시대적 〈개혁정론改革正論〉이라고 부를 수 있다. 그래서 이 제 3단계는 전문가들의 〈개혁공론改革公論〉이 국민의 〈개혁정론改革正論〉으로 진화 발전하는 단계이다.

제4단계는 개혁 정론에 기초하여 최종 개혁안을 확정하고 이를 추진하는 단계이다. 이 때 중요한 것은 두 가지이다. 하나는 개혁과정을 가능한 민과 관이 협치하는 방향으로 조직화하는 것이고 다른 하나는 현장에서의

---

13) 물론 경우에 따라선 국민다수가 지지하지 않는 선택을 하여야 할 경우가 있다. 그것이 지도자가 중요하고 지도자가 존재해야 하는 이유이다. 그러나 국민다수의 이해와 지지를 얻기 위한 적극적 노력은 반드시 있어야 한다.

피드백feed back 제도화하여 개혁안의 미시적 조정 또는 개선을 꾸준히 해 나가는 것이다.

다시 강조하지만, 개혁의 입안과정뿐 아니라 추진과정에서 국민 참여는 대단히 바람직하다. 특히 추진과정에서 각종 전문가집단, 이해당사자, 중립적 시민단체 등등의 참여와 기여와 비판을 조직화해야 한다. 동시에 현장에서 개혁을 정착시키는 단계에서도 새로운 보완이 필요할 부분이 얼마든지 등장할 수 있다. 이 때 새로운 보완과 부분적 수정을 하지 않고 권위주의적 관료주의적으로 일방적으로 밀어붙이면, 개혁의 현장 뿌리내림에 어려움이 생긴다. 그래서 개혁이 실패할 수도 있다. 아무리 개혁이 공론화와 정론화의 단계를 거치며 내부 토론을 통하여 최고의 작품을 만들려고 노력하였다고 하여도 100% 완전한 개혁안이 나올 수는 없다. 현장의 사정, 또 그 사정의 변화에 끊임없이 미시적 조정을 하여야 성공에 가까이 갈 수 있는 법이다. 그래서 개혁안의 입안과정에서뿐 아니라 추진과정에서도 하향과 상향의 융합이 필요한 것이다.

국정개혁의 자유주의적 원칙

보완성의 원칙subsidiary principle

자유주의는 주지하듯이 개개인의 창의와 자유와 선택을 소중히 생각한다. 그래서 자신의 문제는 자신이 제일 잘 알고 제일 잘 판단한다고 생각한다. 이 자유주의 원칙에 입각하면 개혁의 입안과 추진과정에 자연히 다음과 같은 보완성의 원칙이 나온다. (1) 작은 공동체의 문제는 먼저 작은 공동체에서 풀도록 한다. (2) 그리고 작은 공동체가 해결하지 못하는 문제에 대하여서만 큰 공동체가 나와서 개입한다. 이것이 보완성의 원칙이다. 예컨대 개인이 잘 풀 수 있는 문제는 국가가 나서서는 안 된다. 개인이 풀 수 없는 문제에만 국가가 나서야 한다. 지방의 문제는 지방정부가 권한과 책임을 지고 풀도록 하고, 지방이 풀 수 없는 문제에만 중앙정부가 나서야 한다. 같은 논리에서 기업의 문제는 개별기업이 푸는 것이 원칙이고 기업이 해결하지 못하는 문제에 대하여서만 정부가 나서서 해결을 도모한다는 것이다. 자유주의적 개혁이 요구하는 이 〈보완성의 원칙〉은 개혁정책의 입안과 추진과정에서 반드시 지켜져야 할 원칙이다. 이 원칙이 지켜지면 개혁과제가 무엇이 되어야 하는지 개혁의 주체가 누가 되어야 하는지 등이 명확하게 된다. 개혁과정에서의 불필요한 혼선과 낭비를 크게 줄일 수 있다.

현장 당사자주의: 현장과 당사자 의견 존중

자유주의는 현장의 상황 그리고 현장의 정보를 중요시한다. 그래서 특히 현장에 있는 이해당사자들의 의견을 존중할 것을 요구한다. 현장의 당사자들이 사실은 개혁과제와 관련한 제일 많은 현장정보를 가지고 있고 어떻게 하면 문제를 풀 수 있는지 하는 가장 많은 나름의 의견들을 가지고 있다. 물론 현장에 있는 이해당사자들의 정보와 견해에는 나름의 한계도 있다. 사적인 이해관계가 많이 연계되어 있을 수 있기 때문이다. 소아적 합리성은 있으나 대아적 합리성을 결하는 경우가 있을 수 있다.

그러나 〈현장의 정보와 목소리〉는 올바른 개혁의 공론과 정론을 세워나가는 데 결정적으로 중요한 정보이고 견해들이다. 특히 개혁이 현장의 구체적 사정은 모르고, 또 이해당사자들의 견해도 모르고, 오로지 중앙정부의 책상 위에서 일방적으로 입안되는 경우, 그 개혁은 실패하기 쉽다. 이러한 오류는 막아야 한다. 그러나 물론 동시에 현장과 당사자의 정보와 의견 속에 사적인 이해관계의 침투를 최소화하는 노력도 함께하면서 현장과 당사자의 정보와 의견을 존중하여야 할 것이다.

국정개혁의 공동체주의적 원칙

공동체 역사주의: 공동체의 역사와 경험 중시

공동체주의는 인간을 관계적 존재라고 보고 공간적으로도 관계적이지만 특히 시간적으로도 관계적이라고 본다. 그래서 역사공동체를 소중히 생각한다. 이러한 철학이 개혁정책의 입안과 추진과정에서 과거 유사한 개혁정책의 역사적 경험과 교훈을 배울 것을 요구한다. 그리고 외국의 유사정책사례에서도 배울 것을 요구한다. 과거 유사개혁의 역사와 성공과 실패의 경험에서 그 정책교훈을 배우는 것은 대단히 중요하다. 많은 개혁가들이 실패하는 경우가 추상적 이상론理想論에서는 탄탄하나 구체적 현실감각의 부족에서 기인하는 경우가 적지 않다. 그런데 구체적 현실감각의 부족은 역사의 경험에서 배우지 않고 현장의 목소리를 듣지 못하여 생기는 경우가 일반적이다. 특히 대한민국 같이 대통령이 단임인 경우 권력 초기 개혁의지는 불타나 시간이 없으므로 – 또한 전 정권과의 차별화의 욕심 때문에 – 과거 개혁경험에서 교훈을 배우는 것을 소홀히 하는 경우가 많다. 그래서 특히 정권 마다 집권 초기에 유사한 실패를 반복하는 경우가

많다. 각별히 유의하여야 할 것이다

민관民官 협치協治주의: 정보공유와 민관의 협력 중시

공동체주의는 특히 공동체의 미래를 만들어 가는 국정개혁의 입안과 집행과정에 공동체 구성원들이 가능한 많이 참여하는 것이 바람직하다고 주장한다. 이러한 관점에서 볼 때 개혁과정에서 정부 관련 부처 간의 긴밀한 협치, 정부와 민간 간의 긴밀한 협력은 당연히 중시되어야 한다. 그리고 이러한 수직적·수평적 협력이 생산적 협력이 되려면 반드시 정보의 공유가 전제되어야 한다. 그래서 관官과 관官, 관官과 민民 간의 정보의 공유와 개혁의 입안과 추진과정에서의 협력과 협치는 개혁의 성공여부에 결정적 영향을 준다. 그러나 개별부처의 이기주의, 정보비밀주의, 그리고 관官의 권위주의와 비밀주의 등의 역사적 유산이 많아, 실제로 부처 간 협치도 관민 간 협력도 쉽지 않은 것이 우리나라 오늘의 현실이다.

개혁이란 올바른 국정철학 위에서 좋은 안을 만드는 것도 중요하지만, 그 추진과정에서의 효율성과 실효성을 담보하는 것이 중요하다. 그래서 특히 관과 관의 협치와 관과 민의 협력의 중요성과 이들 간의 정보공유 중요성을 다시 강조하지 않을 수 없다.

맺는 말

공동체자유주의자의 삶

다시 강조하지만, 자유주의는 국가발전과 개인완성의 길이고, 공동체주의는 국민통합과 개인 행복의 길이다 그래서 우리는 〈공동체를 소중히〉 하는 자유주의를 하여야 올바른 삶이 가능하고 올바른 세상이 될 수 있다고 생각한다.

우리 공동체주의자들은 두 가지 질문에 답하여야 한다. 하나는 어떻게 자기를 바꿀 것인가? 어떻게 나 스스로가 이상적인 [새로운 인간]이 될 것인가? 〈자기 혁명〉의 과제이다. 그리고 다른 하나는 어떻게 세상을 바꿀 것인가? 어떠한 가치와 원리 위에서 새로운 세상을 구상할 것인가? 그리고 그 새로운 세상을 가져올 이상적인 [새로운 제도]를 만들 것인가? 〈세계혁명〉의 과제이다.

따라서 바람직한 공동체주의자의 삶은 우선 스스로 자기완성에 노력하고 그 과정을 통하여 천하만물天下萬物의 화육 - 이웃의 성취, 자연의 완성 - 에 기여하는 삶이 되는 것이다. 자기를 바꾸고 그 과정에서 세상을 바꾸는 것이다. 중용中庸에서 이야기하는 성기성물成己成物을 이루는 것이다. 불교에서 이야기하는 상구上求보리 하화중생下化衆生인 것이다. 우선 자기가 큰 선비가 되고, 큰 군자가 되고, 큰 보살이 되어야 한다. 그리고 이 자기완성이 개체의 완성으로 끝나지 않고 동시에 이웃의 완성으로 공동체의 완성으로 이어져야 한다. 확산되어야 한다. 그래서 성경에서 말씀한 대로 뜻이 하늘에서 이루어진 것과 같이 땅에서도 이루어지도록 하여야 한다. 즉 이 땅위에 불국정토를 이 땅위에 대동大同사회와 하늘나라를 이루어야 한다.

이것이 대학에서 이야기하는 명명덕明明德하고 신민新民하는 것이다. 즉 자기의 본마음을 밝히고 나아가 이웃의 본마음을 밝히는 것을 돕는 것이다. 한마디로 〈홍익인간의 세계국가〉를 만드는 것이다. 바꿔 말하면 정신개혁과 물질개혁을 동시에 일으켜 이 한반도 위에 〈선진통일의 세계모범국가〉 - 세계평화 중심국가, 세계양심 중심국가, 세계공헌 중심국가 - 를 만드는 것이다. 이것이 인간을 육체를 가졌으나 근본적으로 정신적 영적 존재로 이해하는, 인간을 끊임없이 자기완성을 향해 나아가는 형성적 자유생명체로 이해하는, 그리고 인간을 자연과 이웃이 내 안에 있는 타자 내재적 존재공동체로 이해하는 〈공동체자유주의주자〉들의 생생한 삶의 모습인 것이다. 삶의 목표인 것이다.

우리 대한민국의 국민이 그리고 지도자들이 모두 위와 같은 공동체자유주의자적 삶을 살게 되면, 그러한 인간관과 인생관을 가지고 살게 되면, 우리는 국민 한 사람 한사람이 행복한 진정한 〈국민 행복의 시대〉를 열수 있을 것이고, 21세기 세계화 선진화 시대가 요구하는 우리나라의 〈국가대개조〉에 성공할 것이고, 나아가〈선진통일〉의 한반도를 이룩할 수 있을 것이다.

이를 위하여 앞으로 대한민국에는 3가지 국가기구가 필요할 것 같다. 2인의 부총리제와 하나의 국가연구기관을 도입하면 좋다고 본다.

2인의 부총리제의 첫째는〈홍익인간원〉이다 국민개개인의 자기완성을 도와〈공동체자유주의적 인간〉을 키워내는 기구이다. 올바른 마음과 올바른 기술을 익힌 인재를, 동도東道를 배우고 서기西器에 익숙한 인재를, 성기成己하면서 성물成物할 수 있는 인재를 키워내는 기구이다. 그래서 예컨대 정부부처 중에서 교육·과학·노동·복지·문화·종교 등등의 분야는 모두 홍익인간원에서 관장하도록 하면 어떨까 한다.

둘째는〈국가기획원〉이다. 21세기 세계화 선진화 시대 급변하는 국내외 변화에 대응하기 위하여, 필요한〈국가대개조〉와〈선진통일전략〉을 구상하고 추진할 기구가 있어야 한다. 바로 국가기획원이 그 일을 맡아야 한다고 본다. 21세기 선진통일의 시대를 열기 위한 일련의 국정개혁의 구상과 추진을 종합적·체계적으로 관장하는 기구가 필요하다. 그래서 통일·국방·외교·경제·산업·국토 등의 분야가 모두〈국가기획원〉의 관장 하에 두도록 하는 것이 좋다. 과거 산업화시대에는〈경제기획원〉이 유사한 일을 하였으나, 당시는 경제중심의 국가운영의 시대였다. 이제는 국방·외교·정치·경제·사회·문화 모두를 종합적 다면적으로 기획하지 않으면 성공국가를 만들기 어려운 시대이다. 그런데 지금 우리나라에서 가장 부족한 것이 바로 종합적 국가기획 및 추진능력이다.

한 가지 더 필요한 것이 정부출연연구기관을 통합하여 박사급 1,000명 정도의 〈국가전략원〉을 두어야 한다. 이 국가전략원이 두 부총리 즉 홍익인간원과 국가기획원을 지원하도록 하여야 한다. 과거 산업화 시대에는 한국개발연구원KDI가 이러한 일을 맡아 성공적으로 수행했으나, 당시만 하여도 국가발전이 경제발전만으로 가능하던 시대였다. 그러나 이제는 경제발전만 가지고 국가발전이 되는 시대가 아니다. 아니 경제발전을 위해서도 외교·국방·교육 문화 등등의 발전이 종합적으로 체계적으로 추진되어야 한다. 그래서 이제는 정치·외교·경제·교육·사회·문화·교 등등 모든 국정분야를 책임지는 〈종합적 국가 싱크탱크〉가 필요하다. 그래서 〈국가전략원〉을 만드는 것이 시급한 과제이다. 이와 같이 〈홍익인간원〉, 〈국가기획원〉, 〈국가전략원〉이 함께 힘과 지혜를 합쳐 나가면 국가개조와 선진통일에 성공하고 국민행복의 시대를 활짝 열 수 있을 것이다.

21세기 대한민국의 꿈 - 3가지 꿈

1945년 해방 이후 70년이 지나고 있다. 지난 기간 우리는 건국, 산업화 그리고 민주화라고 하는 세 산을 넘어왔다. 40~50년대는 건국과 호국의 시기였다. 60~70년대는 산업화의 시기였고 80~90년대는 민주화의 시기였다. 국민과 국가지도자가 하나가 되어 세 산을 넘어와 이제 산업화와 민주화라는 근대화혁명에 성공한 중진국의 선두주자가 되었다. 이제 해방 후 100년이 되는 2045년경에 대한민국은 어떠한 나라가 되어 있을까? 아니 되어 있어야 할까? 해방 후 100년 혹은 대한민국 수립 후 100년이 되는 2045년 혹은 2048년경 우리는 어떠한 모습을 가져야 하는가? 21세기 대한민국의 꿈은 무엇이어야 하는가?

앞으로 우리 대한민국은 두산을 더 넘어야 한다고 본다. 하나는 선진화의 산이고 다른 하나는 통일의 산이다. 선진화란 이제 본격적으로 선진일등국이 되는 것을 의미하고 이를 위해선 일련의 국가개조가 필요하다. 통일이란 물론 남과 북의 물리적 제도적 정신적 통합이고 통일이다. 그런데 선진화와 통일이라는 두 과정은 사실은 하나의 과정이 될 것이다. 동전의 양면과 같을 것이다. 선진화에 성공하여야 통일을 이룰 힘이 생기고 통일을 이루어야 진정으로 선진화가 완성될 것이다. 그래서 사실 선진화와 통일은 두 산이 아니라 하나의 큰 산이 될 것이다. 그래서 우리는 〈선진통일〉이라고 부른다. 남과 북을 모두 선진화 하는 통일, 더 나아가 동아시아를 선진화하는 통일이라고 부른다.

그러면 이 선진통일이라는 큰 산을 넘어 우리는 어디로 가야 하는가? 2045년 혹은 2048년경에 이미 그 이전에 선진통일에 성공한 대한민국은 과연 어떠한 나라가 되어 있을까? 아니 되어 있어야 하는가? 앞으로 5년 이내에 남과 북의 관계에 결정적으로 변화가 올 것이다. 그리고 그로부터 10년 정도의 남한주도하에 본격적인 남북통합의 과정에 들어갈 것이다. 그러면 2030년경에는 한반도 통일이 완성될 것이다. 그리고 15년 내지 18년간 통일한반도가 자기 내부성장 – 선진화노력 – 을 계속하면서 외부적으로는 〈동아시아공동체시대〉를 열어나가면, 21세기 중반에 대한민국은 어디까지 가 있을 것인가? 아니 반드시 가야 할 것인가? 이것이 사실 21세기 대한민국의 꿈이다. 21세기 중반까지 우리가 이루어야 할 꿈이다.

우리는 21세기 대한민국의 꿈, 21세기 통일한반도의 꿈은 – 2050년 경까지 우리가 이룩한 국가비전을 – 한마디로 〈세계국가世界國家로의 웅비雄飛〉, 〈세계중심국가世界中心國家로의 웅비雄飛〉라고 생각한다. 세계중심의 초일류국가로의 도약이라고 생각한다. 우리는 선진통일을 이룬 후 21세기 통일한반도는 〈세계국가global state〉 – 세계평화 중심국가, 세계양심 중심국가, 세계공헌 중심국가 – 가 되어 있어야 한다고 본다. 〈민본적 민주주의〉를 이루고 〈인본적 자본주의〉를 이루고 〈홍익인간의 교육〉이 성공하여 세계초일류의 세계중심국가가 되어있을 것으로 믿는다. 이것이 우리의 꿈이다. 이 꿈이 이루어지면 우리 한반도는 한반도의 역사가 오랜 기간 꿈꾸어 왔던 3가지 꿈이 이루어짐을 의미한다.

첫째는 1907년 국채보상운동에 참여하는 한 여성단체의 선언문에서 나온 〈세계상등국가의 꿈〉이다. 선언문 마지막이 〈 – 이렇게 나라의 빚을 갚아 노예 상태에서 벗어나 자유민이 되어 우리나라도 언젠가는, 세계상등국가가 되기를 희망하노라.〉 하는 꿈이다. 국운이 쇠잔할 때로 쇠잔한 때에도 우리 선조들은 세계상등국가의 꿈을 가지고 있었다. 이것이 이제 100년이 지나 현실이 되어 가고 있다.

둘째는 1860년대부터 우리 한반도의 역사적 과제는 [근대국민국가modern nation state 만들기]의 단계로 들어갔다. 지난 150여 년 간 우리 한반도에 대내외적으로 개방적이고 산업화에 성공한 국민주권의 근대국민국가를 만들려는 노력이 지속되어 왔다. 그러나 19세기 말 20세기 초에는 개화파와 수구파간의 싸움과 분열로 근대국가 만들기에 실패하고 우리는 일본의 식민지가 된다. 그러나 해방 후에 근대국민국가 만들기라는 국가과제는 남한에서만 성공하고, 북한에서는 실패한다. 아직도 반反개혁개방 반(反)국민주권의 수구파가 사실상 수령절대의 봉건제도를 유지하면서 북한을 지배하고 있다. 앞으로 다가올 한반도 통일은 바로 이 약 150년간의 꿈이 남한뿐 아니라 북한까지 실현되는 것을 의미한다. 한반도 전체에 〈근대국민국가 만들기〉의 꿈이 완전히 완성되는 셈이다.

셋째는 우리 민족에게 1,000년이 넘는 꿈이 하나 있다. 그것은 우리도 〈세계의 중심국가〉가 되어보자는 꿈이다. 세계의 중심국가가 되어 세계발전에 창조적·주도적으로 기여해보고 싶다는 꿈이다. 불행히도 우리 한반도는 고구려가 망하고 1894년 청일전쟁까지 〈중국의 변방〉이었다. 그 이후에도 36년간 〈일본의 변방〉으로, 그리고 1945년 이후에는 북한은 〈소련의 변방〉, 남한은 〈미국의 변방〉으로 살았다. 이제 변방의 역사를 끝내고자 한다.

세계중심의 역사를 시작하여야 한다. 우리가 세계중심이 되기를 꿈꾸어 온 지는 오래다. 이 오래된 꿈은 신라 시대 황룡사 9층 탑을 세우면서부터이다. 통일신라가 이루어지면 아홉 개의 이웃 나라들이 우리에게 조공을 바치는 〈세계중심국가가 된다〉는 꿈을 가지고 있었다. 1,000년이 넘게 가지고 온 꿈이다.

지금 우리가 꿈꾸는 세계중심국가론은 이웃 나라를 복속시키겠다는 패권적 꿈이 아니다. 세계발전에 창조적으로 기여하고 공헌하는, 군자의 나라, 보살의 나라, 부민덕국富民德國의 나라를 만들고 싶다는 꿈이다. 한반도의 완성과 동아시아의 완성 – 동아시아 공동체의 완성 – 나아가 세계의 완성을 이루고자 하는 환언하면, 성기성물成己成物 하고자 하는 〈공동체자유주의적인 꿈〉이다. 우리가 국가개조와 선진통일에 성공하면 21세기 중엽에는 우리 통일한반도가 세계중심국가가 되어 있을 것이다. 그러면 1000년의 꿈이 실제로 이 땅위에 실현될 것이다.

공동체자유주의로 국가개조와 선진통일, 그리고 국민행복의 시대를 이루자!

건국 100주년 선진통일 후 세계발전에 공헌하는 세계중심국가로 웅비하자!

역사의 신이여! 한반도에 무한의 축복을 내리시라!

02

공동체자유주의의
철학적 기초

| 손 동 현 |

성균관대학교 명예교수

대전대학교 석좌교수

공동체자유주의의 철학적 기초

사회철학의 근본문제: 개인과 사회의 대립

개인과 사회의 관계는 사회철학의 핵심 주제이자 사회과학의 출발 주제이다. 사회철학은 그 직접적 탐구 내용이 무엇이든 간에 종국적으로는 이 주제에 부딪치게 되며, 사회과학은 그 이론의 내용이 무엇이든 간에 그 출발점에는 이 주제에 대한 특정한 관점이 이미 수용되어 있다. 이 주제가 사회철학이나 사회과학에서 근본적인 주제가 되리라는 것을 우리는 일상의 사회적 삶에서도 수시로 확인 할 수 있다. 사회적 삶의 영역에서 생겨나는 모든 알력과 갈등, 충돌과 쟁투는 모두 이 주제와 연관되어 있기 때문이다.

개인과 사회의 관계라는 주제를 존재론적으로 접근하면, 근본적으로 사회를 우선시하는 전일주의全一主義, holism와 개인을 우선시하는 개체주의individualism가 대립하게 된다. 그래서 이 두 견해 중 어느 것이 타당한 것인지, 아니면 적어도 어느 쪽이 더 설명력을 갖는지에 대해서는 역시 설명하고자 하는 문제나 설명을 요하는 상황에 따라 그 답이 달라질 수밖에 없을 것이다. 개개인의 자율이 억압받는 사회에서나 사회공동체의 유기적 존립 자체가 위협받는 사회에서나 그 답이 똑같을 수는 없을 것이기 때문이다. 전일주의와 개체주의의 대립은 형이상학적/존재론적 문제연관에서 일어날 수도 있고 방법론적인 문제 연관에서 생겨날 수도 있다. 개인과 사회 중 어느 것을 인간의 사회적 삶의 궁극적 실재로 보느냐에 따라 존재론적인 차원에서의 개체주의와 전일주의의 쟁론이 생길 것이고: 인간의 사회적 삶의 실상을 인식하고 설명함에 있어 개인과 사회 중 어느 것을 궁극적 설명항으로 보느냐에 따라 인식방법론적인 차원에서의 개체주의와 전일주의의 쟁론이 생길 것이다. 이 두 차원은 물론 밀접히 연관되어 있으나, 현대 사회철학에서는 실재에 관한 형이상학적 논의보다는 이의 탐구와 인식에 관한 방법론적 논의가 더 중점적인 것이 되어 있는 실정이다. 아무튼 "큰 규모의 사회적 사건이나 여건을 거기에 참여하여 그것을 즐기거나 그것으로 고통을 받는 개인들의 행동, 태도, 관계 및 처지들의 단순한 총합이나 배열에 지나지 않는다고"[1] 보는 것이 개체주의적인 입장이고, "인간과 제도를 움직이게 하는 비인격적 실체, 유형, 실재를 이해되는 보이지 않는 힘이자 지배자"로 신뢰하여 "사회적 현상을 그 나름대로 고유한, 자율적이고 거시적인 차원의 것으로, 그리하여 진정한 의미에서의 개체적인 것"[2]으로 보려는 것이 전일주의적 입장이다. 이들에 대해 좀 더 살펴보도록 하자.

개체주의

사회적 원자주의social atomism의 입장에서 보면 우선 사회란 개인들로 구성되는 집단이다. 단순한 집단만이 아니라 이 집단이 존립하는 데 필수불

---

1) *W. Dray, Holism and Individualism in History and Social Science*, in: Ency. of Phil. 4권 53쪽 이하
2) 같은 글

가결한 제도나 규범이 있어야 사회는 유지되지만, 이 제도나 규범들도 따지고 보면 개인들이 살아가는 방식들일 뿐이다. 결국 사회를 구성하는 궁극적 요소는 개인이고, 어떤 복잡한 사회적 현상이나 사태들도 이러한 개인들의 성향, 신념 등과 물질적 여건이 결합된 결과에 불과하다는 것이다.

이 개체주의적 사회관에 따르면, 사회적 현상에 관한 거시적 인식은 오직 그 사회를 구성하는 개인들에 관한 미시적 인식을 통해서만 가능하다. 사회현상을 이해하려면, "사회구성원인 개인들의 행동을 지배하는 원리들과 개인들의 상황에 관한 진술들로부터 사회적 과정과 사건들을 연역적으로 설명해야"[3] 한다는 것이다. 모든 사회적 사건은 결국 사람들에 의해 일어나는 것이요, 따라서 사회적 변화에서도 인과적 요인이 되는 것은 개인들일 뿐이라는 것이다.

개인들만이 실재적이기 때문에 사회적 대상은 개인들의 정신적 활동의 산물이요 구성물일 뿐이다. 이런 의미에서 포퍼는 제도나 집단과 같은 이른바 사회적 실체라는 것도 개인들 사이의 사회적 관계를 해석하기 위해 구성한 추상적 모형으로 이해한다.[4]

하이에크도 유사한 맥락에서 사람들이 사회적 실재로 여기는 것은 실제로는 "일상에서 관찰되는 개인적인 활동 사이의 연관을 설명하기 위해 구성한 모형"이라고 보아, 사회과학의 과제는 "우리에게 친숙한 요소들을 기초로 하여 모형을 만듦으로써 전체를 이해하는 것"이라고 주장한다.[5]

이렇게 되면 사회적 현상에 대한 사회학적 설명이 심리학적 용어를 활

---

3) 같은 글
4) 이한구, 역사주의와 역사철학, 문지사 1986, 300쪽
5) 같은 책 301쪽

용하는 심리학적 설명으로 환원될 수도 있는데, 이에 따르면 사회란 개개인이 자신의 욕구를 충족시키기 위해 강구한 수단이 제도화한 것에 불과하다. 따라서 방법론적으로 볼 때 사회학적 설명은 심리학적 설명으로 더 정밀히 분석될 수 있을 것이다.

전일주의

참다운 실재를 개별자로 보는 개체주의에 대립되는 전일주의의 주장 내용을 간추려 보면 다음과 같다.[6]

1) 전체는 그 부분들의 총합 이상이다.[7]
2) 전체는 그 부분들의 성격을 규정한다.
3) 전체 속의 부분들은 전체와의 연관을 떠나 이해될 수 없다.
4) 전체 속의 부분들은 내적으로 상호 연관되어 있고 상호의존적이다.

현대 사회철학에서 이상의 명제들을 모두 받아들이는 사회이론을 찾기는 어려울 것이다. 즉 존재론적인 차원에서도 전체로서의 사회를 형이상학적 실재로서 받아들이는 전체주의는 퇴조했다고 생각된다. 그러나 사회현상의 인식을 관심사로 하는 방법론에서는 전일주의도 많은 지지를 받고 있다. 우선 전일주의는 방법론적으로 환원불가능한 사회학적 법칙의 존재를 인정한다. 상호 작용하는 개인들의 행위에서 유래하는 단순한 규칙성이나 경향으로는 설명되지 않는 것이 사회현상을 이해하는 데 주요 요인으로 작용한다는 것이다. 개인의 행위에 관한 설명 이외에도 사회적 제도 안에서의 개인의

---

6) D. C. Phillips, Holistic Thought in Social Science, Standford Uni. Press 1976, 6쪽 이하. 이한구, 같은 책 294쪽 이하에서 참조

7) 참조: 플라톤, 테아이테토스, "총합(all)은 전체(whole)가 아니다."

역할에 관한 설명이나 전체 사회체제 안에서의 제도의 기능에 관한 설명 등은 전일주의적 관점에 설 때 의미 있는 것으로 수용된다.

이 방법론적 전일주의에도 사회구성원인 개인의 행위로는 환원할 수 없는 사회적 사실의 존재를 인정해야만 개인의 행위도 더 잘 설명될 수 있다는 좀 더 적극적인 입장이 있는가 하면, 사회적 사실에 관한 진술은 개인의 행위에 관한 진술들의 결합으로 완전히는 환원될 수 없다는 좀 더 소극적인 입장이 있기도 하다.[8] 어떤 경우든 사회적 제도나 조직이나 체제 등에 관한 에 관한 연구를 개인의 심적 성향이나 행동에 관한 연구로 모두 환원할 수는 없다는 반환원주의가 이 방법론적 전일주의의 이론적 강점이라고 볼 수 있다.

인간의 사회적 삶에 관한 개체주의와 전일주의의 대립은 개인과 사회를 각기 독자적인 실체로, 혹은 인식적인 실재로 설정하는 한, 불가피한 것으로 이해된다. 부분과 전체, 혹은 요소와 구성물 사이의 관계란 이렇듯 동일한 논의 지평 위에서는 배타적일 수밖에 없고, 이들을 함께 아우르는 제3의 매개 개념이 성립하기 어려울 것이다. 그렇다면 개인과 사회라는 지극히 유기적이고 상호대대적相互待對인 둘 사이의 관계를 충돌 없이 정합적으로 이해할 수 있는 길은 없을까? .

그런데 이 주제에 대해 이렇게 똑 같이 "실체론적" 접근을 하면, 이와 같은 대립은 불가피하기도 하고 또 해소되기도 어렵다. 전체 없는 부분이 있을 수 없고 부분 없는 전체가 있을 수 없는 이상, 전체와 부분 중 어느 것이 더 확실한 존재인지를 묻는다면, 그 실체성에 대해 두 가지로 답이 나

---

8) 이한구, 앞의 책 305

올 것은 뻔한 일이요, 그 두 가지 견해의 대립이 쉬이 해소될 수 없음 또한 논리적으로 당연한 일이라 하겠다.

그래서 우리는 여기서 "실체론적"인 접근 대신 "기능주의적"인 접근을 시도해 보고자 한다. 더 이상 개인과 사회라는 대립항을 전제하지 말고, 인간의 인간으로서의 삶 자체가 어떤 맥락에서 어떤 방식으로 개인적인 삶과 사회적인 삶으로 드러나는지 해명해 보자는 것이다. 그래서 우리는 기능적 매개 개념으로서 인간의 '개인성'과 '사회성'을 설정하고 이들이 서로 어떻게 상호 의존하고 상호 매개하면서 상호 작용하는지를 살펴보기로 하자. 인간의 사회생활을 주제로 한다 해도 원초적 의미에서 참으로 실재하는 것은 오직 '사람'뿐이지 개인이니 사회니 하는 개념은 1차적 의미에서 '실재'라고 보기 어렵다는 전제에서 출발하자는 것이다.

개인적 자아와 사회적 자아

인간은 여러 면에서 이중적 존재다. 신체적 물리적 존재이면서 동시에 심적 정신적 존재라는 점에서 우선 이중적 존재다. 몸과 마음, 신체와 정신은 분리돼 있지 않고 하나로 통합돼 있지만, 물리적 세계에 연장돼 있어서 그 세계를 벗어날 수 없는 신체가 존재하며 작동하는 방식과 그런 물리적인 세계를 넘어서면서 새로운 세계를 펼쳐나가는 정신이 존재하고 활동하는 방식은 판이하게 다르다. 이렇게 판이하게 다른 두 가지가 하나로 통합돼 있기에 인간은 이중적 존재인 것이다.

그런가 하면, 비슷한 맥락이지만, 자연의 일부로서 자연을 떠나 살 수 없는 자연적 존재이면서 동시에 문화라는 둥우리를 스스로 지어가면서 그 둥우리 속에서 살 수 밖에 없는 문화적 존재라는 점에서도 이중적 존재다. 자연과 문화가 그 존재 방식이나 성격에서 판이하게 다른데, 인간은 이 두 세계에 동시에 속해 있기에 이중적인 존재라는 것이다. 인간은 자연적으로 주어진 세계를 어쩔 수 없이 받아들이고 그에 적응해야 하는 수동적인 자연적 존재이면서 동시에 그 자연의 세계를 토대로 그것을 활용하면서 스스로 자신의 삶을 개척하고 자연에는 없던 가치를 실현시켜 나감으로써 문화를 창조하는 존재이기도 한 것이다.

그런데 이런 존재론적 이중성의 연장선상에서 우리는 또 다른 유형의 이중성을 발견하게 되는데, 인간의 현실적인 삶의 양상에 깃들어 있는 개체성과 사회성의 양면성이 하나로 통합돼 있다는 사실이 그것이다. 인간은 하나의 독립된 개체로서 사는 개인적 존재이면서 동시에 집단 가운데서 여럿이 어울려 공동생활을 하지 않을 수 없는 사회적 존재이다. 자연적 존재인 인간이 터 잡는 곳은 그의 신체요, 타인과 교류 연대하면서 공동생활을 영위할 수 있는 것은 그의 정신이기 때문에, 개인적 존재이자 사회적 존재라는 이 이중성도 그 근원에서 보면 앞서 말한 존재론적 이중성에서 연원하는 것이다.

프랑스 철학자 베르그송Henri Bergson; 1859~1941은 인간의 이런 이중성을 인간의 인격적 자아가 개인적 자아moi personale와 사회적 자아moi sociale의 통합으로 이루어져 있다는 말로 표현하기도 했고; 미국의 사회학자 미드Herbert Mead; 1863~1931는 자아의 이 이중적 국면을 각각 대상적 객체적 자아 'Me'와 비대상적 주체적 자아 'I'로 지칭한 바 있다. 그런가 하면 독일 철학자 하르트만Nikolai Hart- mann; 1882~1950은 그 이중적 국면을 각각 개인적 정신personaler Geist

과 객관적 정신objektiver Geist으로 구별하여, 이 둘 사이의 관계를 자세히 기술으로써 인간의 사회적-역사적 삶의 근본적인 구조를 해명하고자 하였다.

일상적 상식의 관점에서 피상적으로 보면, 인간은 각기 개인으로서 생존하는 것이 일차적이고 기본적이며, 공동체라든가 사회생활이라는 것은 그런 개인이 모여서 크고 작은 집단을 이루면서 추후에 성립되는 것으로서 부차적이고 임의적인 사태라고 생각하기 쉽다. 그러나 좀 더 숙고해 보면 현실은 꼭 그렇다고 볼 수도 없다. 우리는 모두 어떤 공동체에 그 일원으로 태어나게 마련이고 그 공동체의 구성원들과 어울려 삶으로써만 하나의 인간으로 성장할 수 있는 게 사실이다. 만일 한 사람이 태어나자마자 무인도에 홀로 떨어져 살게 된다면, 물론 생존 자체가 불가능하겠지만, 살아난다 하더라도 그가 과연 하나의 인간으로 성장해 한 인격적 자아를 갖는 개인으로 살게 될지는 의문이다.

베르그송은 인간의 의식을 표층에서 심층에 이르는 '깊이'가 있는 것으로 인식한다. 그에 따르면, 의식은 '흐름'이어서 부분 부분으로 구획될 수 있는 것은 아니지만, 그래도 그 깊이의 차이에 따라 보다 '얕은 곳'과 보다 '깊은 곳'의 차이는 있다. 다른 사람들을 비롯한 외부의 세계와 접촉하며 그것과 관계하고 그것에 적응하는 얕은 곳의 의식활동은 '사회적 자아'를 형성하고, 다른 사람들과 비교할 수 없는 자신과 관계하며 자기성찰적 작용을 하는 깊은 곳의 내면적 의식활동은 '개인적/인격적 자아'를 형성한다. 대상세계와 연결되는 사회적 자아moi sociale가 습속에 뿌리를 둔 닫힌 도덕을 수용해 현실을 경영해 나가는 실용성을 추구한다면, 자기정체성의 핵심을 이루는 개인적/인격적 자아moi personale는 오직 자유로운 자기활동을 추구하며 열린 도덕을 지향한다. 이 두 가지 자아가 이렇게 구분된다 해서

이들이 서로 떨어져 있는 것은 물론 아니고, 그 전체가 통합되어 전체로서의 자아를 이룬다.[9]

미드는 인간의 사회적 삶을 설명하는 데 있어 언어의 역할을 유난히 강조하는데, 이와 연관지어 그도 흔히 독자적 자아라고 생각하는 것이 피상적인 상식과는 달리 실은 사회적 언어 생활 속에서 구성된다는 점을 상세히 밝힌다. 그에 따르면, 언어를 습득하며 성장하는 인간은 그 과정 속에서 이미 사회적 자아를 형성하게 되는데, 이는 사회생활 자체가 이미 언어적 규칙에 의해 조정되고 지배되기 때문이다. 그는 인간의 사유작용 자체가 언어활동에서, 즉 다른 사람과의 대화를 자신과의 대화로 내면화시키는 언어활동에서 싹트는 것이라고 생각한다.[10]

사유의 연원도 자아의 형성도 언어가 중심이 되는 사회적 과정을 통해 설명하려는 미드이지만, 그렇다고 자아라는 것이 이렇듯 전적으로 '일반화된 타자', 즉 조직화된 공동체나 사회적 집단을 수용함으로써만 구성되는 측면만 갖는다고 보진 않는다. 모든 개별적인 자아는 그 자신의 특유한 개별성과 독특한 양식을 갖기도 한다. 개별적인 자아는 사회적인 과정 속에서도 그 과정을 반영하기도 하지만, 이 활동 자체를 자신의 특별하고 독특한 관점 아래서 수행하기도 한다. 미드는 자아가 일반화된 타자를 수용함으로써 그 자신 일반화된 타자와 다를 바 없게 된 대상적 객체적 자아를 'Me'라는 용어로 개념화하고; 이러한 객체적 자아를 수용하고 그것에 기

---

9) H. 베르그송(송영진 역), 도덕과 종교의 두 원천, 서광사 1998, 21–27쪽; H. Bergson, Les deux Sources de la Morale et de la Religion, PUdF 1961(1932), pp 4–8 참조

10) 코저(신용하 외 역), 사회사상사, 일지사 1978; H. Mead(ed. by Ch. W. Morris), Mind, Self, and Society, Univ. of Chicago Press 1934.

능적으로 반응하는 비대상적 주체적 자아를 'I'라는 용어로 개념화한다.

'Me'는 대상이 되는, 객관적으로 경험할 수 있는 관습적 자아이다. 그에 비하면 'I'는 대상을 마주하는, 그 자체는 대상이 되지 않아 경험할 수 없는, 주체적 자아이다. 우리 자신의 행동에 영향을 끼치는 것으로 확실시 되는 '타자의 태도'가 'Me'인 반면, 그것에 어떻게 반응할지 아직 미정인, 기존의 경험에서 결정된 것을 넘어서서 미래를 향해 열려있는 자아가 'I'이다. 그런데, 그렇다 하더라도 'I'가 절대적 주권을 누리는 것은 아니다. 'Me'가 없다면 'I'는 그 활동의 토대를 잃는다. 'Me'는 'I'에게 관습에서 주조된 구조적 형태를 주는 것이요, 'I'는 'Me'에 새로운 창의적인 가능성을 열어준다. 'I'와 'Me'는 이렇듯 상호의존적인 구도 아래서 상호 영향을 주며 상호 결정을 하는 자아의 두 기능을 가리키는 것이지, 독립적 실체를 가리키는 것이 아니다. 자아는 'I'이자 'Me'이다. 이 둘은 자아 안에 있으며 서로를 지지한다. 자아의 완전한 표현을 위해 이 양 측면은 필수적이다.

미드에 따르면, 인간의 사유와 자아는 모두 사회화 과정을 통해 발생하는 것이지만, 그 과정 속에서도 대상적 객체적 자아인 'Me'와 비대상적 주체적 자아인 'I'의 상호작용을 통해 변화하고 진화해 나가는 것이다.

하르트만은 이런 관계를 좀 다른 방식으로 상세히 설명해 준다. 그에 따르면 본래 인간의 정신은 분립될 수 없는 하나의 통일체요, 구분되어 달라 보이는 것은 오직 그것이 존립하는 형식이나 활동하는 양식뿐이라는 것이다. 즉 개인적 정신과 객관적 정신은 그 자체 실체가 아니라 인간정신이 존립하고 활동하는 형식이요 양상이라는 것이다.

개인적 정신은 우리가 내적 반성만으로도 자신에게서 직접 체험하고 확인할 수 있는 가장 명확한 정신활동의 한 형식이다. 이 정신은 우선 그 존재 방식상 개별적 신체와 결합됨으로써 뚜렷한 개체성을 갖는다. 바로 이 때문에 개인적 정신은 그 활동의 시공적 범위가 좁고 시공적 제약을 가장 많이 받는다. 그러나 다른 한편 이 정신은 그 활동의 성격상 자기형성, 자기실현, 자기반성, 자기인식을 수행한다는 점에서 주체성을 근본특징으로 한다. 활동이 생생하고 주체적 자기통제가 가장 확실하므로 능동적이고 창의적이다. 그리고 이 개인적 정신은 자기의식을 동반하고 있기 때문에 지적, 심미적, 도덕적, 종교적 영역서 두루 활동하면서 자연성을 넘어서고 가치를 지향하는 '인격'을 구성한다.

그러나 동시에 이 개인적 정신은 바로 자신을 넘어서는 활동을 통해 초개인적인 연관 속에 들어섬으로써 객관적 정신의 활동 형식과 연계된다. 어떻게 그렇게 될까? 개인적 정신의 핵심을 그 자체에서 규정하기란 불가능하다. 이 정신의 실질은 오히려 이 정신이 외부와 맺고 있는 여러 다양한 관계, 즉 세계를 향한 그의 '오리엔테이션'定向 가운데서 드러난다. 그리고 이러한 관계는 그를 다른 정신과 결합시켜주는 관계로 나아간다. 즉 "개개인을 넘어 서로 결합되고 서로 의거하는 인격들 간의 관계"로 나아간다. 따라서 개인적 정신personaler Geist의 실체는 "개개인들에게서 구성되는 것이 아니라, 오히려 이들의 다양한 활동작용을 처음부터 포괄하고 담지하고 있는 '초개인적인' ber-individuell 정신적 연관 속에서" 형성되는 것이다. "개인들을 넘어서며 이들을 결합하고 담지하는, 이들의 성장과 분화分化의 토대가 되는, 공동의 정신적 생生, 이 정신적 공동성의 영역, 이것이 곧 객관적 정신의 생이다."[11]

---

11) 니콜라이 하르트맨(하기락/이종후 역), 정신철학원론, 이문출판사 1990; N. Hartmann, Das Problem des geistigen Seins, Berlin 1962(1933), 176쪽

객관정신이란 우리가 흔히 민족정신, 민족혼, 겨레의 얼, 또는 시대정신 등을 말할 때 뜻하는, 그런 '공동정신'이다. 객관정신은 개개인의 개별적 정신을 넘어서서 이들을 포괄하지만, 그렇다고 단순히 이들의 '집합'이거나 이들을 부분들로 하는 '전체'가 아니다. 객관정신은 자신의 고유한 생生을 지니며, 그 가운데서 자신의 고유한 통일성을 유지하는 실재다. 그것은 살아서 활동하며 오히려 개인정신을 형성해 나가는 구체적 실재다. 그것은 개인정신들을 포괄하는 큰 규모의 개체로서 또 긴 시간단위를 살아간다는 점에서 "엄밀하고도 본원적인 의미에서 역사의 담지자"이다. 그것은 언어·지식·예술·습속·도덕·법·정치·신앙 등의 여러 분화된 문화영역에서 자신을 구현시키며 개인정신들을 움직여 역사를 끌고 간다.[12]

그렇다면 이 객관정신과 개인정신은 서로 어떤 관계 속에 놓여 있을까? 우선 우리는 객관정신과 개인정신이 정신 일반의 부분이나 구성요소라고 생각해서는 안 된다. 객관적 형식을 띠기도 하고 개인적 형식을 취하기도 하는 하나의 정신이 있을 뿐이다. 객관정신과 개인정신의 관계는 단적으로 말해 상호 연관적이다. 이들은 상호지시적, 상호담지적, 상호의존적, 상호제약적, 상호작용적인 내적 관계를 갖는다.

개개의 한국인들이 정신적 존재로 있어야 한국정신이 있을 수 있는가 하면, 한국정신이 있어야 그 속에서 한국인들은 정신적으로 한국인이 된다. 이 둘은 이렇게 서로에게 담지되어 있으며 따라서 자연히 서로에게 의존되어 있다. 그리고 내용적으로도 물론 서로 영향을 주고 받으며 서로 조건지워 주고 서로 제약한다. 한국의 작가들은 한국정신의 한 구현체인 한

---

12) 이상, 같은 책 191쪽 이하 참조

국어라는 객관정신의 내용에 의해 영향을 받고 제약을 받는다. 물론 그것에 의해 뒷받침되고 그것에서 영양과 힘을 얻는다. 그러나 또 다른 한편 한국어는 그러한 개별적 작가들의 언어적·문학적 활동을 통해 더 풍성해지고 더 활력을 얻게 되는 것도 사실이다. 쉐익스피어는 영어를 격조 높은 문화어로 만드는데 기여했으며, 또 영어는 쉐익스피어 문학을 가능케 해준 모태이기도 하다.

이상 베르그송, 미드, 하르트만의 철학사상에서 살펴보았듯, 인간이 그 자아 자체가 이렇듯 본성적으로 개인적 존재이면서 동시에 사회적 존재라면, 사회적 이념으로서 혹은 정치적 노선으로서 개인의 자유를 우선시하는 입장인 자유주의와 공동체 전체의 안녕과 발전을 우선시하는 입장인 공동체주의도 깊이 숙고해보면 상호배타적인 것이라기보다는 상호대대적인 것이다. 이들은 상호보완적인 것으로 종합이 가능한 것이요, 아니 종합되어야 할 것이라고 생각된다. 과연 그러할지, 우선 이 대립적 이념의 핵심적 내용을 살펴 대조해 보도록 하자.

개인주의 – 자유주의

개인주의란 본래 사회 구성원 각자의 독자성과 자기신뢰 그리고 자유를 중요시하는 도덕적, 정치적, 사회적 견해를 가리키는 것으로 개인이 그의 욕구 충족을 위해 혹은 삶의 목적을 달성하는 위해 행하는 것을 집단, 사회, 국가 등 외부적인 기관이나 제도 등이 제한, 통제, 간섭하는 것을 부당하게 여기는 것을 기본으로 한다. 따라서 개인주의는 집단이나 공동체, 또는 민족이나 국가의 목표를 개인의 목표보다 우위에 두려는 전체주의, 집단주의, 공동체주의 등과 대립되는 것이다. 그래서 개인주의는 현실적으로 전통이나, 개인의 행동에 제한을 가하는 종교적 신앙이나 도덕적 규범에 대해 저항하는 경향을 지녀 왔다.

그렇다고 개인주의가 곧 이기주의로 통한다는 생각은 잘못이다. 개인주의는 모든 개인에 대해 동등하게 그 독자성을 인정하는 것이기에 오히려 평등주의와도 통할 수 있는 사상이지 타인의 이익에 앞서 자기이익을 우선시하는 이기주의와는 다르다. 개인주의란 어디까지나 개인을 인간의 사회적 삶의 최후적 단위로 보고 사회공동체는 이들 개인들이 서로 대등한 관계를 가지며 구성한 것으로 보는 입장이다.

개인주의는 국민 각자가 다른 사람의 자유를 제약하지 않는 범위 내에서는 자기가 원하는 대로 행동할 수 있도록 각 개인의 자유를 보호하는 방어적인 역할만을 국가는 해야 한다는 정치철학적 정부론을 내세운다. 이는, 개개인들이 그 자신의 목적을 추구하도록 방임하는 대신, 개개인이 전체로서의 사회적 공익을 위해 봉사하도록 국가가 확실히 보장해야 한다는 집단주의적/전체주의적 정치철학과 대조를 이루는 것이다. 개인의 자유, 개인의 자발성을 가장 중요하는 입장이다.

실제로 개인주의자들은 국가와 같은 사회적 기구가 개인에게 부과하는 의무에 대항해 개인의 자율을 방어하는 데에 최대의 관심을 갖는다. 자연히 소수자의 자유를 다수자의 요구로부터 보호하려 하게 된다. 그래서 이들은 다수의 이해관계 때문에 개인의 자유가 훼손되는 것을 막는 헌법적 보호장치가 없는 민주주의 체제는 수용하지 않는다. 물론 여기서 말하는 자유란 사회적 경제적 자유 모두를 가리키는 것이다.

정치적 개인주의의 주장 가운데는 사회란 다만 개인들의 집합일 뿐이라는 주장도 있다. 즉 사회란 개인들을 넘어선 차원에서 존립하는 것이 아니라는 것이다. 행동이란 의도적 지향성을 요구하는 것이요, 의도적 지향성은 오직 행위의 주체에게만 있는 것인데, 이런 주체는 오직 개인만이 될 수 있지, 사회라든지 정부라든지 하는 것은 될 수 없는 것이기 때문이라는 것이다. 아무리 대의 민주정치를 수행하는 국가라 해도 정부의 공공적 행위들은 모두 결국 개개인의 의도적 행위를 통해서만 이루어진다는 것이다.

특정의 정책을 수행하는 것은 정부라든지 국가라든지 한 개인 이상의 사회적 실체라고 생각할 수도 있겠다. 그러나 면밀히 보면 그 정책에 반대하는 사람들도 있었던 것이 사실이므로, 다수결이라는 절차가 정책의 타당성을 정당화하긴 그렇다고 그 정책의 수행이 "우리 모두"의 행위라고 하는 것은 개인을 허구적 실체인 집합 속에 편입시키는 애매의 오류인 셈이다.

개인주의는 현실적으로 개인주의적 아나키즘, 고전적 자유주의, 리버타리아니즘 등과 잘 결합된다. 이렇게 그 현실적 구현에 있어 양상의 진폭이 크지만, 아무튼 개개인이 그 자신의 삶의 주체로서 "자율적으로" 자신에게 최선이 되는 선택을 할 수 있다는 것, 또 그렇게 하도록 해야 한다는 것, 사회나 국가나 또 다른 어떤 공공적 권위체가 이를 간섭하는 일은 오직 그 개인의 선을 더 증대시킬 수 있을 때에만 허용된다는 것 등을 견지하는 입장이다. 따라서 개인주의는 자연스럽게 자유주의 사상과 연동하게 된다.

자유란 시대적 상황이나 이념적 조류와도 상관 없이 개체로서의 인간 존재가 본성상 숙명적으로 지향하게 마련인 삶의 이상이요 이념인 까닭에 이를 억제할만한 충분한 사회적 이념적 기제가 조금만이라도 약화되면 그 자리에 등장하는 것이 자유주의 이념이라 할 수 있다.

자유주의 사상의 기조는 서양의 시민혁명기의 '계몽사상'에서 유래하는 것이라 하겠다. 서양근대의 계몽사상에 따르면, 인간은 누구나 비합리적인 인습이나 권위에 구애받지 않고 자신의 행복을 위해 스스로 이성에 호소해 자유로이 판단하고 행동할 수 있는 이성적 존재다. 계몽사상에 그 뿌리를 두고 있는 자유주의 이념은 '각개인은 자신의 자율적 판단에 의해 자유롭게 행동할 수 있는 이성적 존재'라는 계몽의 원리 아래 정치사상적으로 볼 때 두 가지 요체를 지니고 있다. 하나는 인간은 누구나 이성적인 인격적 존재로서 평등한 천부적 인권을 지니고 있다는 것(천부인권 사상)과 인간은 사회생활을 영위함에 있어 다른 사람과 사회적 관계를 맺을 때 동등한 권리를 가지고 자율적으로 상호 계약을 할 수 있다는 것(사회계약 사상)이다. 따라서 자유주의는 근대 이후 민주주의 정치사상의 기본적인 원리가 되어 왔다.

자유를 최고의 인간적 가치로 보는 자유주의 사상 자체는 서양에서 고대 희랍까지 올라가겠지만, 개인의 사회생활 방식, 정치적 경제적 활동의 기본원리로서 자유주의가 정치사회적 현실 가운데 본격적으로 등장한 것은 17~18세기의 시민혁명의 성공에 힘입어 근대국가 및 근대사회가 성립한 이후의 일이다.

근대 이후 경제적 자립을 도모한 상공인 시민 계층이 등장하여 정치사회의 기초를 인간의 자유와 평등에 두는 민주적인 정치를 요구하는 움직임이 일어나게 되었고, 그렇게 해서 등장하게 된 것이 근대 시민국가이다. 근대 이후 사회구성원은 시민의 일원으로서 경제활동 및 사회활동에서 전근대의 봉건 군주 시대와는 다른 자유를 누리게 되지만, 그렇다고 그 자유가 무제약적인 것은 아니다.

　근대인이 시민의 지위를 얻었다 해도 인간은 집단의 일원으로 다른 구성원과의 관계를 피할 수 없으므로 본래 완전하게 자유로운 행동을 취할 수 있는 존재는 아니다. 인간은 사회적 존재로서 언제나 집단 전체의 이익과 개인의 이익 사이에서 갈등을 겪으며 이 양자의 조화를 고려하면서 행동해야 한다. 그래서 인간의 자유에는 반드시 어떤 제약이 불가피하며, 이 제약을 임의적인 것이 아닌 보편적인 것이 되게 하는 규율이 뒤따르게 마련이다. 그리고 이 규율은 집단을 형성하는 구성원 전체가 수용할 수 있는 것이어야 한다. 이 보편적 규율에 의한 자유의 제한은 오히려 제한된 자유의 영역을 보장해 주는 안전장치가 되는 것이다.

　구성원 전체가 자발적으로 수긍하여 수용한 규율에 의한 행동의 제한은 자유의 침해라고 할 수 없을 것이다. 개인의 자유를 불가피하게 제한하되 그 제한의 내용과 방식을 구성원의 동의와 계약에 의해 결정한다면, 이는 자유주의의 이념을 훼손하는 것이라고 볼 수 없다. 이런 맥락에서 구성원의 동의와 계약을 대행할 대표자를 역시 같은 방식으로 선정하고(대의정치) 이들에게 공평한 법률을 제정케 하여 구성원 모두가 이 법을 준수케 하는 방식(법치주의)을 개발 정착시킴으로써 정치의 기본틀을 마련한 것이 자유주의 이념에 입각한 근대 민주정치의 출발점이라고 하겠다. 이것이 바로 계몽시대 홉스, 루소, 로크 등의 사회계약론자들이 주창한 근대국가의 민주주의적 정치운영의 기본 원리다. 여기에서는 국민주권주의를 정치의 원리로 삼고, 주권을 위임받은 통치자도 집단 전체의 이익을 위하여 제정된 법률에 따라 정치를 하며, 일반 국민은 같은 법률을 자발적으로 준수함으로써 개인의 자유를 보장받는다. 따라서 자유주의는 자유를 구현할 수 있는 인간의 기본권을 전제하고, 개인의 자유를 제한하기도 하고 이를 통해 구성원들에게서 위임받은 통치자의 권력을 제한하기도 하는 법률의 보편타당성을 매개로 하여, 집단에 소속되어 있는 개인의 자유를 실현시킬 수 있는 현실적인 사회적 장치, 즉 국가의 정체와 정치원리를 필요로 하는 이념이기도 하다.

자유주의 이념을 국가 정체政體의 기초로 하는 국가에서는 헌법에 신체의 자유, 사상의 자유, 언론 출판의 자유 등 국민의 기본권에 관한 사항을 조항으로 명시하는데, 이는 인간의 자유에 대한 국가권력의 부당한 침해를 방지하기 위한 것이기도 하다. 특히 재산권의 보장과 사유재산의 불가침이 헌법에 규정되는 것은 자유의 구현을 위한 기초적인 물적 토대를 중요시하고 이를 보장하기 위한 방책이라 볼 수 있다. 이 재산권과 관련해, 법으로 정해진 납세의 의무 외에는 국민이 국가에 재산을 공여하지 않아도 되게 한 것도 국민의 자유를 보장하는 중요한 근대정치적 장치라 하겠다.

다른 어떤 존재에 있어서와 마찬가지로 인간에게 가장 중요한 것은 생명의 존중과 자기 보존에 있다는 주장Hobbes이나, 국가의 존립 목적은 생명과 자유와 재산의 보호에 있다는 주장Locke이나, 사회계약의 목적은 인간의 자유 확보에 있다는 주장Rousseau이나 모두 근대 자유주의의 본질을 단적으로 설명한 것이라고 할 수 있다.

공동체주의 – 평등주의

개인주의-자유주의의 개념쌍에 대립되는 사회이념은 사회주의-평등주의일 것이다. 인간의 삶에서 중심적 역할을 하는 것은 독자적 개체로서의 개인이 아니라 유기적으로 연계되어 크고 작은 통합적 전체를 이루는 사회이며, 거기서 추구해야 할 이상은 구성원 각자가 누리고자 하는 자유가 아니라 구성원들 모두가 서로 소망하는 구성원사이의 평등한 관계라는 생각이 이 사회적 이념의 핵심일 것이다.

개인주의에 대립되는 이념으로 가장 선명하고도 극단적인 형태의 것은 전체주의totalitarianism 혹은 집단주의collectivism일 것이다. 그러나 이런 극단적인 이념은 근현대의 역사에서 현실성을 상실한 것으로 더 이상 논쟁거리가 되지 못한다. 같은 노선 위에 있으면서 보다 현실적인 힘을 갖는 이념이 있다면 '사회'를 개인보다 우선시하는 '사회주의Socialism'가 그것 일 것이다.

그런데 '사회주의'라는 이념은 물론 개인주의에 대립하는 것으로 제창되긴 했으나 주로 경제사상으로서 주조된 것이었다. 사적 이윤추구를 목적으로 하고 생산수단의 사적 소유와 자유경쟁을 수단으로 삼고 있는 자본주의 경제체제의 여러 모순과 병폐들, 즉 생산의 무정부성, 자본의 집중, 자원의 낭비, 실업과 빈곤의 증대, 제국주의와 전쟁 등이 나타나는 것은 자본주의의 기본원리인 개인주의에 근본원인이 있다고 생각하여, 자본주의 사회를 개조하기 위해서는 개인주의를 폐지하고 그 반대 원리로 대치해야 된다고 본 데서 출발한 것이 사회주의 이념이었던 것이다.

산업화가 진행되던 초기 자본주의에 대한 비판에서 나온 사회주의 정치경제사상은 오늘날 자본주의가 수정과 보완을 거듭하여 진화함으로써 그 비인간적인 독소를 상당 부분 제거한 마당에는 더 이상 그 초기의 형태에 머물 수 없게 된 것이 사실이다. 보다 보편적인 사회철학 사상으로서 개인보다는 사회를 우선시하는 현대판 '사회주의'가 있다면 '공동체주의'Communitarianism가 그것일 것이다.

공동체주의는 우선 개인과 공동체 간의 관계를 강조한다. 이 때 공동체란, 물론 가정에서부터 국가에 이르기까지 크고 작은 여러 형태의 것들이 있겠으나, 지리적-역사적 차원에서 '상호작용'을 공유해 온 집단을 가리킨다. 여기서 중요한 것은 각 개인의 자기정체성, 즉 인격성이란 것이 바로 이 공유된 상호작용, 즉 공동체적 삶을 통해 형성된다는 점이다. 달리 말해 공동체에 선행하는 개인들의 자발적인 활동을 통해 공동체가 형성된다고 보는 게 아니라, 오히려 개인이 형성되는 데 있어 공동체의 역할이 크다는 것이다.

공동체주의는 공동생활의 유대가 약화되고 전통적인 가치나 권위에 대한 존중이 사라짐으로써 원자화된 개인이 비록 자유를 더 얻을지는 모르나 사회적 안정을 상실함으로써 오히려 더 인간적 소외에 시달린다는 점을 간파한 결과 나온 사회사상이라 할 수 있다.

공동체라는 것이 물론 전근대 사회에서는 지역적으로 국한된 작은 것이었다. 그러나 근대 이후 다양한 기술, 특히 교통 통신의 기술이 발달하여 경제활동 및 그 영향력의 범위가 커지면서 이 경제적이 힘을 효과적으로 통제하고 선도할 규범적 정치적 활동이 요구되었고, 이에 따라 공동체의 범위도 확대되어 갔으며 마침내 오늘날에는 국가 전체가 하나의 공동체가 되기에 이르렀다. 아니 국가의 경계마저 넘어서는 공동체의 형성이 요구되고 있는 형편이다.

오늘날 구미歐美의 사회윤리학 및 사회철학 분야에서 공동체주의 이론은 80년대 들어 롤스J. Rawls의 〈정의론〉에 대한 긍정적 부정적 응답을 계기로 하여 자유주의 전통에 대한 비판으로부터 유래하는데, 이들의 자유주의

비판의 내용은 대개 다음과 같다:

자유주의에 따르면 1) 인격적 개인은 공동체에 선행하는 자립적인 것이고, 2) 개인의 목적과 가치와 정체성은 공동체와는 무관하게 존립하는 것이며, 3) 목적과 가치와 선 관념에 대한 개인의 선택은 개인적 선호에 따른 자의적인 것으로 합리적 정당화가 본질적으로 불가능한 것이다. 4) 롤스가 그의 정의론이 보편적으로 문화권을 넘나들며 적용될 수 있다고 보는 것은 잘못이다. 그는 문화적 특수성을 간과했다.

이렇듯 자유주의를 비판하는 공동체주의는 대체로 도덕적 주체로서의 개인을 존중하되 이를 사회적 관계 속에 정위시켜 1) 자율적 자아란 고립되어 존립하는 것이 아니라 공동체의 가치와 문화에 의해 형성되는 것이며, 2) 개인의 권리는 사회적 책임과 균형을 이루어야 한다는 명제를 공유하는 것으로 생각된다.

대표적인 공동체주의 이론가라고 할 수 있는 사회윤리학자들의 사상을 점묘해 보기로 하자: "자아라는 것이 그의 목적을 선택하기에 앞서 그 선택과는 무관하게 이미 존립하는 완전한 총체라면, 그런 자아는 그의 정체성을 전적으로 혹은 부분적으로 구성하는 그 목적에 대한 애착을 증진시킬 수가 없다"고 말함으로써 샌들M. Sandel은 "자아가 사회에 선행하여 존립한다는 관점을 배제"하려 한다. 자아란 그의 활동을 통해 비로소 형성되는 것이요, 그 활동이란 공동체 안에서 다른 구성원과의 관계 속에서 전개되는 것이다. 인간의 모든 활동은 어떤 목적을 지향하는 바, 따라서 행동의 목표 또한 사회적 맥락 속에서 자아의 능동적 상호작용 속에서 발견, 설정되는 것이다. 어떤 목표가 자아의 활동에 앞서 외부로부터 기성의 것으로 주어진다면 그런 목표는 달성되기 어려울 것이다. 사회적 맥락 속에서의 활동을 떠난 자아란 공허한 것이다.

그런가 하면 맥킨타이어A. MacIntyre는 "인격과 도덕성에 관한 정합적인 설명을 합리적인 과제로 수행하자면, 관행이나 전통 같은 본질적으로 사회적인 현상에 개인들이 참여하고 있다는 사실을 참조하지 않으면 안 된다"고 보아 오히려 개인에 선행하는 사회공동체의 실체성을 더 중요시한다. 자유와 책임을 전제하지 않는 도덕적 행위란 원리상 불가능한 것이요, 이 자유와 책임의 주체를 인격이라고 볼 때, 도덕성 성립의 전제이자 도덕성 구현의 현장은 인격의 활동이다. 그런데 이 인격이라는 것은 경험적인 현실 세계를 떠난 초월적 차원에서 성립하는 것이 아니라, 공동생활을 하는 가운데 형성되는 인간관계나 행동의 양식이 응축됨으로써 형성되는 것이다. 인격성이 공동체적 행동 양식의 내면적 정착을 기초로 형성된다는 것과 도덕성moral이 역시 공동체적 행동 양식의 외적 누적인 습속mores을 지반으로 하고 있다는 것은 내면적으로는 상호지시적인 사실이다.

또 이와 비슷한 생각에서 테일러Ch. Taylor도 "도덕성이니 실천적 추론이니 인격이니 하는 것에 대한 관념이 적합한 것이 되려면 그것은, 오직 언어공동체에 구성원으로서 참여함으로써만 확립되고 유지되고 획득되는 질적인 틀에 호소해야만 한다"고 말함으로써 도덕적 관념의 언어의존성을 강조한다. 그에 따르면, 도덕적 관념은 언어에 의존되어 있고 언어생활은 공동체적 삶의 중핵을 이루는 것이므로 도덕성의 원천이 공동체적 삶에 있다는 것인데, 그의 이러한 지적은 공동체성의 실체를 언어영역에서 구체적으로 찾으려는 탁월한 발상에서 나온 것이라 하겠다. 그는 아주 구체적으로 "인간이 자기해석적 동물이라면, 그리고 그 자기해석에 필요한 언어가 본질적으로 사회적 현상이라면, 공동체란 인간의 도덕적 주체성을 위한 구조적 선결조건"이라고까지 말한다. 도덕적 주체성, 즉 인격성이 성립하려면 그 선결요건으로 공동체적 삶이 필요하다는 말이다.

특별히 경제적 정의의 기준을 확립하는데 힘써온 왈쩌M. Walzer도 유사한 노선에 서서 정제정의의 기준으로 공동체성을 강조한다. 그는 이렇게 말한다: "정의의 이론이 세워야 하는 분배의 원리는 결국 재화에 적용되어야 한다. 그런데 그 재화의 의미와 본성은 그것이 산출되고 주어지고 작용하는, 특수하고 크게 다양한 사회문화적 맥락과 무관하게는 파악될 수 없다. 그리고… 그 의미가 사회적 의미이기 때문에 정의가 관련되는 재화는 사회적 재화요, 그 결과 사회정의의 개념 자체가 공동체의 틀 속에 그것에 상대적으로 뿌리내리고 있는 것으로 이해되어야 한다."[13]

이들 모두 개인 보다는 공동체의 구조나 역할에서 인간의 사회생활의 기초를 찾고 있으며, 공동체의 힘이 개인의 힘을 넘어서고 있으면서 결국은 개인의 힘을 뒷받쳐 주고 있음을 강조하고 있다. 개인이라는 것도 이미 그 안에 공동체적 성격을 띠는 존재라는 명제만큼은 공히 수용한다고 볼 수 있다. 개인은 공동체 속에서만 개인으로서 삶의 의의를 가지면 또 그것을 실현시킬 수 있다고 보는 것이다.

그런데 개인보다는 사회공동체를 우선시하는 사회주의나 공동체주의를 지지하는 사람들은 개인의 자유보다는 개인들 간의 관계, 특히 '평등한 관계'를 중요시하게 된다. 개인들의 평등한 관계가 전제되지 않으면, 그들이 같은 공동체에 속해 있다는 믿음이 약해질 것이고, 그렇게 되면 그 공동체의 존립 토대 자체가 약해질 것이기 때문이다. 구성원들의 균질적인 '공속

---

13) 이상 모두 S. Mulhall & A. Swift, Liberals & Communitarians, Blackwell 1996(1992), 160ff에서 원용

감'公屬感 자체가 이미 그 공동체의 설립토대가 되는 것이요. 이 토대 위에서 개인은 공동체의 자양滋養을 먹으며 개인으로서 성장하는 것이다. 따라서 공속감의 형성에 결정적인 평등한 관계는 공동체의 성립에 매우 중요한 요인이요. 따라서 개인에 선행하는 존재로서 개인의 성숙에 토양이 되는 공동체를 우선시하는 공동체주의가 개인의 자유보다는 그들 사이의 평등을 강조하는 것은 당연하다.

공동체주의가 순리적으로 제휴하게 되는 평등주의의 근본 명제는 "모든 인간은 천부적으로 근본적인 인간적 가치에 있어 동등하다."는 것이다. 이는 구체적으로 "모든 인간은 자연적 상태에 있어서 그러하듯, 사회적 삶에 있어서도 동등한 정치적 경제적 사회적 권리를 가지며, 그렇기 때문에 법 앞에서 동등하게 대접받아야 한다."는 것을 뜻한다. 이 평등주의 이념에 따르면, 현실적으로는 다양한 불평등이 존재하므로, 이를 바로잡아 평등을 회복할 수 있는 기회가 주어져야 한다. 즉, 천부적인 권리를 행사하고 자신의 가치를 구현할 수 있는 '균등한 기회'가 주어져야 한다. 인간은 본질적 가치에 있어서 동등하므로, 사회에서 권리를 행사하고 권위를 획득할 균등한 기회를 가져야 한다.

사회적 관계에서 평등주의가 구현되는 하나의 예는 인종, 종교, 성별, 재산, 교육수준을 결부시키지 않는 보편적인 성인의 정치적 참정권이다. 복지국가의 복지서비스의 경우를 예로 든다면, 평등주의는 원칙적으로 그 서비스의 대상이 되는 사람들을 그들이 보여주는 지불 능력이나 의지는 고려하지 않고 오직 혜택 받을 필요 여부만을 기준으로 하여 평등하게 대우하는 양태로 나타난다.

근대 사회에서 경제적 사회적 정치적 불평등은 사회적 기회에 참여함에 있어서 동등한 자격을 부여해야 한다는 기회균등의 이념을 고조시켰고, 특히 교육의 기회균등을 통해 이러한 불평등을 해소할 수 있다는 신념을 낳게 되었다.

공동체자유주의의 종합

개인주의-자유주의와 공동체주의-평등주의, 이 이념들은 대립되기만 하는 것들인가? 상호보완적으로 종합될 수는 없는 것들인가? 여기서 우리는 오늘날 중점적으로 논의되는 개념으로서 앞의 개념쌍에서는 자유주의를, 그리고 뒤의 개념쌍에서는 공동체주의를 선택해, 한국적 상황을 고려해가며 이 양자의 종합을 꾀해보도록 하자.

이를 위해 자유주의와 공동체주의 이념의 핵심적 명제를 다시 간략히 정리해 보자:

(1) 자유주의
- 인격적 개인은 공동체에 선행하는 자립적인 것이다.
- 개인의 목적과 가치와 정체성은 공동체와는 무관하게 존립하는 것이다.
- 목적과 가치에 대한 개인의 선택은 자의적인 것으로 합리적 정당화가 어렵다.
- 문화적 특수성을 넘어서는 '보편적 정의'란 비현실적이다.

(2) 공동체주의

- 자율적 자아란 고립적 존재가 아니라 공동체의 문화에 의해 형성되는 것이다.
- 개인이라는 것도 이미 그 안에 공동체적 성격을 띠는 존재다.
- 공동체의 힘은 개인의 힘을 넘어서며, 결국은 개인의 힘을 받쳐준다.
- 개인의 권리는 사회적 책임과 균형을 이루어야 하는 것이다.
- 개인은 공동체 속에서만 삶의 의의를 실현시킬 수 있다.

오늘날 자유주의는 정치적 민주주의뿐 아니라 사회적 평등의 실현을 추구하는 사회적 민주주의 이념도 포함할 수 있어, 자유주의를 반드시 사회주의 내지 공동체주의의 대립개념으로서만 볼 것도 아니다. 이 두 이념은 각기 인간의 자유, 혹은 평등을 더 중시하며 이의 실현을 지향하는 것들로서 서로 협력, 보완할 수 있는 성격을 지닌 것으로 이해되어 마땅하다.

본래 인간존재가 '개인적 자아'와 '사회적 자아'의 총합으로 이루어져 있으며, 따라서 개인적 삶이 공동체적 삶과 유리될 수 없다는 점을 고려한다면, 개인의 자유를 중시하는 자유주의와 개인의 존립과 성숙의 토대인 공동체를 중시하는 공동체주의가 결합되어야 함은 당연하다. 다른 각도에서 보아, 개인에게서 자유가 박탈된다면 그런 개인들 사이의 평등한 관계란 공허한 것이며, 평등한 관계가 견지되지 못해 공동체가 붕괴된다면 자유로운 개인도 삶의 터전을 잃게 된다는 점을 고려한다면, 즉 평등 없는 자유란 맹목적이고 자유 없는 평등이란 공허하다는 점을 고려한다면, 자유주의와 공동체주의의 결합은 불가피한 것이다.

오늘날 한국사회가 요구하는 사회적 이념도 '공동체주의와 균형 잡힌

관계를 유지하는 건강한 자유주의의 구현'이라 하겠다. 어느 사회학자는 '공동체와 개인'은 서로 경합하기도 하지만, 보다 근본적으로는 "공동체가 개인 내지 자유를 지지해 주는 토대"라는 점을 강조하고, "공동체적 토대 위의 참된 자유"를 주창한다.[14] 반면에 어느 정치학자는 공동체주의에 대해 '공동체적 유대'라는 명목 아래 자행되는 '친밀함의 횡포'를 우려하기도 한다.[15] 친밀함의 횡포가 자행된다면, 이는 공동체주의가 집단주의로 악화되어 개인의 사생활이나 자유를 훼손하는 것이다. 이 두 견해를 종합해보면 이렇다: 한편 공동체가 전제되지 않는다면 개인은 자유를 보장받을 토대를 상실하게 되며, 다른 한편 공동체가 개인의 자유를 존중하지 않는다면 개인에게 그 공동체는 무의미한 것이 되고 만다. 따라서 우리는 개인과 공동체의 '상호대대성相互待對性' 내지 '상호불가결성相互不可缺性'에 대한 인식을 바탕으로, 양자의 관계를 '균형'있게 설정해야 할 것이다. 이 지점에 바로 우리가 지향하는 '공동체자유주의'의 이념이 자리잡는다고 할 것이다.

그렇다면 자유주의와 공동체주의를 종합하여 '공동체자유주의'를 구현하려면 어떻게 해야 할까?

사적 영역과 공적 영역의 구분

무엇보다도 공사의 구별을 분명히 하여, 공적 영역에서는 개인주의와 자유주의의 이념 아래서 합리적 사유에 의거하여 익명적 시민 사회의 도덕적 건강을 유지하고; 사적영역에서는 혈연, 지연, 학연 등의 자연적 정

---

14) 조혜인, 「공동체적 토대 위의 참된 자유 : 사회학과 유교에서 찾아본 나란한 인식」, 『사회과학연구』 제10집, 서강대학교 사회과학연구소, 2002, 173쪽 참조.

15) 스티븐 에릭 브론너, 유홍림 역, 『현대 정치와 사상』, 인간사랑, 2005, 85쪽 참조.

의적情意的 연고를 의미있는 사회적 연결망으로 수용하여 정서적 유대와 안정을 도모하도록 해야 할 것이다. 그러나 매우 유감스럽게도 한국사회에서는 그 동안 전승되어온 공동체주의적인 요소와 서구로부터 수용한 자유주의적 요소가 바람직하지 않은 양태로 결합되어왔다고 본다. 자유주의를 지향해야 하는 공적인 행동양태가 실은 사적 영역의 공동체주의적 요인들, 즉 혈연, 지연, 학연 같은 비합리적 연고적 요인에 의해 좌우되고; 공동체주의를 명분으로 하여 이루어지는 사적인 행동행태가 배후에서는 실제로 자유주의적 요인, 즉 합리적 계량에 의해 좌우되어 온 것이다.

"사조직과 연줄망에 의거한 인맥정치, 지방할거에 따른 정당분할, 혈연질서에 의한 경영권과 소유권의 상속, 학연과 지연에 의한 권력독점" 등이 전자에 해당하는 것이라면; "정치권력과 재벌들이 정략결혼을 통해서 인위적으로 혼맥婚脈을 만들어 서로의 이익을 위해 결속하는 것"은 후자에 속한다."[16]

구미에서 시작된 자유주의-공동체주의 논의는 개인의 자유가 지나치게 강조되어 사회적 유대가 약화되는 현상에 대한 공동체주의자들의 비판적 반성에서 출발한 것이었다. 그러나 한국의 실정은 이와 반대로 오히려 자유의 편중과 결핍이 문제이며, 공동체의 결핍이 문제가 아니라 공동체의 왜곡과 과잉이 문제이다. 우리가 청산해야 할 장애물은 바로 이 사이비 공동체주의와 사이비 자유주의가 결탁 담합하여 만들어내는 악순환구조다. 이 구조 속에서는 자유를 신장한다는 허울 아래 사회의 유대를 강화하는 공동체주의적 요소를 파편화시키고, 공동체의 결속을 도모한다는 명

---

16) 이승환, 「한국에서 자유주의-공동체주의 논의는 적실한가?」, 『자유주의와 공동체주의』 철학연구회 99춘계 발표회 자료집 103쪽 이하

분 아래 개인의 자유를 억압하는 일이 벌어진다. 바람직하기로는 개인의 자유를 신장시키는 일이 공동체의 유대와 결속을 더 강화시키고, 공동체의 유대를 강화하는 일이 개인의 자유를 더 신장하는 방향으로 작용하도록 해야 할 것이다.

그러기 위해서는 먼저, 자유주의적 요소가 실현되는 공간과 공동체주의적 요소가 실현되는 공간을 각각 공적 영역과 사적 영역으로 구분하는 것이 필요하다. 사적 영역에서는 비합리적 연고를 매개로 한 온정적 인간관계가 사회적 유대를 강화하고, 공적 영역에서는 합리적 절차에 따라 다수의 의사대로 정해진 규칙과 보편적 원리에 따라 각 개인이 자유로이 활동할 수 있어야 할 것이다.

그렇다면 더 적극적으로 공공적 성격을 띠는 사회적 공간 안에서도 단순한 법적 정당성이나 경제적 이해관계만이 행동의 규준이 되지 않는, 그와는 다른 공동체주의적 요소가 작동함으로써 사회적 유대가 강화되어 공동체의 존속과 번영이 더 잘 이루어지게 할 방도로는 어떤 것을 생각할 수 있을까?

'시민공동체' 형성의 과제

비합리적인 혈연적, 지연적 혹은 학연적 연결고리가 아니면서도 합리적 손익 계산으로 인해 파편화되기 쉬운 시민사회Civil Society에 공동체적 결속과 유대를 강화시켜 줄 수 있는 방책이 있다면, 거기서 작동하는 힘은 원리상 자연발생적으로 생겨난 비합리적 연고緣故가 아니면서도 개인적 이해관계에 매여 있지 않은 어떤 요인일 것이다. 그것은 (1)개인 중심의 이해관계에 매이지 않는 것이므로 그 자체 공동체 정향적定向的이면서도 (2) 자연발생적인 것이 아니므로 의도적 목적적인 활동을 할 수 있는 것이다. 우리는 이러한 요인을 개인이 시민의 일원으로서 자발적으로 취하는, '수익을 목적으로 하지 않고 자발적으로 벌이는 사회활동'에서 찾을 수 있을 것이다.

자발적 활동으로서의 시민운동, 문화운동, 종교활동 등은 역시 정치적 활동도 아니고 행정적 활동도 아니라는 점에서 법률적 정당성을 갖는 것도 아니고, 그렇다고 수익 창출을 위한 경제적 활동도 아니라는 점에서 손익 계산을 원리로 하지도 않는다. 그러면서도 시민사회가 결여하기 쉬운 공동체적 유대를 도모하고 계량하기 어려운 인간적 가치를 실현시켜 (특히 불리한 여건에 처해 있는) 구성원들로 하여금 정서적 소외감이나 박탈감, 혹은 고립감을 극복할 수 있도록 한다는 점에서 의미가 큰 것이다.

이러한 활동을 통해 시민공동체를 형성함에 있어 주목해야 할 점 몇 가지를 생각해 보자:

첫째, 이 활동에 참여하는 사람은 그 본래의 취지에 맞게 사사로운 이익을 추구해서는 안 되며, 오직 공동체적 관심에서 활동하는 도덕적 성숙을 견지해야 한다.

둘째, 정치적으로 특정 정당이나 집단과 유착되어서는 안 된다. 주제에 따라 특정 정파와 견해를 같이 할 수는 있겠으나, 그렇다고 정치활동에 연계되어서는 안 된다.

셋째, 이 활동은 특히 사회적 약자의 어려움을 이해하고 이 집단을 후원함으로써 공동체 전체의 결속과 유대를 도모하도록 해야 한다.

넷째, 이 활동에 참여하는 사람이나 단체는 서로 연대하여 그 사회적 성과의 시너지를 높일 수 있으나, 그렇다고 정치적 압력단체의 역할을 처음부터 목적으로 해서는 아니 된다.

다섯째, 이 활동이 법률적 정당성을 갖는 제도적 사회질서와 규범을 훼손해서는 아니 된다. 이 시민공동체의 형성은 어디까지나 이 국가사회의 제도가 허용하는 범위 내에서 이루어져야 하겠고, 그런 점에서 보완적 역할을 하는 것으로 자족해야 한다.

03

공동체자유주의와 동양 철학적 기초

| 신정근 |
성균관대학교 유학대학 교수

공동체자유주의의 동양 철학적 기초

여는 글

우리는 외부 세력의 개입에 의해서 전근대 사회에서 근대 사회로 전환되었다. 우리가 근대 사회의 문법과 제도를 주체적으로 제정하지 못했다. 그 결과 우리는 근대에 살면서도 그 시대에 걸맞는 열망과 희망을 일구어내지 못했다. 아울러 전근대의 문법과 제도가 어떤 장단점을 가지고 있는지 철저하게 성찰하지 못했다. 이로 인해 전근대의 성찰은 어정쩡하고 근대의 기획은 온전하지 않았다. 제대로 갖추어지지 않아서 불구不具이고 수시로 문법과 제도를 뜯어고쳐서 오래가지 못하는 불구不久의 전환이라고 할 수 있다. 이로 인해 우리는 훼손할 수 없는 근대 사회의 가치를 가지지 못한 채 이념이 다양하게 뒤섞인 혼동의 상황에 놓여있다. 그 혼돈은 일시적인 상황에 한정되지 않고, 세월호 참사와 같은 사회적 현안이 제기될 때마다 모든 것을 새롭게 논의해야 하지만 속시원한 해결이 나오지 않는 복잡한 상황 전개를 보이게 만들었다.

이런 측면에서 미국의 2000년 대선 상황을 기억해볼 필요가 있다. 선거가 끝나고 플로리다주에서 재검토 소송이 일어나는 등 당선자가 결정되지 않은 상황이 한 달 반이나 지속되었다. 아마 우리나라에서 그런 일이 일어났다면 선거 무효에서부터 정권 심판 등 다양한 주장이 제기되고 정국이 극도로 혼미해지지 않았을까? 그런데 미국 사람들은 답답하기는 했지만 폭력에 의존해서 사태를 해결하려고 하지 않았다. 그 원동력은 어디에 있는 것일까? 그것이 바로 미국의 독립에서부터 건국에 이르는 과정에서 주체적으로 헌법을 제정한 경험에 있다.[1]

미국은 1770년대 자유주의적 공화주의 또는 근대적 공화주의에 의해 영국으로부터 독립을 얻고 국가 권력으로부터 개인을 해방시키려고 했다. 이러한 시도가 1781년 연합헌장의 제정으로 귀결되었다. 하지만 새 공화국이 위기에 처하게 되자 1787년에 연합헌장을 개정하기 위해 소집된 필라델피아회의에서 연방이라는 새로운 체제를 발명했다.[2]

우리나라의 헌법에 정체政體가 '민주주의 공화국'이라고 분명히 못을 박고 있다. 하지만 민주주의 공화국은 현실에서 제기되는 다양한 현안과 그것을 둘러싼 갈등을 해결하는 신성한 권위를 가진 기준으로 작용하지 못하고 있다. 그만큼 우리나라의 헌법은 우리의 역사적 경험과 현실의 문제를 해결하는 공통의 기준으로 작용하고 있지 못하는 것이다.[3]

---

1) 현실적으로 정치적 무관심, 인종 갈등 등 다양한 원인이 엄청난 사건을 찻잔속의 태풍으로 여기게 만들었을 것이다. 이 글에서는 제도적인 측면에 초점을 두고 있으므로 이 이외에 복합적 원인을 다루지 않는다.

2) Gordon S. Wood, *The Creation of the American Republic, 1776~1787*, Chapel Hill, N.C., 1969. 우드의 주장을 간명한 소개하는 글로 정경희, 『미국을 만든 사상들』 살림, 2004; 2쇄 2006 참조.

3) 우리는 민주주의 공화국만이 아니라 많은 경우에 "기준이 있지만 그것이 현실에서 작용하지 못하는 상황"을 본다. 특히 정치 영역에서 여야 또는 노사정 등이 어렵사리 합의에 이르렀다가 기자회견까지 해놓고 다음 날 서로 다른 해석을 내놓는다. 합의가 논의의 종결이 아니라 새로운 갈등의 시작이 되는 것이다. 이러한 현상은 우리가 개념을 브랜드처럼 간주하여 언어의 의미를 가볍게 생각하고, 언어의 의미를 통약 가능한 방식으로 이해하지 않는 여러 가지 원인에서 생겨났다고 할 수 있다. 정치에서 입버릇처럼 떠드는 '선진화'가 되려면 이러한 현상을 해결하지 않으면 안 된다.

우리는 21세기에 다시금 민주주의 공화국이 현실에 작동할 수 있는 공통의 가치를 모색해볼 시점에 놓여있다. 이런 측면에서 다양한 가능성이 열려있겠지만 지금까지 비교적 논의가 활발하게 진행되고 있는 공동체자유주의를 논의해볼 만하다.[4] 이 글은 동양철학의 지적 전통과 문맥에서 공동체자유주의의 의의와 가능성을 살펴보고자 한다.

동양철학의 공동체자유주의 자산

동양철학은 공동체자유주의의 문맥에서 이야기되려면, 그 안에 공동체주의와 자유주의의 자산을 지니고 있어야 한다. 그래야만 그 자산을 바탕으로 현대사회에 맞는 재해석이 가능해질 수 있기 때문이다.

관계적 존재

과거에는 사람이 동물에 대비해서 이성의 특성을 부각시켰다. 동물이 제 아무리 달리기를 잘하고 용맹하더라도 이성을 가진 인간보다 열등하다는 것이다. 현대에는 로봇 또는 기계에 대비해서 감성의 특성을 부각시키고 있다. 로봇이 기계적으로 진화를 거듭하여 탁월한 지능을 소유하게 되더라도 따뜻한 도덕감과 아름다운 감성을 가질 수 없다는 것이다. 이성의 측면에서 인간이 로봇에 뒤지더라도 감성의 측면에서 로봇이 인간을 결코 따라올 수 없으리라는 점을 나타내고 있다.

---

4) 공동체자유주의 가치와 현실적 적용 가능성에 대해 박세일 외 공편, 개정판 『공동체자유주의 이념과 정책』, 나남, 2008; 개정판 1쇄 2009 참조.

동아시아의 지적 전통에서는 동물에 대해 이성, 로봇에 대한 감성을 앞세우지 않는다. 동아시아에서는 독특하게 관계를 중시했다. 사람이 고립적으로 존재하는 것이 아니라 자연적이고 사회적으로 다양한 역할 관계의 그물에 놓여있다는 점을 강조한다. 우리는 이러한 특징을 『논어』에 나오는 공자와 은자隱者의 간접 대화를 통해 알 수 있다.

공자가 강을 건너기 위해 산림에 은둔하며 생활하는 장저와 걸닉에게 나루터의 위치를 물었다. 걸닉은 개인이 나서서 사회를 바꾸려는 시도가 불가능하다는 점을 역설하고 사람을 피하는 선비와 세상을 피하는 선비로 구분하며 자신을 후자에 분류했다. 이에 공자는 실패에 상관없이 개혁에 나서야 한다는 과제를 분명히 밝히며 자신은 짐승과 어울리며 무리를 이룰 수 없고 사람과 무리를 지며 살아가겠다는 뜻을 뚜렷하게 주장했다.[5] 여기서 공자는 세상을 피해 짐승과 무리를 지으며 살면 안전할 수 있겠지만 그 삶을 결코 바람직하다고 보지 않았다. 그는 공동의 가치를 공유하며 함께 어울릴 수 있는 사람과 무리를 지으며 살아야한다고 보았기 때문이다. 공자는 가치를 공유하며 사회를 이루는 삶을 인간다운 삶의 최소한 요건이라고 보고 있다.

공자는 가치를 공유할 만한 사람들의 모임을 바람직한 삶의 상으로 간주했을까? 그것은 사람끼리 상호 작용이 가능한 관계를 맺을 수 있기 때문이다. 『예기』에서는 이 상호 관계를 왕래往來라는 말로 잘 포착하고 있다. "예는 오고 가는 상호 작용을 중시한다. 한 쪽으로 가기만 하고 상대의 피드백이 돌아오지 않으면 예가 아니다. 한 쪽이 다가오지만 상대의 피드백

---

5) 『논어』 「미자」 6 夫子憮然曰: 鳥獸不可與同群, 吾非斯人之徒與而誰與? 天下有道, 丘不與易也.

이 나가지 않으면 예가 아니다."⁶ 『논어』에서 공자는 예禮와 함께 시詩의 가치를 역설했다. 예를 배우지 않으면 사회적으로 제 자리에 제대로 설 수가 없고, 시를 배우지 않으면 제 자리에서 대화를 제대로 할 수가 없다.⁷

예와 시는 일방적으로 진행되는 것이 아니라 쌍방향의 피드백을 중시한다. 피드백이 오고가지 않으면 사람 사이에 관계가 생길 수 없다. 관계가 지속적으로 진행되면서 의미를 정확하게 파악하고 사람다운 관계를 깊게 맺을 수 있다. 공자는 의미의 왕래에 참여하지도 못한 채 어리벙벙하게 있는 상태를 "담장을 마주하고 서 있는" 꽉 막힌 꼴로 묘사했다.⁸

유교에서는 의미를 낳고 사람 사이를 인간답게 만드는 관계를 삼강오륜三綱五倫으로 규정해왔다. 삼강오륜은 한 제국 초기 동중서의 『춘추번로』와 반고가 편집한 『백호통의』 등에 체계화되었지만 부분적으로 『논어』와 『맹자』 등에 이미 나타나고 있다. 중국 근대의 루쉰 등 계몽주의자들은 삼강오륜이 한쪽의 희생 위에 다른 한쪽의 특권을 제도적으로 보장한다는 반인륜성을 크게 외쳤다.⁹ 후대의 관점에서 보면 삼강오륜에는 어린이보다는 부모가, 아내보다는 남편이, 시민보다는 지도자가 더 많은 권리를 누리는 것으로 보일 수 있다. 이것은 분명한 사실이다. 삼강오륜은 세계에 중심을 설정하려는 사고를 반영하고 있다. 모든 사람이 각각이 중심이 되는 근대

---

6) 『예기』「곡례」상 禮尙往來. 往而不來, 非禮也. 來而不往, 亦非禮也. 人有禮則安, 無禮則危. 故曰: 禮者不可不學也. 夫禮者, 自卑而尊人

7) 「계씨」13 陳亢問於伯魚曰: 子亦有異聞乎? 對曰: 未也. 嘗獨立, 鯉趨而過庭. 曰: 學詩乎? 對曰: 未也. 不學詩, 無以言. 鯉退而學詩. 他日, 又獨立, 鯉趨而過庭. 曰: 學禮乎? 對曰: 未也. 不學禮, 無以立. 鯉退而學禮.

8) 「양화」8 子曰: 小子何莫學夫詩? 詩, 可以興, 可以觀, 可以羣, 可以怨. 邇之事父, 遠之事君, 多識於鳥獸草木之名. 子謂伯魚曰: 女爲周南·召南矣乎? 人而不爲周南·召南, 其猶正牆面而立也與?

9) 이와 관련해서 류짜이푸·린강, 오윤숙 옮김, 『전통과 중국인—공자와 루쉰의 대결』, 플래닛, 2007 참조.

의 '권리' 사회와 다른 특징을 보여준다고 할 수 있다.

삼강오륜은 근대의 권리가 아닌 다른 관점에서 읽는다면, 관계 중심의 사회를 구성하는 규칙이라고 할 수 있다. 이 관계는 한 쪽의 중심을 전제한 바탕에서 양자의 상호적인 작용을 전제하고 있다. 따라서 우리는 신분 질서의 틀을 걷어낸다면, 삼강오륜에서 관계 중심으로 사람 사이를 규정하려고 하는 문화의 특성을 읽어낼 수 있다.

양도할 수 없는 자기주장과 끊임없는 자기혁명

18세기 서양의 제국주의가 침략으로 인해 동아시아 국가들은 식민지 또는 반식민지 상황에 떨어졌다. 이러한 패배는 동아시아의 문화가 상명하복을 익숙하여 새로운 도전을 하지 않은 데에 있다고 여겨졌다. 이러한 진단은 세월호 참사에서도 재연되었다. 학생이 복종의 문화에 길들여져서 배가 침몰하는 데도 탈출을 하지 않아 수많은 희생이 생겨났다는 것이다.

하지만 복종이 정체停滯를 낳았다는 주장은 동아시아 사회의 단면일 수는 있지만 결코 전면은 아니다. 공자는 개인의 지志를 누구에게도 양도할 수 있는 불가침의 특성으로 보았다. "전군을 지휘하는 사령관을 붙잡을 수는 있지만 필부匹夫의 뜻을 꺾을 수 없다."[10] 당시 필부는 사회적 영향력이 가장 적은 사람을 가리키는 말이었다. 필부의 뜻을 꺾을 수 없다면 결국 모든 사람은 자신의 의사에 반하는 언행을 하도록 억압하거나 강요할 수 없다는 점을 말하고 있다.

동아시아의 덕목 중에서 효도는 가부장의 특권을 보장하는 이데올로

---

10) 「자한」26 子曰: 三軍可奪帥也, 匹夫不可奪志也.

기를 일방적으로 펼치는 불평등한 규범으로 비판을 받아왔다. 흥미롭게도 효도의 가치를 강조하는 『효경』을 보면 뜻밖의 내용이 나온다. 공동체를 이끄는 천자, 제후, 대부는 자신의 주위에 '예스맨'만을 둘 것이 아니라 '노'라고 말할 수 있는 쟁신爭臣이 있고, 사는 '노'라고 말할 수 있는 쟁우爭友가 있고, 아버지에게 '노'라고 말할 수 있는 쟁자爭子가 있으면, 옳지 못한 일을 선택하거나 또는 그런 일에 연루되지 않을 것이라고 말하고 있다.[11]

쟁신, 쟁우, 쟁자는 사람이 삼강오륜의 틀에 속하더라도 한쪽이 어떠한 주장과 요구를 하더라도 다른 한쪽이 그것을 무조건 받아들인다는 복종의 윤리를 거부하고 있다. 앞서 말했듯이 삼강오륜의 관계가 오늘날처럼 완전한 동등한 권리를 가지지 있지 않다고 하더라도, 죽어라고 하면 죽는 시늉이라고 하거나 부당한 명령마저 무조건 떠받드는 주인과 노예의 특성을 지니지 않는다는 것을 분명하게 보여주고 있다. 쟁신, 쟁우, 쟁자는 할 말도 하지 못하는 침묵의 존재가 아니라 할 말을 하는 주장하는 존재라고 할 수 있다.

당당히 자기주장을 펼치는 특성은 공자의 말에서 더 적극적으로 드러나고 있다. 공자는 사람다운 사랑을 가리키는 인仁을 최고의 덕목으로 간주했다.[12] 공자는 바로 그 인을 사회적으로 실천할 때 제자와 스승이 서로 생각이 다를 수 있다. 이때 제자는 스승의 권위에 복종하지 않고 자신이 옳다고 생각하는 것을 끝까지 고수해야 한다고 주문하고 있다.[13] 스승 앞에

---

11) 「간쟁諫爭」章 昔者天子有爭臣七人, 雖無道不失其天下, 諸侯有爭臣五人, 雖無道不失其國, 大夫有爭臣三人, 雖無道不失其家. 士有爭友, 則身不離於令名. 父有爭子, 則身不陷於不義.

12) 신정근, 『사람다움의 발견』, 이학사, 2005; 『사람다움이란 무엇인가?』, 글항아리, 2011.

13) 「위령공」 36 當仁, 不讓於師.

침묵하는 것이 최선이 아니라 자신의 주장을 굽히지 않고 끝까지 주장하는 것이 최선이라는 것이다.

이러한 사고는 원굉도袁宏道, 1568~1610가 자신의 동생 원중도袁中道의 작품 세계를 비평하며 기존의 형식과 사조를 뛰어넘어 속마음을 그대로 표현했다는 글에서 가장 잘 드러나고 있다. "오직 성령을 펼쳐내지 형식에 얽매이지 않겠다. 자신의 속마음에서 흘러나온 게 아니면 붓을 놀리지 않겠다."[14] 그의 말을 요약하면 오로지 자신의 성령(영혼, 속마음)에서 나는 말(소리)만을 드러내겠다는 독서성령獨抒性靈의 정신이라고 할 수 있다. 독서성령은 당시 문학과 사상에서 지식인들이 얼마나 자신다움을 사람다움과 연결시키고 있으며 그때에 비로소 사람다움이 살아있는 사람에 가까워진다는 것을 가리키고 있다.

원굉도의 말을 보고도 동아시아에 자기주장의 목소리가 없고 침묵의 공장만이 돌아가고 있었다고 말한다면, 사실을 외면한 무식의 소치라고밖에 할 수 없다.[15] 동아시아의 문화에서 사람이 자기주장을 굽히지 않는 것이 최선이 아니다. 사람은 자신의 주장이 옳다고 목이 칼이 들어와도 결코 물러나서 안 된다. 문천상文天祥은 원제국의 갖은 회유에도 불구하고 스스로 죽음의 길을 택했고, 한말의 애국지사들도 자신의 목숨을 스스로 끊었다. 더 나아가 동아시아의 문화에서 사람은 자신의 덕성을 끊임없이 갈고 닦아서 지금보다 더 나은 상태로 끊임없이 진화하는 삶을 살고자 했다.

현대 사회에서 사람은 자신의 권리가 보장되는 삶의 조건에서 더 나아

---

14) 「敍小修詩」 大都獨抒性靈, 不拘格套, 非從自己胸臆流出, 不肯下筆.

15) 동아시아 문화를 복종과 정체가 아니라 도전과 모험으로 읽는 시도로는 신정근, 『동양철학 인생과 맞짱뜨다』, 21세기북스, 2014 참조.

가려고 하지 않는다. 반면 동아시아의 지적 전통에서 사람은 영원히 진화하는 삶의 자세를 가지도록 바라고 있다. 이러한 삶의 자세는 『대학』에서 "매일 새로워지고 또 매일 새로워진다"는 일신日新의 사고로 이어졌다.[16]

공동체와 개인의 공유지대

현대인의 세계에서 개인과 공동체에는 뚜렷한 경계가 있다. 우리말에 '오지랖이 넓은 사람'은 개인의 영역에 머무르지 않고 남의 일에 사사건건 개입하는 사람을 가리킨다. 이 말 자체에 부정적인 어감을 가지고 있는데, 이는 우리가 남의 영역에 끼어드는 것을 기피하려는 심리를 반영하고 있는 셈이다.

사람이 자신의 욕망을 실현하고 규범을 지키는 일이, 철저하게 개인의 합리적 선택에 따른 결과로 볼 수 있다. 하지만 욕망의 실현과 규범의 준수는 나의 행위와 맞물리는 수많은 관계를 갖는다. 예컨대 약속의 준수는 한 개인이 지키느냐 지키지 않느냐의 여부도 중요하지만 그에 따라 관련된 사람도 중요하지 않을 수 없다. 이런 점에서 나의 행위는 순전히 개인의 합리적 판단과 그에 따른 책임으로만 한정되지 않고 그것과 연관된 사람 또는 생활 세계에 영향을 끼친다고 할 수 있다.

동아시아의 지적 전통에서는 개인과 공동체를 전혀 별개의 영역으로 보지 않고 서로 연속된 관계로 바라보았다. 『대학』의 일신에는 개인과 공동체의 관계를 새롭게 정립하려는 시도를 담고 있다. 일신은 사람이 자신의 욕망을 실현하고 자기만족에 이르고 그 과정에서 누구의 침해를 받지 않

---

16) 『대학』 湯之盤銘曰: 苟日新, 日日新又日新.

는다는 소극적 자유주의의 범위를 초월한다. 이러한 일신은 『중용』에 나오는 자신의 완전성을 이루려는 성기成己의 과정과 생활 세계의 이웃과 생태계를 도우려는 성물成物의 과정을 동시에 포괄하고 있다.[17]

성기와 성물이 삶의 다른 영역이 연속적으로 파악될 수 있을까? 『중용』에 따르면 사람은 자신이 본성을 최대로 발휘하게 되면 곧 자신을 둘러싼 생활 세계와 겹치게 된다. 이 과정은 최종적으로 천지가 만물을 낳고 기르는 작용에 참여하는 활동으로 이어진다.[18] 이로써 사람은 천지의 수동적 산물이 아니라 능동적 주체가 되는 것이다. 이것은 자기애의 권리를 넘어서는 적극적 자유주의로 이어진다고 할 수 있다.[19]

우리는 개인과 공동체를 고립된 영역이 아니라 연계된 공유지대로 바라보는 사유를 유가의 황금률, 즉 서恕에서 여실하게 확인할 수 있다. 서는 "네가 당하고 싶지 않은 것을 다른 사람에게 시키지 마라!"라는 간명한 표현으로 정식화된다.[20]

공자는 현대와 달리 신분의 세습이 살아있는 부자유의 시대를 살았다. 그때 사람의 관계는 신분에 의해 규정되는 사회적 풍습에 의해 지탱된다. 하지만 서는 사람이 풍습이 아니라 사람 그 자체에 주목을 하게 하는 특성을 갖는다. 왜냐하면 나는 다른 사람을 풍습이 아니라 나와 같은 존재로

---

17) 『중용』 誠者, 非自成己而已也, 所以成物也. 成己, 仁也. 成物, 知也.
18) 『중용』 惟天下至誠, 爲能盡其性. 能盡其性, 則能盡人之性. 能盡人之性, 則能盡物之性. 能盡物之性, 則可以贊天地之化育. 可以贊天地之化育, 則可以與天地參矣.
19) 이러한 측면에서 정대현은 성기성물의 연계를 다원주의 맥락으로 재해석하고 있다. 정대현, 「차이 요구와 연대 확장의 양면적 문법: 공동선으로서의 成己成物 방법론」, 『범한철학』, 50집, 2008 참조.
20) 「위령공」 24 子貢問曰: 有一言而可以終身行之者乎? 子曰: 其恕乎! 己所不欲, 勿施於人.

취급하고 있기 때문이다.

현대는 공자 시대와 달리 신분의 제약을 허용하지 않는다. 반면 우리는 성별, 인종, 지역, 피부색, 국적, 가치관, 이념, 성적 취향 등 나와 다른 사람을 만날 가능성이 크게 늘어난 시대를 살고 있다. 우리는 이처럼 다양한 차이를 가진 사람을 만나면서 각자의 개성을 존중하기보다 나를 기준으로 사람을 대우할 수 있다.

이러한 상황에서 우리는 다양한 차이에도 불구하고 나와 다른 사람을 나와 같게 대우하려면 어떻게 해야 할까? 여기서 앞에서 살펴본 서의 간단한 형식을 되돌아볼 만하다. "네가 당하고 싶지 않은 것을 다른 사람에게 시키지 마라!" 우리는 나와 다르다는 이유로 다른 사람을 배제하거나 적대시할 것이 아니라 나와 동등한 존엄을 가진 존재로 인정해야 한다. 이러한 인정이 바로 나의 개인적 활동 영역이 아니라 나와 상대가 서로 겹쳐있는 공유지대에 함께 입장하는 것이다. 이 지대가 늘어나는 만큼 우리는 타자를 포용할 수 있는 더 넓은 공간을 가지게 될 것이다.

공동체자유주의 자산의 현대적 적용

동아시아 문화에 깃든 공동체자유주의 자산은 오늘날 상황에 그대로 적용될 수가 없다. 현대의 상황에 따라 재해석을 하지 않을 수가 없다. 이를 위해 현대 한국에 나타난 사회현상을 예시하면서 재해석을 시도하고자 한다.

성숙한 시민

요즘 개인이 원치 않거나 말하고 싶지 않을 때 "그것은 프라이버시에 해당됩니다"라고 말한다. 이 말을 들은 사람은 자신이 하려든 언행을 멈추고 주춤하지 않을 수가 없다. 그렇지 않으면 침해받지 않아야 할 사생활을 위반한 것으로 법적 제제를 받을 수 있기 때문이다. 개인 정보의 보호, 친권의 제한이나 직장 내 성희롱, 부부간의 성폭력 등은 처벌의 대상이 되고 있다. 이처럼 공적 영역과 구별되는 사적 영역을 보호해야 한다는 공감대가 점차로 확대되고 있다.

이런 공감대가 깊어지면서 사람과 사람의 사이는 쉽게 침범할 수 없고 침범해서 안 되는 거리로 여겨지게 되었다. 따라서 사람은 약속, 동의 등의 절차를 밟지 않으면 상대에게 다가설 수는 고립된 세계를 대표하게 된다. 이것이 바로 사람을 단독자로 바라보는 관점이라고 할 수 있다. 이러한 관점은 사람을 자신의 권리를 위해서라면 무엇이라고 다할 수 있는 존재, 즉 권리광rights-mania으로 만들고 있다. 자신에게 이익이 되는 것이라면 하나라도 더 챙기려고 하지만 자신에게 도움이 되지 않는다면 철저하게 무관심을 보이는 부담을 싫어하는 존재가 되고 있다. 즉 현대인은 스스로 '권리광'이 되어가면서 타인에게 '부담 없는 존재'가 되어가고 있다.

권리광과 부담 없는 존재가 늘어날수록 우리는 개인의 문제에 과도하게 예민하지만 공동체의 문제에 과도하게 냉담한 현상이 생겨나게 된다. 개인의 영역에서 성숙할지 모르지만 공동체의 영역에 미숙하기 그지없는 일이 일어나고 있다. 이것이 바로 도로위에서 사소한 이유로 다른 운전자의 차량을 대상으로 복수를 하는 '보복운전'에서 여실히 드러난다고 할 수 있다.[21] 개인과 공동체의 영역에서 골고루 성숙한 인격을 갖춘 시민이 되려면 어떻게 해야 할까?

여기서 우리는 공자가 시대를 이끌어갈 이상적인 인물로 군자君子를 설정했던 맥락을 살펴볼 만하다. 춘추시대는 각자 자신에게 주어진 사회적 역할을 받아들이지 않고 새로운 역할을 맡으려고 하거나 자신에게 주어진 역할을 제대로 수행하지 못하기 때문에 사회적 갈등과 대립이 극렬하게 진행되었다. 즉 도전과 무능력은 기존의 사회적 규범을 존중하지 않은 두 가지 원인으로 작용했다.

이 때문에 공자는 시대를 이끌어갈 사람의 조건과 자격을 탐구하여 그 시대 사람들에게 요구했다. 이 요구는 자로가 공자에게 물음으로써 그 모습을 드러내게 되었다. "시대를 이끌어갈 사람이라면 어떻게 해야 하는가?" 자로와 공자는 이 질문에 대해 점층적으로 세 가지 대답을 제시했다. 공자는 제일 먼저 자신이 어떤 일을 하면 무슨 결과가 생기는지를 예상할 줄 알며 그에 따라 자신을 규제할 수 있는 경敬의 태도를 지녀야 보았다. 경으로써 자기 절제를 할 수 있다면 그 다음에 자신을 둘러싼 생활 세계의 사람들을 편안하게 하는 안인安人을 요구했다. 그 조건을 지킨다면 지역의 한계를 넘어서서 더 큰 공동체의 사람을 편안하게 하는 안백성安百姓의 역할을 맡을 수 있다고 보았다.[22]

---

21) 경찰은 2015년 7월10일부터 한 달간 보복운전을 단속한 결과 총 273건 280명을 검거하여 3명을 구속하고, 277명을 불구속 입건했다고 한다. 이는 1일 평균 8.8건을 검거한 것으로 빈번도가 상당한 수준에 이르렀다고 할 수 있다. 이로써 보복운전은 특정한 개인의 문제가 아니라 공동체가 나서서 해결해야 할 사회 현안이 되었다고 할 수 있다. 『세계일보』 2015년 8월 12일자 기사.

22) 「헌문」42 子路問君子. 子曰: 修己以敬. 曰: 如斯而已乎? 曰: 修己以安人. 曰: 如斯而已乎? 曰: 修己以安百姓. 修己以安百姓, 堯舜其猶病諸?

경은 무턱대고 자기주장을 펼치거나 시간이 지나면 금방 후회할 일을 하여 자신과 자신의 주위 사람들을 위험에 빠뜨리는 일을 절제하도록 하는 원동력이 된다. 이렇게 하려면 우리가 어떤 일을 장기적인 관점에서 검토하고 자신을 둘러싼 전체적인 연관성을 조망할 수 있는 능력을 갖추어야 한다.

안인과 안백성은 경에 바탕을 둔 자기 절제를 발휘할 수 있는 사람에 한하여 공적 영역의 책무를 맡아야 한다는 조건을 제시하고 있다. 이것은 당시 신분의 세습이 이루어지는 시대라는 점을 고려하면 사실 혁명적인 발언이라고 할 수 있다. 세습에 의해 신분이 정당화된다고 하더라도 "수기이경"의 자격을 갖추지 않으면 그 자리에 있을 수 없다는 것이다.

이렇게 보면 공자는 경敬에 바탕을 둔 수기안인修己安人과 수기안백성修己安百姓을 제시하며 시대의 문제를 극복하고자 했다. 이것은 오늘날 성숙한 시민의 상으로 재해석할 수 있다. 앞서 말했듯이 도로 위에 사소한 분노를 참지 못하고 상대를 위험에 빠뜨리는 보복운전, 사회적 갈등을 두고 첨예하게 대립하다 상호 협의를 하고서도 바로 다음 날 협의 내용을 두고 논란을 벌이는 정치 문화 등 우리 사회를 지속적인 대결 상태에 빠뜨리게 만든다. 이러한 문화는 자신의 욕망을 만족시키는 데에 한정되지 않고 장기적 관점과 전체적 연관성을 고려하여 자기 결제를 하는 수기안인의 태도에 의해 치유될 수 있다.

포용과 연대의 공동체

근대 사회는 사람이 다른 사람에게 피해를 주지 않는다면 세속적인 욕망을 추구하더라도 도덕적으로나 종교적으로 제재를 가하지 않았다. 그 결과 사람들은 개인의 이해를 넘어서 공적 영역에 대해 관심을 덜 가지고 개인의 이해 영역에 대해 첨예한 관심을 가지게 되었다. 이로 인해 우리는 이해관계로 따지지 않아야 할 영역까지도 환금성을 계산하면서 삶의 안정성이 위협을 받고 있다.

예컨대 집은 사람이 심신의 안정을 취할 수 있는 공간이지만 우리는 재테크의 수단으로 간주하면서 이익을 따라 수십 번의 이사를 마다하지 않는다. 집은 거주하면서 이웃과 공동체를 맺을 수 있는 터전이 아니라 수익에 따라 머무르고 떠날 수 있는 기지로 전락하고 있다. 교제는 긴장을 풀고 위안을 받으며 서로를 격려할 수 있는 만남의 장이다. 우리는 교제를 인맥을 쌓아서 그 인맥을 자신의 자본을 활용하려는 수단으로 간주하고 있다.

이처럼 우리가 모든 영역을 철저하게 이해의 산출로 계산하여 이익을 얻고 있으면서도 또 그로 인해 영혼의 상처를 받아서 고통을 겪는다. 이것이 우울증을 비롯하여 각종 정신 질환이 급격하게 늘어나는 원인이 되기도 한다. 이해관계는 긴장과 갈등을 수반할 수밖에 없다. 이해를 유보하거나 면제하는 영역이 있을 때 사람은 이해관계로 인해 생겨난 고통을 치유하고 타자와 연대할 수 있다. 하지만 우리는 세계 어떤 나라보다도 입시, 취업, 사업 등에서 과도한 경쟁을 치르고 있고 또 모든 영역을 이해로 따지면서 고통을 겪고 있는 것이다.

공자하면 사람들에게 이해를 부정하고 도덕적 순수성을 외쳤으리라 지레 짐작할 수 있다. 『논어』를 보면 공자는 정당한 방법이라면 사적 이익을 추구하는 것에 대해 어떠한 금기를 부과해야 한다고 말하지 않았다.[23] 그럼에도 불구하고 우리는 동아시아 문화가 사익 추구에 적극적이지 않거나 부정적인 태도를 취한다고 생각하게 되었을까? 그것은 아무래도 맹자가 「양혜왕」상 첫 장에서 인의(仁義) 도덕과 이익 추구를 강하게 대립시키는 관점에서 생겨났다고 볼 수 있다.

맹자는 사익의 추구가 사람을 만인의 만인에 대한 투쟁으로 보게 되었을까? 맹자가 활약했던 시대는 오늘날처럼 대량생산이 가능하지 않는 저생산의 사회였다. 생산력이 낮아서 부가가치가 늘어나지 않는 상황에서 한 사람이 더 많은 부를 추구한다면, 오늘날 우리가 예상하는 것처럼 훨씬 참혹한 결과를 가져올 수 있다. 한 사람이 바라는 부는, 새로운 부가가치를 창출하면서 생겨난 이익이 아니라 이미 누군가 가지고 있는 부이거나 누군가 가지도록 예정된 부를 약탈하지 않으면 이룰 수가 없다.

이러한 상황은 오늘날 강도가 일을 하기는 싫고 유흥비를 가지려고 다른 사람의 재산을 빼앗는 것과 비슷하다. 이러한 약탈은 부의 이동일 뿐 새로운 부의 증대라고 할 수 없다. 따라서 맹자는 저생산의 상태에서 사익을 아무런 제한 없이 추구하게 되면 공동체의 붕괴로 이어진다고 보았기 때문에 사익의 추구가 가진 위험성을 강하게 경고했던 것이다.

맹자는 제한 없는 사익의 추구를 부정했다고 해서 개개인의 생존과 생활을 결코 가볍게 생각하지 않았다. 오히려 그는 누구보다도 사람들이 먹고 사는 문제에 대해 관심을 가졌다. 이 문제를 풀기 위해 그는 정전제(井田制)를 제안했다. 우물 정(井) 자 모양으로 구획된 9등분의 토지 중에 중앙의

---

23) 신정근, 「사익 추구의 정당화 : 원망의 대상에서 주체의 일원으로」, 『동양철학』 32, 2009 참조.

토지를 공전으로 하고, 나머지 8곳의 토지를 사전으로 하여 개개인에게 분배를 했다. 개인은 공전을 공동으로 경작함으로써 세금을 대신하고 사전을 경작하여 생계를 해결할 수 있었다. 오늘날 말로 하면 맹자는 모두에게 토지를 분배하여 완전고용을 달성하고자 했다.

여기서 우리는 맹자가 토지를 매매하여 이익을 창출하는 수단으로 보지 않고 생계를 해결하고 그 곳에서 뿌리를 내리고 이웃과 공동체를 일굴 수 있는 터전으로 보았다. 그는 이러한 구상을 왕도王道 또는 인정仁政으로 구체화시켰다. 즉 사람들이 먹고 사는 문제를 해결하여 그로 인해 고통을 겪지 않고, 가축을 기르고 양잠을 실시하여 사람의 부가적인 욕망을 충족시키는 공동체를 설계하고자 했다.[24]

아울러 이 공동체는 약자를 배제하지도 않고 국적을 넘어 살고 싶은 나라로 자유로운 이주가 가능한 개방적인 특성을 지녔다.[25] 오늘날 세계 각국은 자신의 노동력으로 해결될 수 없는 문제를 해결하기 위해 외국의 이주노동자를 받아들이고 있다. 영화 「방가? 방가!」(2010)에서 보이듯 자신들이 필요해서 외국의 이주노동자들을 수용하고서 공정하게 대우를 하지 않고 멸시하는 태도를 보이고 있다. 우리가 포용과 연대의 공동체를 만들려면 내 안에 깃든 근거 없는 우열 의식을 걷어내는 노력을 하지 않을 수 없다.

---

24) 「양혜왕」상3 不違農時, 穀不可勝食也. 數罟不入洿池, 魚鼈不可勝食也. 斧斤以時入山林, 材木不可勝用也. 穀與魚鼈, 不可勝食, 材木不可勝用, 是使民養生喪死無憾也. 養生喪死無憾, 王道之始也.

25) 「공손추」상5 市廛而不征, 法而不廛, 則天下之商, 皆悅而願藏於其市矣. 關譏而不征, 則天下之旅, 皆悅而願出於其路矣. 耕者助而不稅, 則天下之農, 皆悅而願耕於其野矣. 廛無夫里之布, 則天下之民, 皆悅而願爲之氓矣. 信能行此五者, 則隣國之民, 仰之若父母矣. 率其子弟, …… 如此則無敵於天下, 無敵於天下者, 天吏也.

공동체자유주의의 지향

『논어』를 보면 공자의 제자 사마우司馬牛가 다른 사람에게 형제자매가 있지만 자신만 외톨이라고 하소연을 했다. 자하子夏가 그 말을 듣고서 온 세상의 사람들이 모두 형제자매인데, 왜 스스로 외톨이라고 여기느냐고 반문했다. 이때 자하는 친구를 위로하기 위해 괜한 소리를 한 것이 아니라 우리가 맡은 일을 책임 있게 처리하고 주위 사람에게 공손한 예의를 차린다면 세상 사람들과 모두 형제자매가 될 수 있다는 것이다.[26]

여기서 자하는 우리에게 흥미로운 제안을 하고 있다. 사마우는 형제가 혈연의 맥락으로 한정해서 생각하고 있다. 따라서 피붙이가 없으면 형제자매가 없는 것이다. 반면 자하는 형제자매를 확장 가능한 인간관계로 바라보고 있다. 우리가 피붙이가 아니더라도 어울리는 사람을 존중하고 하는 일을 완수한다면, 후천적으로 새로운 형제자매를 얻게 되는 것이다. 이것은 자신이 바로 하고자 하는 것을 하면서도 그것을 바탕으로 공동으로 어울릴 수 있는 새로운 세계를 창출해내는 것이다. 이 세계는 성숙한 시민의식을 바탕으로 개인의 자유와 공동체의 연대가 조화를 이루는 공동체자유주의에 가깝다고 할 수 있다.

자하가 이루고자 했던 사해형제의 세계는 북송시대에 이르러 장재에 의해 재해석되었다. 장재는 「서명西銘」에서 기존 혈연에 바탕을 둔 공동체를 뛰어넘는 우주 가족을 구상했다. 사람과 사물은 모두 기氣에 의해 생성과 소멸을 하고 있으므로 외적인 차이에도 불구하고 동질성을 갖는다. "하늘을 아버지라 부르고 땅을 어머니라 부른다. 내 작은 몸은 천지 가운데에

---

26) 「안연」5 司馬牛憂曰: 人皆有兄弟, 我獨亡. 子夏曰: 商聞之矣, 死生有命, 富貴在天. 君子敬而無失, 與人恭而有禮. 四海之內, 皆兄弟也, 君子何患乎無兄弟也?

섞여 존재하도다. 그러므로 천지 가득한 기운이 내 몸을 이루고, 천지를 주재하는 이치가 바로 내 본성을 이룬다. 백성은 나와 태가 같은 동포요, 만물은 나와 더불어 존재하는 동류同類이다.[27]

특히 마지막 구절에 나오는 민오동포民吾同胞, 물오여아物吾與也를 줄인 민포물여民胞物與는 자하가 표현했던 사해형제 또는 사해동포를 같은 의미를 전달한다. 자하와 장재의 지향에도 불구하고 사람은 여전히 나를 중심으로 여기는 경향과 나와 남을 아우르는 경향을 모두 가지고 있다. 유학에서는 이를 소인小人과 대인大人으로 구분한다.

성리학에 이르러 사람은 후천적 공부를 통해 소인에 집중된 성향을 변화시켜 성인聖人이 되어야 한다고 요구했다. 이 때문에 유학은 성인이 되기를 지향한다는 점에서 달리 성학聖學으로 불리는 것이다. 조선시대의 이황의 『성학십도聖學十圖』, 이이의 『성학집요聖學輯要』는 모두 세상을 이끄는 지도자를 사적인 욕망에 사로잡혀 세계를 사유화하지 않도록 하기 위해 집필한 책이다. 지도자가 세계를 사유화한다면 공동체와 그 구성원은 재앙의 상태에 놓이게 된다. 지도자는 관직을 능력보다 친소와 친척에게 나누어주고 세금을 개인의 사치와 향락을 위해 탕진한다면, 공동체는 희망 없는 감옥과도 같아지기 때문이다.

이렇게 보면 성리학은 사적 영역의 특수성과 독립성을 최소화시키려는 기획을 시도했다고 할 수 있다. 즉 사람을 도덕적 수양을 통해 공적인 존재로 만들어서 사회적 갈등을 해결하려고 하는 것이다. 확장된 공적 영역은 구성원의 공동 기억으로 전이되면 운명 공동체가 되고, 타자와 구별되

---

27) 「서명(西銘)」 乾稱父, 坤稱母, 予茲藐焉, 乃混然中處, 故天地之塞, 吾其體, 天地之帥, 吾其性, 民吾同胞, 物吾與也.

는 정체성을 나타낸다는 측면에서 역사(문화) 공동체가 된다. 이것은 사람들이 대화와 타협을 통해 제도와 규범을 만들고 그것을 준수함으로써 문제를 해결하려는 것과 방향이 다르다. 성리학에서 제도의 중요성을 간과하는 것은 아니다. 제도를 운영하는 것은 제도가 아니라 결국 사람일 수밖에 없다. 따라서 사람이 변하지 않고서 제도가 아무리 완벽하다고 하더라도 좋은 공동체가 만들어질 수 없다고 보았다.

성리학의 기획은 산업혁명 이후 공적 영역으로 사적 영역의 확장 또는 자립이라는 흐름과 충돌한다. 이런 관점에서 성리학을 낡은 사고나 시효가 지난 사유체계로 볼 수도 있다. 하지만 오늘날 우리가 사적 영역이 비대해져서 결국 제어할 수 없거나 제어할 수 있는 합리적 방안을 찾지 못해서 고통을 겪고 있다.

예컨대 승복을 모르고 갈등을 부추기거나 공직자가 공과 사를 혼동하여 비리를 저지르고 있다. 갈등과 비리는 일반 규범과 규칙을 몰라서 일어나는 사건이 아니다. 그것은 자신을 규범과 규칙의 지배를 받지 않은 예외적 존재, 특권적 인물, 절제되지 않은 권리광으로 일어난다고 할 수 있다. 이런 측면에서 볼 때 제도를 무시하는 것이 아니라 제도에 비해 사람 자체에 초점을 맞추는 성리학의 기획이 철지난 사유체계로 볼 수는 없는 것이다. 앞으로 생명과 건강 그리고 프라이버시마저 이익 창출의 대상으로 여기는 일이 심화될 것이다. 즉 이해관계로 포위된 삶의 조건을 성찰하려면, 그것과 다른 삶의 조건을 학습하지 않을 수가 없는 것이다. 이것은 지금 우리에게 운명처럼 주어진 사태이기도 하다.

맺음말

 오늘날 한국사회는 압축성장의 결실을 누리고 있으면서도 동시에 그 폐해를 겪고 있다. 과거 유학이 한 사회를 규율하는 깊이와 넓이만큼 우리 사회를 규율하는 이념이 부재하다. 이러한 부재가 사회적 갈등과 혼란의 원인이라고 안타까워하는 분위기가 있다. 하지만 근대 사회는 사람은 이념의 동질성을 신조로 삼을 수 없다. 그것을 요구하면 권위주의로 기울 수 있기 때문이다.
 다만 헌법에 명시된 민주주의 공화국의 가치와 지향을 구체화시킬 수 없는 정도로 이념의 명시화가 필요하다. 특히 우리는 주체적으로 과거를 성찰하고 근대를 기획한 후예가 아니다. 일본 제국주의의 식민지 지배를 받으면서 근대 문법이 타의에 의해 편집되었다. 그 수혜가 아무리 크다고 하더라도 그 폐해를 모두 덮을 수가 없는 법이다. 이런 점에서 우리가 민주주의 공화국을 말한다고 하더라도 그 자체가 사람들에게 명시적인 의미를 전달하지 않는다.
 이런 측면에서 볼 때 공동체자유주의는 민주주의 공화국을 명확하게 구체화시킬 수 있는 이념의 지향성을 갖는다고 할 수 있다. 공동체자유주의는 근대에 자신의 권리를 주장하면서 등장한 제약을 벗어난 개인과 개인들 사이의 문제를 공통으로 풀어갈 수 있는 공론장의 요구를 동시에 포섭할 수 있는 장점을 가지고 있다.

04

공동체자유주의와 철학적 인간학

| 홍 성 기 |

아주대학교 교수

인간의 존재론적 상황

정치학이나 경제학의 담론에서는 대부분 '인간이란 무엇인가?'라는 질문은 이들 학문을 위해서나 상식적으로 충분히 해명된 것으로 간주하는 경향이 있다. 예를 들어 자유주의의 발상자로 알려진 로크J. Locke가 그의 『시민정부』에서 생명, 자유, 재산에 대한 권리를 자연권으로 규정하면서, 정치적 자유와 사적 소유를 보장하는 경제적 자유가 불가분의 관계에 놓인 것으로 간주하는 전통이 지금까지 유지되고 있다. 로크가 재산을 자연권으로 간주한 근거는 '나의 노동은 나의 소유이며, 나의 노동이 투입되어 획득하거나 가치를 증가시킨 사물의 소유권은 나에게 있다'는 것으로 요약할 수 있다:

> 땅과 모든 하등 생물은 인류의 공동의 것이지만 모든 사람은 각자 사적인 재산을 가진다. 이 재산에 관해서는 소유자 이외에 누구도 권리가 없다. 신체의 노동, 손의 작업은 오로지 소유자만의 것이다. 자연이 제공한 상태로부터 그가 무엇이든 끄집어낼 때마다 그의 노동과 소유가 혼합되고 결합되어 그의 재산을 형성한다. 자연이 정한 공유상태로부터 그가 떼어낸 것에 그의 노동이 부가되면 그것에 대해서는 다른 사람들의 고유권이 배제된다.

그러나 로크는 위의 인용문에서 '나의 노동을 투입한 사물에 대해서 나는 반드시 소유권을 가질 수 있다'는 사적소유의 필연성을 보여주지는 못했다. 나의 노동이 투입된 획득물이나 땅의 경우에 '소유권'이 아니라, '사용의 우선권'이나 '한시적 사용권'을 부여하는 것을 상상해 볼 수도 있다. 이런 점에서 로크가 위 인용문에서 '실제로' 보여준 것은 사적으로 재산을 소유하기 위한 필요조건으로서 노동의 투입이었다. 그러나 철학적 인간학의 관점에서 볼 때 더 중요한 점은 우리는 소유관계의 두 관계항인 소유주와 소유대상 모두 개체個體여야 한다는 암묵적 가정을 하고 있다는 점이다. 왜냐하면 '순간적 존재가 다른 순간적 대상을 소유한다'는 것은 아무런 의미도 없기 때문이다. 이때 개체란 시간과 공간에 연장된time-spatially prolonged 존재를 말한다. 예를 들어 나는 지금 오전 10시 내가 들고 있는 '이 볼펜'을 갖고 오후 2시 학교에 갈 때까지, '그 볼펜'은 시간과 장소는 바뀌어도 계속 '바로 그 볼펜'으로서 연속적으로 존재한다고 생각한다. 마찬가지로 나는 어느 해 모월 모일 모시 어디에서 태어나 지금까지 계속 살아 왔으며, 이 모든 삶의 경로에서 '나는 나의 동일성을 유지해 왔다'고 생각한다. 이처럼 시간과 공간을 옮기면서도 동일성을 유지하고 있다고 생각되는 개체는 시공이 바뀌어도 그 동일성이 유지되어야 하기 때문에 시간과 공간에 독립된 존재라고 생각한다. 그리고 나와 나의 주변에 존재하는 사물들을 이런 개체들로 이해하는 것은 너무나 상식적이어서 이점을 문제시 삼는 사람들은 일반 사회는 물론, 철학 내부에서도 소수라고 할 수 있다. 이처럼 인간을 개체로 간주하는 경향은 동서를 막론하고 상식에 속해 왔지만, 철학자들은 개체의 정당성을 확보하는 데에 매우 큰 어려움을 겪어왔다. 기술적으로 말하자면 개체가 존재한다는 주장과 그 주장에 대한 근거가 내용적으로 동일해지는 순환논증에 빠지고, 따라서 조금 더 강하게 표현하자면 개체의 정당화는 모두 실패했다.

상식적으로는 존재한다고 생각되지만 철학적으로는 그 정당성이 확보되지 않은 개체의 존재에 대하여 동양과 서양의 철학적 전통은 상반된 길을 걸었다. 동양은 철학적 근거가 없는 개체의 존재를 부정하는 방향으로, 서양은 상식적으로 너무 당연하다고 보이는 개체를 존재론의 중심으로 삼았다. 전자를 우리는 전일론적全一論的, holistic이라고 말할 수 있고, 후자는 개체중심적individual-oriented이라고 부를 수 있을 것이다. 그러나 중요한 점은 우리는 개체를 감각적으로 직접 접할 수 있다고 생각하지만, 실은 우리가 감각적으로 접하는 것은 오로지 사물의 지금 여기의 순간적 모습 뿐이다.(정지영상을 1초에 24회 돌리면 연속된 움직임이 보이는 영화처럼.)

동양사상에서 '나'의 이중적 이해

중국 선종禪宗의 대표적 선사禪師로 인정받고 있는 혜능惠能의 『육조단경六祖壇經』에 이런 내용이 있다:

> 머무름이 없다無住고 하는 것은 사람의 본래 성품이 생각마다 머무르지 않는 것이다. 그러나 지나간 생각前念과 지금의 생각今念과 다음의 생각後念이 생각생각 서로 이어져 끊어짐이 없으니, 만약 한 생각이 끊어지면 법신法身이 곧 육신을 떠나느니라. _無念

여기서 '법신이 육신을 떠난다'는 것은 인간이 자기 스스로를 더 이상 개체로 이해하지 않는다는 것이다. 여기서 전념 – 금념 – 후념이 끊어지지 않는 이유는 기억과 집착 때문이다. 즉 '과거의 나'가 경험한 쾌감을 '현재의 나'가 그 쾌감을 다시 갖기를 갈구하여 '미래의 나'가 이를 통해 만족하기를 바라는 집착이 과거-현재-미래의 내가 동일한 존재라고 생각하게 만든다는 것이다. 비유하자면 집착이라는 정서가 순간순간의 나를 접착하여 시간과 공간에 독립적인 개체로 상상하게 만들고, 내가 개체란 생각에서 주변의 사물 역시 개체로 간주한다는 것이다. '나'라는 존재의 뿌리는 바로 집착과 탐심을 요구하고, 역으로 집착과 탐심은 '나'라는 존재를 요구한다. 이점은 개인의 인간조건이 바로 탐심이라는 극히 중요한 의미를 지니고 있다.

탐심과 반대방향의 정서라고 할 수 있는 싫어함 역시 집착의 한 형태로서 '나'라는 생각을 만들어낸다: 원효는 661년(문무왕 1년) 의상과 함께 당나라로 유학을 가던 중에 한 무덤에서 잠이 들었다. 잠결에 갈증을 느껴 마신 물이 다음날 아침에 깨어 보니 해골에 담긴 더러운 물이었다. 누구나 그렇듯이 원효 역시 구역질을 내며 토했다. 순간적으로 원효는 '어제 마신 물'과 '지금 보고 있는 해골의 더러운 물'이 동일한 물이고, 동시에 '어제 물을 마신 나'와 '지금 해골의 더러운 물을 보고 있는 내'가 동일한 나라는 생각에 토한 것이다. 그리고 원효는 이 순간 깨달음을 얻어 오도송悟道頌을 불렀는데 그 내용이 바로 이점을 기술하고 있다. 아래의 오도송에서 '마음'이 탐함과 싫어함을 의미함은 맥락을 고려할 때 명백하다.

> 마음이 생기면 모든 사물과 법이 생기고 心生則種種法生
> 마음이 사라지면 감실과 무덤이 둘이 아니다 心滅則龕墳不二
> 삼계(과거 · 현재 · 미래)가 마음뿐이며 만물은 모두 의식이 만든 것
> 三界唯心萬法唯識
> 마음 밖에 아무 것도 없으니 따로 구해 무엇하겠는가? 心外無法 胡用別求

동양사상은 '인간의 본성을 탐욕이 가리고 있다'고 보며, 탐욕으로부터의 해방이 곧 바로 인간의 내적 자유의 획득이라고 보고 있다. 이점은 불가佛家나 도가道家는 물론 유가儒家도 동일한 입장을 취하고 있다. 송대의 성

리학자 주자朱子는 『대학大學』에 대한 주석에서 인간의 명덕 즉 본성의 특징을 정확하게 기술하고 있다.

> 밝은 덕이란 타고난 것으로, 영적으로 비어 있지만 어둡지 않으며, 여러 이치를 갖추어 모든 상황에 능히 대응할 수 있다. 단, 기질과 품성이 모자라거나 인간의 욕심이 가리게 되면 혼미해진다. 그러나 그 원 모습의 밝음은 아직껏 쉬지 않는다. 고로 배우는 자는 의당 그 마음의 시작을 찾아가 밝히고 처음으로 다시 돌려야한다.明德者人之所得乎天而虛靈不昧 以具衆理而應萬事者也 但爲氣稟所拘 人欲所蔽 則有時而昏 然其本體之明 則有未嘗息者 故學者當因其所發而遂明之 以復其初也)

주자는 인간의 욕심으로 가리워진 본 마음의 밝음을 밝히는 일明明德이 교육의 핵심이라고 생각했다.

사물의 개체성이 부정되면 사물이란 다른 사물과 분리가 불가능하며, 비유하자면 흐르는 물 전체의 부분과 흡사하다. 바로 이런 점에서 영어에서는 'water'의 복수형이 없으며 물에 대해서 복수형을 사용하려면 항상 물을 뜨는 도구의 복수형, 예를 들어 '컵들'이나 '병들'을 사용해야만 한다. 바꿔 말해 상식적으로 존재한다고 생각되는 개체란 실은 인간의 마음이 전체의 한 부분을 주변 세계로부터 분리되었다고 착각하는 투사投射에 불과하다는 것이다. 다만 물의 복수화할 때 사용되는 도구와는 달리 나와 사물의 개체화는 훨씬 더 복잡한 정서적, 언어적 발달과정을 거친다는 것이 차이일 뿐이다.

그러나 인간이 사용하는 언어는 이미 개체화되었으며 정치-경제-사회 제도 역시 대부분 개체화individuation를 전제하고 있다. 동양사상은 탐함과 싫어함에 의해 투사된 나와 주변 세계의 개체화를 극복할 것을 강조하지만, 그렇다고 개체화된 세계 자체를 부정하는 것은 비현실적이다. 왜냐하면 '나'라는 개인의 존재에 대한 믿음은 이론이나 상식이 아니라 무엇보다도 정서적 집착에 그 뿌리가 있기 때문이다. 따라서 인간사회의 구성원 모두의 깨달음을 전제할 수도 또 강제할 수도 없으며, 차라리 그런 요구는 이 상향에 대한 강조가 폭력화되듯이 더 큰 혼란과 갈등을 불러일으킬 수 있다. 특히 자유민주주의 사회에서 시민적 자유의 의미가 '내가 하고 싶은 것을 방해받지 않을 권리'로 정의된다는 점에서 욕망의 획일적 제거 내지 억제는 현실적이지도 바람직하지도 않다. 즉 인간은 개체화되지 않은, 세계와 분리될 수 없는 공동체적 존재의 측면과, 정서와 언어에 의해 개체화된 측면을 모두 안고 살 수밖에 없으며, 양자의 조화가 지혜의 근본이다. 왕필王弼이 정리한 『도덕경道德經』의 앞 부분에 바로 이 두 측면을 언급하고 있다.

없음은 천지의 처음이요, 있음은 만물의 어머니다. (…) 이 둘은 같은 곳에서 나와 이름만을 달리할 뿐이다. 바로 이점을 현묘하다고 하니, 현묘하고 또 현묘하여 모든 현묘함衆妙이 나오는 문이다.(無名天地之始 有名萬物之母 … 此兩者 同出而異名 同謂之玄 玄之又玄 衆妙之門)

여기서 없음이란 개체화되지 않은 세계, 있음이라 개체화된 세계라고 해석할 수 있다.

불가철학이 진제眞諦, 實相으로서 세계와 속제俗諦, 인간화된 세계라는 두 세계를 언급하는 이유도 여기에 있다. 동시에 욕망 모두가 탐욕이 아니라는 점도 지극히 중요하다(『논어』의 '욕망하는 바를 따르되 규범을 훼손하지 않는다從心所慾不踰矩'와 '욕망하되 탐하지 않는다欲而不貪'. 또 '욕망'은 사적인 맥락에서 부정적인 의미로 사용될 때가 많지만, 공적인 맥락에서의 '기원', '희망', '도전' 등등과 '무엇을 원한다'는 점에서 친족관계에 있으며, 이점은 욕망이 놓인 지평에 따라 다양한 가치평가가 일어날 수 있으며, 따라서 욕망의 여러 지평이 교차하여 증폭되거나 갈등을 일으킬 수 있음을 의미한다. 동시에 욕망의 충족은, 마치 서정주의 시 〈국화옆에서〉의 구절이나 혹은 자연의 먹이사슬 관계처럼, 다른 존재의 욕망과 무수히 많은 직·간접적인 정부正否의 인과관계, 전체와 부분의 관계, 역할 분담관계에 놓일 수 있다. 예를 들어 개인의 이익 추구가 공동체의 이익으로 이어진다고 보는 아담 스미스의 주장은 사적 욕망이 공적으로 긍정적인 의미를 지닐 수 있음을 말하지만, 동시에 개인의 과도한 이익 추구가 공동체를 파괴하여온 사례들도 얼마든지 제시할 수 있다. 즉 욕망은 긍정적이든 부정적이든 공동체 전체의 되먹임feedback 구조 속에 존재한다.

나아가 집착이 아닌 자연스러운 감정으로서 욕망의 순수한 표현, 예를 들어 사랑이나 심지어 불륜의 감정조차도 공자는 '삿되지 않을 수 있다思無邪'는 관점에서 보았다. "사무사思無邪"(『시어論語』) 는 『시경詩經』에 대한 공자의 편집후기였지만, 후대의 고루한 유생들이 이해하지 못한 바였다. 따라서 인간의 욕망을 일반적으로 부정하는 정치·경제사상은 반드시 억압적 체제로 퇴행할 수 밖에 없다. 특히 '억압체제로부터 인간을 해방하겠다'

는 사상이 가장 억압적일 수 있다. 이런 사상들은 대부분 인간사회의 억압 기제가 욕망과 욕망충족을 소수가 독점하는 데에 있다고 보며, 이를 해결하기 위해서 소유보다 필요충족의 중요성을 강조한다. 이때 필요란 현재에 국한되어야 함은 미래의 필요까지 포함할 경우 필요가 곧바로 소유를 의미한다는 점에서 명백하다. 그러나 이런 현재적 필요의 충족만을 요구하는 인간은 더 이상 탐욕에 의해 과거-현재-미래로 연장된, 즉 개체화된 인간이 아니다. 이처럼 탐욕으로부터 해방된 인간을 전제하는 사상이란 욕망의 부정을 강제할 수 밖에 없고, 그것은 가장 강한 억압 체제를 요구한다. 이것이 인류 역사에서 욕망이 부정된 유토피아에 대한 비현실적 믿음과 강제가 폭력으로 변질되었던 이유이다.

소유를 노동에 따르는 자연권이라고 본 로크의 주장은 그 필연성을 확보할 수 없으며, 동시에 철학적 인간학의 관점에서 보면 개체화를 전제하고 있다는 점에서 욕망을 전제하고 있다. 다른 한편, 모든 욕망을 초월한 인간상을 가정하는 종교나, 욕망에 대한 집착이 인간조건이라는 사실을 망각한 마르크스주의 역시 유아적 발상에 불과하다. 욕망부재의 종교나 이념을 주창하는 인간들은 실은 그 부정하기 힘든 유토피아적 가치의 강요를 통해 지배계급을 형성하였던 욕망덩어리들에 불과하였다.

인간 존재의 이중적 양상, 즉 전체의 부분으로서의 인간이라는 전일론적 세계관과, 주변세계로부터 독립된 개체화된 인간이라는 이중성은 실은 정치·경제·문화의 모든 부분에서 마치 하나의 주제에 대한 여러 변주곡처럼 나타날 수밖에 없다. 이때 주제곡의 멜로디는 서로 대립되는 것으로 보이는 존재의 전일성과 개체성과 관련하여, 그 어느 하나만을 강조하거나 다른 하나를 제거한 체제는 오래갈 수 없다는 점이다. 동양적 관점에서 우리는 존재의 이중성도 대대(待對) 관계의 하나로 파악해도 무방할 것이다.

소통가능한 '자유주의'의 의미

현재 정치·경제학적 맥락에서 '자유주의liberalism'처럼 오해되고 있는 표현도 드물다. 특히 자유주의란 개인주의를 전제하고, 이때 자유의 의미가 '개인이 하고 싶은 것을 방해받지 않을 권리'라고 규정할 경우, 정치적 의사표현이나 경제활동의 자유 모두 이러한 개인의 자유의 영역에 포함된다는 점에서, 또는 용어상 '신자유주의' 혹은 '자유시장경제'와 공통의 표현 '자유'를 갖고 있다는 점에서 경제체제를 반드시 내포해야 한다는 믿음은 동·서양을 막론하고 뿌리 깊다. 특히 서양에서 시민계급이 출현할 때 이들을 'liberal'이라고 부르고, 이들이 자신들의 재산권을 보장받기 위하여 소유권을 자연권이라 주장하면서 자유주의가 사유재산과 나아가 자유시장경제를 포함하고 있다는 생각은 지배적인 전통이 되었다. 언어의 의미형성에 관습이 결정적 영향을 끼친다는 점에서 '자유주의'라는 표현을 이러한 역사적 맥락에서 사용해야만 한다는 주장에 일리가 없는 것은 아니다.

그러나 '자유주의'의 어떤 해석에서도 결코 배제할 수 없는 핵심 요소인 '사상(표현)의 자유'와 특정한 경제체제에 대한 선호가 논리적으로 모순을 일으킬 수 밖에 없음은 쉽게 확인할 수 있다. 예를 들어 자유시장경제와 통제경제는 서로 통합될 수 없는 상이한 경제체제이지만, 사상의 자유라는 관점에서는 이들에 대한 담론이 허용되며, 일반적으로 담론과 논쟁의 허용은 동시에 그 실현 가능성을 보장해야 의미가 있다고 보아야 한다. 한국의 헌법재판소를 포함하여 대부분의 우파 학자들은 이 문제를 인식하고 있지만, 어떤 때는 '정치적 자유주의'와 '경제적 자유주의'의 분리불가능함을 이야기 하고, 어떤 때는 양자를 분리하는 비일관적인 태도를 보였다. 좌파들의 경우도 크게 다르지 않다. 인간의 자유를 강조하는 자유주의를 포기하기는 싫고, 그렇다고 자유시장경제를 액면으로 받아들이기도 싫어, '진보적 자유주의'와 같은 표현을 만들어 자신의 정치적 브랜드로 삼는 경우는 흔하게 볼 수 있다.

정치적 자유주의와 경제적 자유주의를 분리하는 것은 자유주의에서 경제적 함축을 제거하고, 따라서 '자유주의'의 핵심을 일단 사상의 자유에 국한시키는 것과 크게 다르지 않다. 여기서 중요한 점은 자유주의 정치체제와 여러 경제체제와의 적합성compatibility에 대한 판단은 아마도 인간의 본성론과 함께, 역사적·경험적으로 결정될 것이라는 사실이다. 예를 들어 '전체주의를 장기간 유지하기 위해서는 국민의 사유재산을 부정하는 경제체제가 요구된다'는 주장은, '민주국가에서도 정치적 권리가 경제적 부에 비례한다'는 주장처럼 검토의 대상이 될 수 있다. 왜냐하면 전체주의는 개별 인간의 정신과 육체의 완전한 복속을 목적으로 하고, 이를 위해서는 국가의 '은혜' 없이는 개인의 생존가능성이 없어야 하기 때문이다. 예를 들어 역사적으로 스탈린과 카스트로 그리고 김일성가家의 수령전체주의는 모두 통제경제 하에서 오래 지속되었다. 히틀러의 전체주의는 국가주도 시장경제에 바탕을 두었지만, 그 기간이 상대적으로 매우 짧았다고 할 수 있다.

따라서 전체주의 사회에 시장경제의 도입은 체제 붕괴나 약화의 원인으로 간주할 수도 있다.

다른 한편 미국의 경제학자 프리드만M. Friedmann은 '정치적 자유가 보장되기 위해서는 표현의 자유가 보장되어야 하고, 표현의 자유가 보장되기 위해서는 인쇄소를 국가가 독점해서는 안되며, 이를 위해서는 누구나 인쇄소를 소유할 수 있는 권리, 즉 자유시장경제가 필요하다'고 주장한다.(『Capitalism and Freedom』) 그러나 우리나라를 비롯하여 많은 자유민주주의 국가에서 공권력을 국가가 독점하고 있지만 시위의 자유가 적절하게 허용되는 경우를 볼 수 있듯이, 국가독점 인쇄소가 표현의 자유를 제한하지 않는 상황을 상상할 수 있다. 이런 상상가능성이 현실적 실현가능성을 갖고 있는 지는 역사적, 경험적으로 판단할 문제이지만, 우선 이런 상상가능성만으로도 자유시장경제 이외의 경제체제에 대한 담론이 허용되어야 할 충분한 이유가 된다. 실제로 현대 구미歐美의 자유민주주의 국가에서는 여러 가지 경제체제에 대한 담론과 그 실현을 주장하는 사람들을 모두 포용하고 있으며, 2015년 8월 현재 미국대통령 후보경쟁에 나선 상원의원 버니 샌더스Bernie Sanders는, 스스로를 '사회주의자'라고 부르지는 않지만, 사회주의자 혹은 유럽식 사회민주주의자로 알려져 있다.

경제체제에 대한 다양한 주장이 허용되고 사실상 논의되고 있는 사회에서, 자유주의에 특정한 경제이념을 포함시킬 경우, 공동체 구성원 모두가 동의할 수 있는 가치는 민주주의 이외에는 없다. 그러나 민주주의 혹은 민주정democracy이란 정치적 의사결정에 모든 인민demos이 참여하고, 이때 의

사결정방법으로서 다수결을 택한다는 점 이외에 일단 다른 어떤 가치도 포함되어 있지 않다. 만일 민주주의를 형식적으로 해석할 경우, 북한의 인민민주주의, 해산된 통진당의 진보적 민주주의도 민주주의의 한 형태라고 강변할 수 있다. 나아가 민주적 절차를 통해서 자유주의는 물론 그 어떤 정치체제도 내부에서 파괴할 수 있으며, 여기에는 민주주의 자체도 포함될 수 있다. 실제로 매우 민주적인 헌법을 갖고 있었던 독일 바이마르 공화국이 히틀러에 의해 파괴된 것도 바로 민주적 방식을 통해서였다. 따라서 민주주의란 시민적 자유를 보장하기 위한 최고의 가치도, 또 내적으로 그런 가치를 방어할 수 있는 기제도 논리적으로 갖고 있지는 않다. 여기서 사상의 자유를 포기할 수 없는 최고의 가치도 갖는 자유주의가 민주주의와 결합되어야 할 필요가 생긴다. 바로 자유민주주의 혹은 자유민주적 기본질서에 입각한 정치체제가 그것이다.

그렇다면 자유주의의 핵심가치인 사상의 자유는 어떻게 근거지울 수 있을까? 우선 사상의 자유란 사회의 구성원 각자가 서로 다른 관점, 가치관을 가질 수 있다는 점을 전제한다. 모두가 동일한 의견을 갖는다면 사상의 자유란 불필요하기 때문이다. 이처럼 개인들이 서로 다른 의견을 가질 수 있다는 점은, 인간의 의식 속의 인식장치인 감각, 기억, 분류기준들이 모든 사람에게 공통으로 주어지는 것이 아니라 대화를 통해서야 비로소 간주관적間主觀的인 공동의 세계를 구성하기 때문이다. 이때 모든 대화가 평등한 것은 아니지만 – 예를 들어 아이가 언어를 처음 배울 때는 합의가 아니라 부모와 선생의 관점을 받아들여야 한다 – 분절화된 고도의 언어와 나름대로의 식견을 갖춘 성인의 경우에는 평등한 대화가 요구된다.

밀J.S. Mill은 그의 『자유론』에서 왜 사상의 자유가 가장 중요한 시민적 자유로서 보장되어야 하는지를 설득력 있게 제시하였는 데, 그 핵심은 '타인에게 나의 주장을 설득시키기 위해서는 상대방 역시 반론을 비롯하여 자신의 의견을 동등한 권리로 주장할 수 있어야 한다'는 것으로 요약할 수 있다. 왜냐하면 폭력이나 명령, 회유에 의해서는 상대방이 나의 주장을 받아들이더라도 설복되지는 않기 때문이며, 문명화된 사회에서는 설득이 – 모든 표현이 대화는 아니고, 모든 대화가 설득에 기반한 것은 아니지만 – 타인에게 영향을 끼치는 주요 소통수단이기 때문이다. 이제 '사상의 자유'가 내용적으로 '평등한 대화상황'과 동치equivalence일 수 있다는 사실은 개인의 권리로만 이해되기 쉬운 사상의 자유가 그 본질에 있어서 평등한 대화상황이라는 관계적 측면을 갖고 있다는 점에서 매우 중요한 의미를 지닌다. 왜냐하면 생산적이고 설득과 합의를 추구하는 대화란 결코 규칙이나 배경지식이 없는 진공의 상태에서는 진행될 수 없기 때문이다. 서구에서 논리학의 기원이 그리스의 소피스트의 궤변을 배제하기 위해서 일정한 규칙의 도입에서 시작된 것은 잘 알려진 사실이다. 모순되는 주장이나 논리적 추론규칙을 마음대로 어기는 사람과는 어떤 의미 있는 대화도 불가능하고 심리적 고통이나 분노를 느끼게 되는 이유가 여기에 있다. 또한 합의를 목적으로 하는 대화는 논제에 대한 공통의 배경지식이 있어야 한다. 왜냐하면 서로 다른 배경지식으로부터 서로 다른 결론에 도달하는 것은 당연하며, 이럴 경우 대화는 평행선을 달리고 다만 형식만 대화일 뿐 실제는 독백들의 나열에 불과하기 때문이다. 뿐만 아니라 평등한 상황에서 일어나지 않는 대화, 예를 들어 특정인에 대한 언론의 비판에는 특별한 주의가 요구된다. 이때 개인의 반론제기나 반론의 확산 가능성은 언론에 비해 비교할 수 없이 약하기 때문에 언론은 스스로 허위사실이나 사실의 왜곡을 피해야 함은 물론, 특정인에게 명예훼손이 일어나지 않도록 책임감 있게 행동해야 한다. 이런 점에서 사상과 표현의 자유의 하나로서 언론의 자유는 언론인의 무제한적 소유물이 아니며, 바로 대화라는 관계적 측면에서 언론의 자유에는 어떤 한계가 존재해야만 한다.

다른 한편 사상의 자유는 단순히 인지적 측면만이 아니라 감정적 측면, 개인의 삶의 계획 등 가장 넓게 해석되어야 하며, 이런점에서 취향이나 기호嗜好, 직업관, 종교와 학문의 자유 모두가 포함될 수 있다. 나아가 사상의 자유는 단순히 생각에서 그치는 것이 아니라 그 실현으로 구체화되고자 하며, 따라서 출판과 예술활동을 포함해서 표현의 자유와 분리가 불가능하다. 동시에 동일한 가치관을 갖는 사람들이 단체를 만들 수 있는 집회결사의 자유 역시 함축한다. 이런 점에서 사상의 자유가 근대 시민국가에서 보장되는 모든 시민적 자유를 내포하고 있음을 이해할 수 있다. 동시에 이런 모든 시민적 자유는 본질적으로 개인의 소유라는 측면과 함께, 공동체 내에서의 관계적 측면을 갖고 있음도 간과되어서는 안된다. 이점은 공동체자유주의가 인간의 이중적 측면과 함께 자유의 이중적 측면에서 정당화 될 수 있음을 의미한다.

사상의 자유는 설득이 요구되는 모든 대화상황에 요구되지만, 자유주의 정치체제하에서도 모든 대화가 평등한 대화를 의미하지는 않는다. 분초를 다투는 병원 응급실이나 전쟁터에서 모든 대화가 상대방을 설득할 목적으로 진행될 수는 없다. 때로는 시간적인 문제로, 때로는 전문성이 평등성보다 더 중요한 분야에서는 '명령과 수행'으로 구성되는 대화가 훨씬 더 좋은 결과를 가져올 수 있다. 그러나 어떤 대화가 평등해야 하고, 어떤 대화가 불평등해야 하는 지에 대한 대화(대화에 대한 대화meta-dialogue)는 역시 설득력을 요구하는 대화라는 점에서 명백히 평등해야만 한다. 그렇다면 이제 한 공동체의 구성원 전부에게 영향을 끼치는 결정이 일어나는 대화가 평등해야 할지 아니면 불평등해야 할지를 살펴보자. 평등하다면 구성원 전체는 이 대화에 참여할 수 있고 또한 참여자 모두가 자신의 의견을 밝힐 수 있는 동등한 기회를 부여 받아 결정과정에 참여한다. 반대로 불평등하다면 이 대화에 참여할 수 있는 자는 제한이 되거나, 참여하더라도 의견을 밝힐 수 있는 동등한 기회를 부여 받지 못하는 대화가 될 것이다. 이제 '한 공동체의 구성원 전부에게 영향을 끼치는 결정이 일어나는 대화'가 바로 통치행위라는 점을 이해한다면, 내용적으로 전자는 통치권의 원천이 국민의 참여와 결정에 있다는 민주주의를 의미하고, 후자는 군주정君主政, monarchy, 귀족정貴族政, aristocracy, 과두정寡頭政, oligarchy 혹은 독재獨裁, dictatorship를 의미함을 알 수 있다. 즉 사상의 자유를 핵심으로 갖는 자유주의로부터는 오로지 보편적 참정권이 보장되는 민주주의만이 논리적으로 함축될 수 있다.

그러나 '구성원 전체가 대화에 참여할 수 있고, 또한 참여자 모두가 자신의 의견을 밝힐 수 있는 동등한 기회를 부여 받아 결정과정에 참여한다'는 의미에서 민주주의는 자유주의를 그 결과로서 함축하지는 않는다. 그것은 국민이 민주주의적으로 자유주의조차도 파괴하는 결정을 할 수 있기 때문이다. 앞에서 언급한 데로 독일의 경우 바이마르 공화국의 민주적 헌법 하에서 히틀러는 대중선동으로 정권을 잡고 이른바 수권법授權法

, Ermächtigungsgesetz으로 의회민주주의의 기능을 정지시켰다. 전후 독일은 히틀러의 야만을 반성하면서, 민주주의는 단순히 정치참여주체와 의사결정 방식만의 문제가 아니라, 포기할 수 없는 핵심기본가치를 전제해야 한다고 결론지었다. 여기서 자유민주주의가 포기할 수 없는 핵심기본가치로서 '자유민주적 기본질서freiheitliche demokratische Grundordnung'라는 개념이 나왔으며, 이 가치를 지킬 수 있는 민주주의를 '방어적 민주주의wehrhafte/streitbare Demokratie'라고 부른다. 1952년 독일의 헌법재판소는 자유민주적 기본질서를 다음과 같이 규정하였다:

자유민주적 기본질서는 모든 자의적 통치를 배제하며, 다수의 의지와, 자유와 평등에 따른 인민의 자결권에 근거하여 법치국가의 통치질서를 형성하는 질서를 의미한다.

위에서 우리는 첫째 자유민주적 기본질서가 내용적으로 자유주의와 민주주의의 핵심가치를 포함하고 있고, 둘째 통치질서를 형성하는 질서라는 점에서 구체적 정치이념이 아니라 정치체제의 핵심가치이며, 셋째 일체의 경제질서를 함축하지 않는다는 점을 확인할 수 있다. 즉 자유민주적 기본질서는 국가마다 여러 형태를 취할 수 있는 자유민주주의 정치체제가 갖춰야 할 핵심가치를 의미한다.

공동체자유주의의 실현을 위한 인프라

공동체자유주의는 인간 존재의 이중적 상황 즉 독립적 개인이자 동시에 자연, 역사 및 사회라는 공동체로부터 분리될 수 없는 부분이라는 전일론적 측면에서, 그리고 모든 개별 인간이 가질 수 밖에 없는 상이한 의견들을 평등한 대화에서 설득행위를 통해 조율하기 위해서는 사상의 자유가 반드시 보장되어야 한다는 점에서, 그리고 개인의 자유는 바로 인간의 이중적 측면에서 개인의 양도할 수 없는 소유물이자 동시에 공동체 내의 관계적 측면을 갖고 있다는 점에서 인간 사회에서는 선험적으로 a priori 요청된다. 이런 점에서 공동체자유주의는 자연과 인간, 역사와 인간, 인간과 인간이 서로의 존재를 인정하면서 지속가능하게 생존할 수 있는 대화의 방식, 통치의 방식 그리고 삶의 방식으로서 정치체제라고 할 수 있다. 즉 공동체자유주의는 어느 특정 학파나 정파의 소유물이 아니며, 우리가 서로 공존하기 위해 필요한 삶의 틀이다. 물론 공동체자유주의를 각 학파나 정파가 어떻게 구체적으로 실현에 옮길 것인지는 역사적·시대적 상황과 전통에 달려 있으며 일률적이고 획일적으로 규정될 성질의 것은 아니다. 이점은 자유민주주의가 여러 국가에서 실현되고 있지만, 그 구체적 실현에는 여러 방법이 있는 것과 흡사하다.

그러나 역사적으로 공동체자유주의는 실현되지 않았거나 왜곡되어왔다. 그 이유는 인간의 이중적 측면에 대한 몰이해 때문이다. 그것은 인간존재의 심연에 탐욕이 자리잡고 있기 때문이다. 동시에 사상의 자유에서 민주적 통치행위에 이르기까지 반드시 요구되는 평등한 대화는 때로는 합의에 이르는 과정과 시간, 그리고 공통의 배경지식의 부족을 이유로 불평등한 대화로 변질되어왔다. 그러나 우리는 공동체자유주의의 실현이 정상이 아니라 예외에 속해온 이유를 다른 점에서 찾아볼 필요가 있다. 그것은 공동체자유주의의 실현에 필요한 인프라의 결여이다.

공동체자유주의라는 정치체제는 인간의 모든 아이디어나 계획처럼 그 실현에는 반드시 인프라가 요구된다. 그것은 서구에서 보편민주주의의 발전에 수백년의 시간이 걸렸다는 점에서도 알 수 있다. 또한 1948년 7월 17일 한민족의 역사에서 처음으로 자유민주주의 헌법을 제정하고, 같은 해 8월 15일 정부수립을 통해 대한민국이 민주공화국으로 건국되었음에도 불구하고, 민주주의의 내용적 실현까지 40년의 세월이 요구되었다. 그러나 이 사실의 원인을 단순히 이승만·박정희의 독재에서만 찾는 것은 마치 설계도만으로 자동차를 생산할 것을 요구하는 것과 흡사하다. 우리는 다음과 같은 역량이 자유민주주의의 인프라로 제안될 수 있다고 생각한다:

(1) 자유민주주의의 정당성에 대한 국민과 정치인의 신념과 실천의지
(2) 주권과 정체성을 외부의 위협과 내부의 체제전복으로부터 보호할 수 있는 능력
(3) 극단적 주장과 선동에 넘어가지 않을 만큼 높은 국민의 생활수준과

교육수준
(4) 도덕적 규범과 법에 대한 국민과 정치인의 존중
(5) 정치를 사적 이해의 추구가 아니라 공적 영역 res publica 으로 인식하는 공화정신
(6) 자유롭고 공정한 언론과 전문 영역에서 권위 있는 지식의 존재

여기에 추가로 인간 존재의 이중적 측면과 자유와 권리의 이중적 측면을 이해하고, '개별자가 자신의 존재 근거인 공동체를 파괴할 경우, 개별자 역시 파괴될 수 밖에 없다'는 공동체자유주의 세계관의 정립이 필요할 것이다.

자유민주주의와 공동체자유주의의 인프라와 관련하여 우리의 관심을 끄는 것은 이런 정치체제가 보장하는 시민적 자유가 바로 자신의 인프라를 훼손할 수 있다는 점이다. 예를 들어 사상의 자유는 자유민주주의라는 정치체제를 부정할 수 있는 자유를, 만일 언명에 그치고 실천으로 넘어가지 않는 한 허용한다. 그러나 실천으로 넘어가지 않았다고 해서 자유민주주의의 부정이 부정적 영향을 전혀 끼치지 않는 것은 아니다. 또한 국방이나 국방의 의무에 대한 폄하가 지속적으로 주장될 경우 국방력이 약화됨은 역사상 얼마든지 찾아 볼 수 있다. 또 정치가가 유권자와 결탁하여 정치를 사적 이해의 추구수단으로 간주하는 경우는 너무나 많아, 그것이 마치 정상인 듯 착각을 일으킨다. 또 언론의 자유의 절대화는 무소불위無所不爲의 언론권력을 만들어 냈으며, 현재 한국에서는 공영방송을 비롯하여 수많은 언론이 허위와 사실왜곡에 앞장서고 있다. 정론正論이 없는 상황에서

언론의 자유가 선동언론을 보호할 경우 집단광기나 파시즘의 등장도 결코 배제할 수 없다. 우리는 광우병 사태에서 한국식품의약청KFDA이라는 국가기관이 제공하는 정보의 권위가 사라졌을 때 어떤 광기가 사회를 지배할 수 있는지 경험하였다. 당시 각종 괴담이 사상의 자유, 학문의 자유, 언론의 자유라는 이름 하에서 횡행하였다. 특히 수많은 정보가 유통되고, 과거의 일방통행식 여론형성과는 달리 쌍방향의 여론 형성이 SNS 등과 인터넷을 통해 자유롭게 이루어지는 현대 디지털 문명사회에서는 진실보다 진실스러움truthiness이 더 대중을 끌며, 진실스러움과 진영논리 혹은 진실스러움과 심리전의 경계는 매우 얇다. 그 결과 수많은 음모론이 난무하는 것이 현대사회의 한 특징으로 굳어지고 있고, 이것 역시 사상의 자유의 보호를 받고 있다. 이런 상황을 많은 사람들은 과잉민주주의의 결과라고 보지만, 그 본질은 자유와 권리의 관계적 측면, 즉 공동체 내에서의 책임의식의 결여라고 할 수 있다. 쉽게 말해 다양한 의견이 자유롭게 개진되려면, 공동체 구성원 모두가 공유하는 배경지식이 필요하며, 바로 공동의 배경지식이 시민적 자유의 이름으로 부정될 경우 자유민주주의나 공동체자유주의의 인프라는 결정적으로 훼손된다고 할 수 있다.

공동체자유주의의 인프라 구축에서 가장 중요한 점은 어떤 경제체제, 어떤 경제정책이 요구되는 지를 결정하는 일일 것이다. 왜냐하면 경제활동은 인간의 생존조건이기 때문이다. 앞에서 우리는 공동체자유주의가 사상의 자유를 보장하는 정치체제로서 어떠한 경제적 함축도 갖고 있지 않으며 갖고 있어서도 안된다는 점을 살펴보았다. 그러나 이점이 공동체자유주의의 실현에 가장 적합한 경제체제가 존재하지 않는다는 것을 의미하지는 않을 것이다. 다만 그런 경제체제는 기왕에 존재하는 자유시장경제, 20세기에 실험되었으나 실패한 통제경제 이외에도, 원칙적으로 아직 구체화되지 않은 경제체제도 고려대상에 포함시킬 수 있어야 할 것이다. 중요한 점은 경제체제란 경제정책과는 달리 한 번 결정되면 쉽게 바꿀 수 없으며, 바꾸려는 시도 자체가 더 큰 혼란과 비극을 가져올 수도 있다는 사실이다.

우선 정치적 자유와 경제적 자유의 양상이 다르다는 점을 이해할 필요가 있다. 전자는 평등한 '대화'에 있지만, 후자는 장애받지 않는 '교환'에 있으며, 전자의 목적은 조율과 합의 혹은 타협에 있다면, 후자의 목적은 욕망의 상호충족이다. 또한 사상의 자유에는 진실과 모순되는 내용이나 심지어 사상의 자유의 부정까지 포함될 수 있을만큼 무제약적이지만-물론 이런 생각은 정상적인 대화를 통해서 제거된다-경제적 자유는 항상 특정한 경제체제 내에서의 자유를 의미한다: 정부가 담배값을 올리면, 흡연자가 담배를 사는 것은 자유이지만, 실제로 담배를 사기 위해서는 더 많은 돈을 지출해야만 한다. 담배의 구매행위라는 경제적 자유는 무제약적인 공간에서 실현되는 것이 아니다.

28. 다른 한편 '무엇을 언제 어떻게 교환하는 것이 자신의 욕망충족을 극대화 할 것인지에 대한 생각이나 계획'은 경제적 자유의 영역에 속하는 것이 아니라 사상의 자유에 속하며 이런 점에서 무제약적이다. 그리고 사상의 자유는 단순히 머릿속의 언명으로 끝나는 것이 아니라 그 실현을 요구한다는 점에서 사상의 자유와 함께 욕망충족에 대한 기대는 가능하면

규제가 적은 경제체제를 요구하며, 바로 이점이 자유주의가 정치적 자유와 함께 자유시장경제를 함축하는 것으로 이해되는 이유이다.

29. 그러나 우리는 개인의 욕망충족이 단순히 사적인 차원에서 뿐 아니라 매우 다양한 맥락과 지평에서 다양한 의미와 다양한 관계망에 속해 있음을 살펴보았다. 간단히 말해 경제적 자유는 단순히 욕망충족을 위한 교환행위를 넘어서 여러 지평에서 가치 창출이나 가치 파괴의 측면을, 많은 경우 양자를 동시에 갖는 것이다. 여기서 경제활동을 전일론적인 관점에서 파악할 필요가 생기며, 이것이 2015년 6월 프란치스코 교황이 발표한 '찬미받으소서Laudato si'에서 '시장경제를 기후변화를 포함한 환경보호의 관점에서 새롭게 볼 것을 요구'한 이유라고 할 수 있다. 여기서 '재산의 사회적 의무Sozialpflichtigkeit des Eigentums' 혹은 '사회적 책임Soziale Verantwortung'이라는 개념이 요구되며, 모든 권리가 관계론적 측면을 갖고 있다는 점에서 이런 요구는 당연하다고 볼 수 있다. 중요한 점은 경제활동과 소유가 공동체에서 갖는 의미를 특정 정파나 이념의 주장으로 볼 필요는 없다는 것이다. 만일 재산이나 소유권을 절대화하여 그 사회적 의무나 책임을 부정한다면 세금부여의 근거는 사라지지만 납세의 의무를 부정하는 국가란 아마 현재 지구상에는 없을 것이다.

30. 공동체자유주의는 개인의 자유를 극대화함과 동시에, 개인의 존재기반으로서 공동체의 유지와 지속을 요청하는 정치체제라는 점에서 얼핏 자기모순으로 느껴질 수 있다. 그러나 공동체와 개인의 이해가 충돌되는 것으로 보는 이유는, 실은 19세기 유럽의 산업혁명 이후 가진자와 못가진

자로 양극화된 사회에 대한 해법 내지는 반작용 자체가 극단적이었고, 그런 극단들의 관성으로부터 21세기가 벗어나지 못했기 때문이다. 20세기말 현실사회주의 국가들의 붕괴는 바로 이런 극단적 체제의 필연적 결과이다. 다른 한편 부의 과도한 집중이 동일한 이유에서 자유시장경제의 위기로 이어질 것은 명약관화하다. 이런 점에서 공동체자유주의는 하나의 단일하고 자명한 삶의 방식이자 정치체제로서 모든 사람에게 공유되어야 한다. 다만 그 실현에 있어서 서로 다른 견해가 제시되는 것은 당연하며, 과거에 공동체자유주의의 실현에 효과적이었던 정책이 상황이 변한 현재에는 그렇지 않을 수도 있다. 즉 다양한 정강과 정책을 지향하는 정당들을 공동체자유주의가 갖고 있는 것은, 이들이 생산적인 의사결정과 실천력을 갖고 있다는 전제하에서는 급변하는 세계와 상황에 대처하는 데에 필수적이라고 할 수 있다.

05

공동체자유주의의
정치사상적 기초

| 이종은 |
국민대학교 정치외교학과 교수

서언

중고등학생이 담배 피우는 것을 보고도 어른이 못 본 척하고 지나치는 일이 요즘엔 허다하다. 어른이 괜히 간여하여 훈시하다가는 무슨 낭패를 보게 될는지도 모르기 때문이다. 그러나 예전의 시골에서는 그런 일이 있을 수가 없었다. 적어도 숨어서 피웠고, 발각되면 혼이 난다는 것은 알았다. 시골과 같은 소규모의 지역 공동체에서는 이처럼 도덕적 규범을 이어 나갈 수 있었다. 반면에 산업화된 도시에서는 익명성이 보장되고 개인의 권리가 강조되면서 서로가 공유하는 도덕적 규범을 지속시키기가 어렵게 되었다. 예전의 시골 마을은 억압적이었지만 애정을 가지고 개인을 양육하였다. 예를 들면, 청소년이 담배를 피우면 아니 된다든가 부모에게 효도를 하여야 한다는 등 일련의 공유된 가치나 규범을 지속시키려고 하였다. 말하자면, 도덕적인 권고를 할 수 있었고 이에 순응하게 만들 수가 있었다. 반면에 도시화가 된 산업사회에서는 개인이 억압에서 벗어나게 되었지만 자신의 삶을 자신의 판단 하에서 영위하게 되어 자유를 얻게 되었는지는 모르지만 개인들 사이의 삶은 비인간적이 되어 버렸다. 말하자면, 개인들은 규범이 없는 아노미와 자유를 얻었지만 사회에 뿌리를 두지 못하는 개인들은 소외를 느끼게 된다. 한국이 급속하게 산업화와 도시화가 되어 전근대적인 유교적 공동체community에서부터 벗어나고 자유 민주주의를 표방

하는 헌법 하에서 각자가 자신의 권리에 기반을 두고 삶을 영위하는 사회society로 진입함으로써 삶에 있어서 이러한 차이가 생기게 된 것이다.

이 차이는 오늘날 공동체주의자와 자유주의자들 사이의 논쟁과 연관될 수 있다. 개인주의에 바탕을 두는 고전적 자유주의는 국가나 사회가 계약에 의하여 형성된다는 계약론이 보여주는 것처럼 전前 사회적인 개인들의 자발적인 행위로부터 사회가 연유한다고 본다. 반면에 공동체주의자는 개인을 규정하고 형성하는 데에 있어서 사회, 보다 정확히 말하면 넓은 의미의 사회 중에서 특히 공동체라는 사회의 역할을 강조한다.

이 논문의 2장에서는 자유주의와 공동체주의 사이에 일어난 논쟁의 핵심이 무엇인지를 살펴보고자 한다. 3장에서는 오늘날에 양자 간에 논쟁의 계기가 된 존 롤스의 정의 이론에서 자유주의가 공동체주의와 접합할 수 있는 가능성이 있는지를 살펴보고자 한다. 이유는 공동체자유주의communitarian liberalism이라는 것이 있을 수 있는지를 고찰해 봐야하기 때문이다. 4장에서는 자유주의의 결함을 완화시켜서 공동체자유주의를 한국 사회에서 정책을 통하여 실현하고자 할 때, 한국 사회라는 특수한 맥락에서 특별히 고려되어야 할 것이 무엇인지를 고려하고자 한다. 자유주의가 공동체주의보다 우선되어야 한다는 주장으로 결론을 맺을 것이다.

자유주의와 공동체주의의 대립

원자론적 자아와 사회적 자아

정치사상에서 가장 큰 문제 중의 하나는 개인이 사회 혹은 국가와 어떠한 관계를 가져야 하는가라는 문제다. 단순하게 말하면, 개인이 모여서 이루어진 것이 사회이다. 이것은 원자가 모여 분자가 되는 것에 비유할 수 있다. 원자는 분자가 되기 전에 그 자체가 하나의 개체로서 존재할 수가 있다. 마찬가지로 사회가 이루기 전에 개인도 그 자체가 하나의 독립된 개체로서 이미 존재한다고 볼 수 있다. 그렇다면 사회라는 것은 개인들이 어떠한 사회를 구성하겠다고 합의하였을 때만 구성된다. 이렇게 보면 사회에 앞서 개인, 다른 말로 하면 전체에 앞서 부분이 존재한다. 인간에 대한 이러한 관념을 원자론적 자아atomistic self관이라고 부른다.

반면에 인간은 가족이라는 사회에서 태어나며 이미 있는 사회에서 다른 사람과 더불어 상호 작용하여 사회화를 거쳐서 사회의 가치를 공유하게 됨으로써 인간으로서 그리고 사회의 구성원으로서 성장하게 된다. 그렇다면 인간은 사회에 의하여 규정이 되고 사회에서 만들어지는 것이다. 말하자면 아무리 개인이 독립적인 존재라고 하더라도 사회라는 전체 맥락이 없으면, 개인은 정체성을 확립할 수 없으며 개인이 달성하고자 하는 목적을 달성하기 어렵다. 인간에 대한 이러한 관념을 사회적 자아social self관이라고 부를 수 있다. 이러한 측면을 무시하고 개체가 전체에 앞선다고만 주장할 수는 없다.

원자론적 자아관을 데카르트 철학에 연관시킬 수 있다. 형이상학적인 이원론이라고 볼 수 있는 데카르트 철학에 의하면, 인간의 마음과 육체는 서로 다른 실체이다. 그렇다면 자아라는 것은 그야말로 '사회와 무관한asocial' 현상이다. 자아는 그 자체의 주관적인 영역에 있으며 자아의 정신적인 삶은 타인과 상호작용 이전에, 그리고 이와는 무관하게 본래의 모습을 가지고 있다고 볼 수 있다. 타인도 외부 세계의 부분이며 우리는 우리의 '관념idea'을 통하여 외부 세계를 파생적으로만 알기 때문이다(Bakhurst et al 1995, 3). 이상과 같이 자아를 보게 됨으로써 데카르트는 개인주의 혹은 원자론의 전형으로 여겨졌다. 이로써 정치사상에 있어서 강력한 개인주의가 나타나서 개인주의가 논란의 여지가 없는 것처럼 보이게 된다. 이에 대해 사회적 자아를 옹호하는 이들은 도전하였다(Bakhurst et al 1995, 4). 이들의 대표적인 사람들이 공동체주의자들이다.

개인의 권리와 공동선

원자론적 자아관은 사회계약론에서 나타난다. 사회가 구성되기 이전에 개개인이 제주껏 살아가고 있는 상태를 자연 상태라고 부를 수 있다. 자연 상태에서 개인에게 가장 중요한 권리가 있다면, 그 권리를 홉스는 '자신을 보전할 권리'라고 보았고 로크는 '생명, 자유 그리고 재산에 대한 권리'라고 보았다. 이 권리를 보다 확실하게 보장하기 위하여 개인들은 서로 계약을 하여 사회 혹은 국가를 만든다. 말하자면, 일단 권리로써 자신을 무장한 개개인들이 독립적인 주체로서 서로 합의하여 사회나 국가를 만들게 된다. 그러한 이상 개인의 권리를 보장하는 것이 국가의 중요한 의무가 된다. 이 권리는 자연 상태에서도 가지고 있었던, 즉 국가를 만들기 이전에도 가지고 있었던 타고난 권리라고 볼 수 있다. 그러므로 자유주의 국가는 개인의 자유와 권리를 보장하는 것을 주主 임무로 삼는다. 그리고 자유와 권리를 행사할 수 있는 틀을 국가가 제시하면, 개인은 각자 자신의 선을 추구할 수 있다고 본다. 사회계약론은 이처럼 원자론적 자아관을 반영하는 것이다.

이에 반해 사회적 자아관을 옹호하는 공동체주의자는 다르게 본다. 개인이 사회가 생기기 전에 독립적인 존재였다는 자유주의자의 주장, 즉 사회계약론에 대해 공동체주의자는 계약이라는 말 자체를 어디에서 배운 것이냐고 반문한다. 계약이라는 말 자체가 사회의 산물이기 때문이다. 데카르트가 말한 것처럼 인간이 스스로 생각하는 존재인 것은 분명하지만 지적인 힘은 문화적 환경에서 양육되고 유지되며 그 특성을 얻는다. 인간은 타인과 더불어 살고 행동하며 그래서 삶은 타인과의 얽혀짐으로써 그 구조가 드러나는 것이다. 그래서 사회는 인간의 정체성을 확립하는 데 결정적이다(Bakhurst et al 1995, 4). 따라서 인간이 사회적 존재라는 것을 무시할 수 없는 것이다.

다음과 같이 비유하여 보자. 인체는 오장 육부라는 부분들로 이뤄져 있다. 심장이 인체와 떨어져 존재할 수 있는가? 설사 인체와 유리遊離되어 존재한다고 하더라도 인체와 유리된 심장은 무슨 쓸모가 있는가? 마찬가지로 허파가 수축 운동을 할 권리를 가지고 있었다고 주장한들, 인체라는 전체와 유리된 장기라는 각 부분들은 그 의미가 없는 것이다. 인체 내에서 각각의 장기가 제 기능을 담당할 때 인체가 전체로서 기능을 하게 되는 것이다. 그렇다면, 각각의 장기가 권리를 가진다고 여겨져야 하는 이유가 무엇인가? 전체인 인체가 원래의 목적을 수행하는 데에 필요하기 때문이다. 말하자면, 인간이 인간으로서 살아가는 데에 기여하기 때문에 각각의 장기는 권리를 가진다고 보아야 한다. 그렇다면 허파는 수축 운동을 할 권리가 있다기보다는 인체가 정상적으로 작동하도록 하기 위하여 수축 운동을 할 의무가 있는 것이 아닌가? 각각의 장기가 자신의 권리와 권리를 행사할 자유만을 주장하다가 전체인 인체가 무너질 수 있는 것이 아닌가? 그렇다면, 개인이 권리와 자유만을 주장할 수 있는가?

그리고 심장의 자아는 인체 내에서 심장으로서 기능한다는 목적보다 앞서는 것이 아니라 오히려 그 목적에 의하여 심장의 자아는 구성되는 것이다. 그런데 그 목적은 심장이 선택하기보다는 인체 내에서 심장이라는 구조가 맡기로 된 기능에 의하여 주어진 것이다. 자아는 자아의 목적에 앞서는 것이 아니라 오히려 자아의 목적에 의하여 자아가 구성된다. 이렇게 보면, 나는 나를 나의 목적과 구별할 수 없다. 그런데 나 자신은 부분적으로 목적에 의하여 구성되는데 그 목적은 우리가 선택하는 것이 아니라 어떠한 공유된 사회적 맥락에서 담겨져 있는 것이다. 그러므로 전체가 어떻게 되더라도 개인의 선만을 추구하겠다는 태도를 버리고 개인의 선과 전체의 선을 아우르는 선, 즉 공동선common good을 추구하는 것이 개인의 권리만을 주장하는 것보다 옳은 태도가 아닌가? 심장은 그 자체의 존속도 중요하지만 인체가 존속하여야만 심장도 존속할 수 있다고 보면, 심장이라는 개체의 선과 인체라는 전체의 선을 아우르는 공동선을 추구하여야 한다.

자유주의자는 공동선을 추구하겠다고 명백하게 표명하지 않고 개인의 선을 추구할 수 있는 틀을 제시하면, 자연히 공동선도 추구될 것이라고 가정한다. 게다가 추구할 수 있는 틀 그 자체를 제공하는 것, 즉 타인이 선을 추구하는 것을 방해하지 않도록 하는 법적인 조처를 취해 놓은 것 자체가 하나의 공동선이라고 보기도 한다. 그리고 개인이 추구하는 선이 무엇인지에 대하여 국가는 간섭하지 않아야 한다고 생각한다. 이것을 선 혹은 가치에 대하여 국가는 중립적인 태도를 취하여야 한다는 것을 의미한다. 빗대어서 말하면, 중고등 학생이 담배를 피우더라도 나에게 방해가 되지 않는 한에는 간섭하지 말아야 한다는 것이다. 어떠한 선을 선택하는 것은 개인의 자율에 맡겨야 한다. 어떠한 선을 개인에게 국가가 강제하는 것은 강압적이기 때문이다. 그래서 자유주의는 자아가 추구하는 목적에 자아가 우선한다고 보는 이상, 권리는 선에 우선해야 하는 것이다. 그렇기 때문에 자유주의는 원자론적인 개인이 자신의 선을 추구할 수 있도록 권리를 보편적으로 보장하는 것이 우선이라고 본다. 자유주의가 권리를 강조하는 이유가 바로 여기에 있다.

그러나 공동체주의자는 권리보다는 의무, 개인의 선보다는 공동선을 강조하며 인간이 권리를 타고났기 때문에 권리를 인정하지 않을 수가 없는 것이 아니라 권리가 공동선에 기여하는 한에서 국가, 즉 상대방이 인정하기 때문에 인정된다는 입장을 택한다. 게다가 개인의 선에 대하여서도 국가가 간섭할 수 있다고 본다. 예를 들면, 중고등 학생이 담배 피우는 것이 그들의 선이 아니라고 판단되면, 설사 나에게 피해가 없다고 하더라도 간섭할 수 있는 것이다. 이상과 같이 자유주의자는 공동체주의자와 개인과 국가 사이의 적절한 관계에 대하여 견해를 달리 한다.

정치에서의 자아에 대한 논쟁의 의미

자유주의는 자아를 사회적 현상으로 파악하지 않는다고 여기는 반면에 공동체주의자들은 자아가 사회적 현상이라는 점을 강조한다. 그런데 이 차이가 정치이론에 무슨 의미가 있는가(Bakhurst et al 1995, 8)? 자아의 본질에 대한 관념과 어떠한 정치적 비전에 대해 언질을 주는 것 사이에 본질적으로 상관되는 바가 없다고 주장할 수도 있다. 그러나 어쨌든 데카르트의 원자론적 자아와 정치적 자유주의에서의 권리, 정의 그리고 의무에 대한 이론은 역사적으로 결합되어 있다. 인간이 일종의 심리학적인 원자라고 간주된다면, 개인은 간섭받지 않는 영역에 대해 자격을 가져야 하는 것이다. 데카르트의 인식론에 의하면, 그 어떤 것도 개인보다 더 높은 권위를 가지는 것은 없다. 따라서 홉스와 로크 등의 사회 계약론자들은 개인들이 정치적 권위를 형성한다고 본 것이다(Bakhurst et al 1995, 9). 자아에 대한 원자론적인 견해는 자유주의와 역사적으로 결합되었다. 그러다 보니 자아가 사회적으로 구성되었다고 보는 견해는 어떠한 정치적 집합주의collectivism와 연관을 가진다고 보게 된 것이다.

자본주의와 결합한 자유주의는 병폐가 드러나면서 도전을 받기도 했다. 19세기 후반 빈부격차는 심해졌다. 노동자는 하루 15시간 일하고도 부자가 될 수 없었던 반면 카네기, 모건, 록펠러 그리고 포드와 같은 부자들이 나타났다. 급기야 1886년 5월 1일에 시카고에서는 노동자 4만 명이 참가

한 노동자 총파업과 평화 행진이 일어났다. 그들은 "1일 8시간 노동제 실시"를 구호로 외쳤다. 로버트 오웬이 1817년에 "8시간 일하고, 8시간 놀고, 8시간 자자"라고 주장했기 때문이다. 이 시위를 기념해 5월 1일을 노동절로 삼게 되었다. 1일 8시간 노동은 1919년 국제노동기구에 의해 국제기준이 되었다. 1960년대 마르크스주의가 등장해 개인주의를 바탕으로 하는 자유주의를 비판했다. 1980년대 이후로는 권리를 근거로 하는 의무론적인 자유주의에 대해 공동체주의가 도전하였다. 공동체주의자들이 도전하는 이유를 다음과 같이 정리할 수 있다.

(1) 공동체가 인간 존재의 근본임에도 자유주의는 공동체의 가치를 절하하거나 무시 또는 약화시킨다. 사회와 유리될 수 있다는 자아를 상정하기 때문이다.
(2) 자유주의는 계약론에 근거한 권리를 도구적 선으로만 강조함으로써 정치 공동체에 완전한 참여가 좋은 삶에 기여하는 중요성을 인식하지 못한다.
(3) 자유주의는 가족, 공동체 나아가 국가에 대한 어떠한 유형의 의무, 책무 혹은 헌신을 강조하지 않는다.
(4) 자유주의는 정의를 사회제도에서 제일 덕성으로 간주하는데 정의는 공동체의 덕성이 상실된 상황에서 최소한으로 요구되는 덕성이라는 것을 인식하지 못한다(박정순 1993).
(5) 자유주의에서 개인은 공동체에 귀속되지 못하며 가치의 상대성을 인정하기 때문에 개인은 삶의 방향을 상실하고 사회는 통합을 달성하기 어렵다(홍성우 2005, 17).

요약컨대, 자유주의는 자아가 '사회성socialness'를 가진 것으로 보지 않기 때문에 자유주의는 실질적인 도덕적 그리고 정치적 교의가 되지 못한다고 공동체주의자는 주장한다(Mullhall et al 1995, 104).

이상과 같은 자유주의에 대한 비판에 대하여 자유주의자들은 다음과 같이 대응한다.

(1) 공동체주의는 자유주의가 공동체를 상실시켰다는 가정 하에서 공동체의 재건을 꾀한다. 그러나 공동체주의자는 그들이 제시하는 공동체와 기존의 공동체의 관계, 그리고 제시하는 공동체를 만들어 내고 유지하는 조건과 방식에 대하여 직접적으로 설명하지 못한다. 게다가 정치 공동체와 일반 공동체를 전혀 구분하지 않는다. 따라서 공동체라는 개념이 모호하고 공동체를 구성하는 데에 현실적으로 한계를 노정한다.

(2) 공동체주의는 자유주의가 위에서 비판하는 바, 즉 (1), (2), (3)과 가치에 대한 공유된 이해와 통합을 바탕으로 하여 공동선의 정치를 주장한다. 그러나 바로 이 점 때문에 공동체주의가 독재, 전체주의, 권위주의, 보수주의 나아가서 다수결의 횡포를 가져올 수 있다. 그렇기 때문에 공동체주의는 규범적인 한계를 가지고 있다.

(3) 공동체주의는 자유주의적인 개인주의 때문에 공동체가 상실되었다고 지적하면서도 자아가 공동체와 구성적으로 결부되어 있으며 현대 사회에 암묵적으로 공동체적 맥락이 존재한다고 지적함으로써 공동체 재건이 가능하다고 본다. 이 두 주장은 모순이 되는 것이다.

(4) 공유된 이해를 바탕으로 사회적 가치가 결정되고 공동선이 달성된다면, 그 가치가 정당하고 공동선이 올바른 것이라는 것을 공동체주의에서는 알 수가 없다. 사회와 유리되는 자아가 있을 수 있다는 것을 가정하

여야만 가치와 공동선의 내용에 대하여 비판적인 안목이 생길 수 있다(홍성우 2005, 18-9). 이상과 같이 자유주의자는 반박한다.

이상의 논쟁에는 (1) 도덕을 정당화하는 데 있어서 개체주의적 방법론individualistic methodology와 총체주의적 방법론holistic methodology의 차이, (2) 사적 영역과 공적 영역에 있어서 도덕적 영역을 구분하고 통합하는 근거, (3) 도덕적이거나 종교적 논쟁에서 정치적 중립을 확립하는 방법, (4) (3)과 연관하여 사적 이성과 공적 이성을 구분하는 통합하는 근거, (5) 올바름the right 와 선(혹은 좋음; the good) 사이의 우선성, (6) 개인의 권리와 공동선 사이의 우선성, (7) 원자론적 자아와 사회적 자아의 차이, (8) 개인과 공동체가 각기 가져야 하는 가치와 역할 등과 같은 문제에 있어서 자유주의와 공동체주의는 서로 견해를 달리 한다는 것이 드러난다(홍성우 2005, 19). 이렇게 보면, 자유주의와 공동체주의는 서로 화합할 수 없는 대립적인 이념으로 볼 수밖에 없다. 그렇다면 공동체자유주의라는 용어는 성립될 수 없다.

공동체자유주의의 가능성

20세기 자유주의와 공동체주의의 대립이 정치이론에서 나타나게 된 직접적인 계기가 된 것은 존 롤스의 《정의론, 1971》이다. 여기서 롤스의 정의론의 전모를 논할 수는 없다. 롤스가 자신의 이론을 구성하는 방법으로 택한 계약론과 계약 상황으로 제시하는 원초적 입장에 대해 공동체주의자가 비난하는 바를 살펴봄으로써 양자 간의 논쟁을 고찰하고자 한다.

롤스는 원초적 입장이라는 계약 상황을 설정하고, 계약 당사자들로 하여금 정의의 원칙들 중 하나를 선택하도록 한다. 계약의 공정성을 위해 '무지의 장막'이 쳐진 것으로 가정한다. 자신이 부자인지 가난한지, 흑인인지 백인인지, 남자인지 여자인지, 가진 기술이 숙련되었는지 아닌지, 체력이 강한지 아닌지를 계약당사자들은 모른다. 자세한 정보가 주어지지 않은 것으로 가정한 이유는 자신에 대한 것을 세세하게 알게 됨으로써 어떠한 원칙을 자신에게 유리한 쪽으로 즉, 자신의 장점으로 타인을 위협할 수 없도록 하기 위해서다(Rawls 1971, 141). 어쨌든 계약 당사자들은 이러한 상황에서 차등의 원칙이 포함된 롤스의 정의의 두 원칙을 택하는 것이 합리적이라고 롤스는 가정한다.

공동체주의자들은 롤스가 이처럼 자신의 논지를 전개하기 위해 설정한 계약상황에 대해 비판을 가한다. 비판의 내용은 무엇인가? 롤스는 사회계약을 수단으로 사회나 국가를 도출하기 위해서가 아니라 정의의 원칙을 도출하기 위해 계약론을 부활하였다. 그렇지만 어쨌든 롤스는 자유주의자들이 이용하는 계약론을 이용한 것이다. 전술한 것처럼 계약론은 원자론적 자아관에 근거를 두며 개인의 자유와 권리를 강조하기 위해 이용된 것이다. 그런데 공동체주의자가 보기에 개인이 발전하고 번영하는데 있어서 사회의 중요성을 자유주의는 부정하거나 간과한다. 그렇게 보는 이유는 자유주의가 인간에게 부여하는 자율이 인간을 본질적으로 전前 사회적인 존재, 즉 원자론적인 자아라는 관념을 전제로 하고 있기 때문이다(Mullhall et al 1995, 104). 그래서 공동체주의자는 롤스가 계약론을 방법으로 이론을 도출하는 것을 옹호하지 않는다.

공동체자유주의자들은 또 '무지의 장막' 뒤에 흐릿하게 있는 사람들은 도대체 누구인가라는 문제를 제기한다. 말하자면, 자아와 자아가 처한 상황과 선의 속성과 관념에 대해 아는 바가 없으면서도 정의의 원칙에 관해 선택을 할 수 있다는 사람이 도대체 누구인가? 라는 것이다. 샌델과 테일러에 따르면, 개인은 특정한 공동체의 구성원일 수밖에 없기 때문에 사회적 맥락에서 벗어나 개인의 권리나 이익을 형성할 수가 없다. 그래서 무지의 장막에서 정의의 원칙을 도출해내겠다는 발상은 잘못된 것이다. 왜냐하면, 우리는 태어날 때부터 어떠한 사회에서 태어나고 성장한다. 즉 사회가 개인에 앞선다는 발생론적인 측면을 고려하지 않을 수가 없다. 성장하면서 어떠한 특정한 사회에서의 누구라는 정체성을 갖기 마련이다. 개인의 정체성은 문화와 사회적 관계에 의해 부분적으로 구성되기 때문에 무지의 장막에서 정의의 원칙을 선택하게 한다는 것은 있을 수가 없다. 개인은 추상화된 상태에서 존재할 수가 없기 때문이다(Taylor 1989). 요컨대 롤스는 사회적 그리고 문화적 특수성이 결여된 개인들 사이의 가설적 계약이라는 고안을 이론의 중심에 두었는데, 이것 때문에 그저 신화일 수밖에 없는 것이다. 즉 전前 사회적이거나 무無 사회적인 개인이라는 신화를 롤스가 심각하게 고려한다는 반론을 공동체주의가 제기하는 것이다. 그래서 그들에게 롤스의 원초적 입장은 자아의 사회성을 인지하지 못한다는 것을 그대로 반영하는 것으로 보인다(Mullhall et al 1995, 105-6).

따지고 보면, 은유로 계약론을 쓰는 것은 두 가지 의미에서 자아의 사회성을 인지하지 못하는 것 같다. 첫째, 사회가 개인이 만들기로 합의하는 것이라고 여김으로써 사회적 매트릭스로부터 개인이 자기 이해理解, 자신의 정체성 그리고 선에 대한 관념을 이끌어내게 되어 있으며 그래서 사회가 개인에 앞선다는 것을 무시하는 것 같다. 우리가 이것을 사회화와 심리적 발전에 대한 경험적 주장 혹은 사회적 배경 없이는 사고와 도덕적 생활이 불가능하다는 개념적인 논점으로 이해하든지 간에 계약 모형이 부정하는 만큼 무시하지는 않는 것 같다. 그러므로 계약 모형은 개인이 사회에 우선한다는 발생론적인 오류를 범하는 것이다. 둘째, 그리고 계약론적 은유가 함축하는 바는 자유주의가 사회를 자신의 이익추구를 위한 본질적으로 협업적인 사업, 즉 자신이 몸을 담고 있는 공동체에 구애를 받지 않고 자신의 본질적인 이익과 정체성을 규정하는 개인들에 의하여 구성되는 결사라고 본다는 점이다. 롤스는 가설적인 계약상황에서 상호 무관심하고 불확실하다는 조건 하에서 자신의 목표를 달성하겠다는 관심만으로 동기를 부여받는다고 가정한다. 이것은 공동체적인 선과 자기 이해라는 관념을 무시하는 것으로 보인다. 타인과의 관계가 개인의 이익추구의 부분으로 가지는 어떠한 값어치가 본질적으로 더 가치가 있다는 가능성을 무시하는 것처럼 보이기 때문이다.(Mullhall et al 1995, 106) 요약컨대, 이상은 공동체주의자는 롤스가 인간이 사회적 존재, 즉 사회적 자아라는 점을 고려하지 않는다고 주장한다.

롤스는 이상의 반박에 대하여 어떻게 대응할 것인가? 공동체주의자의 반론이 타당한가? 롤스가 이 논쟁 대응에 앞서 저술한 《정의론》에서 사회적 자아를 무시한 것이 아니라는 것을 찾을 수 있다. 첫째, 원초적 입장은 사람들의 이익과 능력을 실질적으로 도덕적으로 이해하는 것을 모형화하는 수단으로 제시한 것이다. 그리고 무지의 장막을 두는 것은 정의에 대해 생각할 때에 사람들이 자유롭고 평등하다고 간주하는 것이 적절하다는 의미를 그 제약이 모형화한 것이다. 이처럼 무지의 장막이라는 제약을 두는 것을 롤스는 정당화한다.

장막을 설정하지 않으면, 자연적으로나 사회적으로 유리한 것이 배분되어 불평등이 나타날 것이다. 그렇게 되지 않도록 하기 위해 무지의 장막으로 평등하게 하고자 한 것이다. 선에 대한 자신의 관념조차 모르게 하는데 그렇게 하는 중요한 이유는 개인이 선에 대해 가진 특정한 관념이 무엇인지를 아는 것이 아니고 각자가 선에 대한 관념을 만들고, 수정하고 그리고 합리적으로 추구하는 개인의 능력이 가지는 것이 더 중요하기 때문이다(Mullhall et al 1995, 106). 정의라는 관점에서 보면, 문제가 되는 것은 선택하는 바의 내용이 아니고 선택하는 자유다(Mullhall et al 1995, 107).

롤스로 보아서는 개인이 특별히 애착을 갖는 것을 숙고하고 수정하는 능력이 도덕적으로 중요하다. 그리고 어떠한 논쟁적인 맥락에서 자신에 대한 어떠한 사실을 개인에게 모르게 할 수 있다고 가정한다. 그렇다고 롤스는 개인이 자신을 자신의 가치로부터 정신적으로 분리시킬 수 있다고 생각하지는 않는다. 그리고 그러한 목적과 언질이 자신이 태어나고 양육된 사회로부터 가끔(혹은 항상) 도출된다는 것을 부인하지도 않는다. 요컨대 원초적 입장은 자기를 부정하는 인식적인 규칙이라는 형태에서 인간의 어떠한 능력과 특성이 상대적으로 중요하다고 규범적으로 주장하는 것을 모형화하는 것이다. 어떠한 이유에서 개인에게 이러 이러한 권리가 주어져야 한다는 규범적인 주장을 하기 위하여 원초적 입장을 상정하는 것이다. 그렇기 때문에 규범적인 주장은 개인에 앞서 사회가 존재하였다는 발생론적 주장과 구별해야 하는 것이다. 따라서 원초적 입장은 인간의 목적과 자기 이해의 기원 혹은 어떠한 종류의 심리적 해체의 가능성에 대해 사회학적으로나 철학적으로 주장하는 것을 표현하지도 않고 전제로 하지도 않는다(Mullhall et al 1995, 107).

더군다나 롤스의 이론이 구체화하는 실질적인 도덕적 가치가 어떠한 의미에서는 개인주의적이기는 하지만 내용에 있어서 공동체적인 공유된 목표나 가치도 담겨있다. 그는 사회를 평등하고 자유로운 개인들 사이에 사회적으로 협업을 하는 공평한 체제라고 본다. 사회에 대한 그의 관념이 본질적으로 개인의 능력과 개인 권리의 확립과 유지를 강조하지만 사회적 관계를 순전히 개인적인 우위를 위한 도구로 환원시키지 않는다. 롤스는 자신의 계약론을 공동체주의자가 이해하는 바를 명백하게 거부하면서도 인간은 자신의 선만큼이나 공동의 제도와 활동에서도 궁극적인 목적과 가치를 공유하여야 한다고 주장한다. 훔볼트에 따라서 롤스는 학문, 예술, 가족 그리고 우정을 '사회적 연합social union'으로 예시한 것처럼 공정으로서의 정의의 원칙에 따라 질서가 잘 잡힌 사회도 그 자체로 사회적 연합들의 사회적 연합이라고 여길 수 있다. 정의로운 제도를 성공적으로 수행하는 것이 사회 구성원이 공유하는 궁극적 목적이며 이 제도적 형태는 그 자체로서 선하다고 찬양받을 수 있다. 물론 자유주의 사회는 개인이 존경을 받고 번영할 수 있는 영역을 제공하기 때문에 개인에게 선한 것이다. 그러나 이 것은 사회적 선인데, 이 선은 공유된 궁극적 목적에 바탕을 두고 서로 협력해야만 실현될 수 있는 것이다(Mullhall et al 1995, 107).

계약론이라는 은유는 발생론적이며 규범적인 의미에서 자아의 사회성을 부인하는 데에 쓰일 수도 있을 것이다. 그렇다고 하더라도 그 은유가 현대의 자유주의에서 그러한 역할을 맡을 필요가 없다. 이러한 견해는 롤스의 《정치적 자유주의》에서 찾을 수 있다. 여기에서 롤스는 자아의 사회성을 부인하였다고 자신을 비난하는 공동체주의자들이 자신의 이론의 실체와 방법을 모두 오해하였다고 주장한다. 그가 주장하는 바는 공정으로서의 정의는 정의에 대한 순전히 정치적인 관념이라는 점이다. 이 주장이 의미하는 바는 공정으로서의 정의가 적용되는 범위는 헌정적으로 민주적인 정체의 기본구조, 즉 가장 기본적인 사회적, 정치적 그리고 경제적 제도에만 한정되는 것이지 대학, 교회 그리고 병원 등에는 적용되지 않는다.(Mullhall et al 1995, 107). 말하자면, 공정으로서의 정의는 인간의 안녕에 대한 특정한 포괄적인 철학적, 종교적 혹은 도덕적 교의의 진리에 의존하지 않으며 민주적 사회의 공적 정치문화에 암묵적인 어떠한 근본적인 사상으로써만 구성된다(Mullhall et al 1995, 108). 이것이 의미하는 바는 멀홀Stephen Mullhall과 스위프트Adam Swift가 지적하는 것처럼 원초적 입장을 롤스가 인간의 본성에 대하여 형이상학적으로 묘사하는 것이 아니라 계약 당사자를 대변하는 고안으로 삼으려고 한다는 것이다. 결국 롤스가 초점을 두는 것은 추상적인 개인이 아니라 헌정적인 민주적 정치체의 시민이다. 그럼에도 불구하고 공동체주의자는 롤스가 원자론을 지지하는 것으로 보고 롤스의 이론을 비난하는 것이다(Bakhurst et al 1995, 14).

롤스가 《정치적 자유주의》에서 주장하고자 하는 바는 원초적 입장과 무지의 장막을 전적으로 정치적으로 이해하자는 것이다. 문제는 그렇게 하는 것이 자유주의가 자아에 대한 무無사회적인 견해에 언질을 두지 않고서 계약이라는 은유를 견지할 수 있는가라는 점이다. 견지할 수 있다는 것을 바탕으로 롤스는 원초적 입장에 대해 자유롭고 평등하다고 여겨지는 사람들 사이에 협업이라는 공정한 틀로서의 사회라는 실질적으로 규범적인 비전을 모형화한다고 주장한다. 그러나 이것은 정치적 공동체의 구성원으로서의 인간의 역할에만 적용되는 것이지 비非 정치적인 공동체에는 적용되지 않으며 서구 민주주의의 공적인 정치문화에서만 도출되는 사상이라는 점을 롤스는 강조한다(Mullhall et al 1995, 108).

요컨대, 다원적인 사회에서 어떠한 정의의 관념이 모든 구성원에게 공적으로 정당화되면, 그래서 모든 시민들에게 정당화되고 인정되는 정치에 대한 관념의 기초를 형성할 수 있다고 보는 것이다. 바꾸어 말하면, 공적으로 정당화가 가능하다는 주장은 정치의 본질과 그리고 개인과 사회 사이의 적절한 관계가 자유주의적이라고 이해하는 것을 전제로 하는 데에 그 목적이 있다(Mullhall et al 1995, 108). 이 점이 우리의 관심사와 연관된다. 공적인 정당화 가능성이라는 목표에 의하여 부과되는 방법론적인 제약은 롤스가 자아의 사회성을 완전히 인식하고 있다는 주장을 재 강화하는 것이다. 첫째, 롤스는 논쟁의 여지가 있는 철학적, 형이상학적 혹은 사회학적 교의에 의존하는 것을 피해야 한다. 그럼에도 불구하고 개인이 사회에 선행한다거나 개인이 자신의 모든 가치로부터 자신을 분리시킬 수 있다는 개념은 논쟁의 여지가 있는 것이 분명하다. 둘째, 시민으로서 인간이라는 개념은 공적인 정치문화에서 가용할 수 있는 자원으로부터 구성되었다고 주장하는데 이 주장은 우리가 이해하는 바를 구성하는 목적, 언질 그리고 가치가 사회적 기원을 가진다는 것을 암묵적으로 인정하는 것이다. 셋째, 롤스는 자신의 정의에 대한 관념이 완전하게 공적으로 정당화되어야 한다는 것을 요구한다. 이것은 개인이 이해하는 바에 대하여 사회적 매트릭스가 중요한 영향을 미치는 것을 롤스가 인정하기 때문이다. 그런 연후에만 사회적인 것의 영향이 자유주의가 존중하려고 하는 개인의 자유와 양립할 수 있다(Mullhall et al 1995, 109).

롤스는 이상과 같이 자유주의가 전적으로 정치적 성격을 가질 수 있다고 주장하는데 이 주장은 발생론적인 의미에서 이해되는 자아의 사회성을 완전하게 알아야 한다는 그의 주장을 강화하는 것이다. 《정의론》의 제3부에서 롤스는 정의에 언질을 주는 자유주의적인 자아가 형성되는 데에 도움을 주는 심리적 그리고 사회적 조건을 공동체주의자의 공격을 받기 전에 이미 논하고 있다. 공동체주의자는 롤스의 사회에 대한 관념이 도구적이라고 비판하면서 공통의 목표가 가지는 본질적인 가치에 대한 보다 강력한 관념을 요구하였다. 이러한 식으로 비판하는 것은 그의 정의에 대한 관념으로 통제되는 질서가 잘 잡힌 사회가 참으로 공동체적인 선을 불러일으키고 구체화한다는 것을 헤아리지 않은 것이라고 롤스는 답할 것이다. 롤스는 정치공동체에의 참여가 가지는 본질적인 값어치를 두 가지 방식으로 이해한다. 첫째, 민주주의적 자유를 보전하려면 관용, 상호 신뢰와 같은 덕성을 가진 시민들의 능동적인 참여가 필요하다. 그러한 견해는 롤스의 자유주의와 양립이 가능하다. 이러한 종류의 정치참여는 공정으로서의 정의를 구체화하고 공적인 정치문화에서 쓰일 수 있는 시민에 대한 개념을 참조함으로써만 정당화될 수 있는 어떠한 사회가 장기적으로 생존하는 데에 긴요하기 때문이다(Mullhall et al 1995, 109).

공동체주의자는 "혼자서는 자족적이 아니며 도시공동체를 벗어나서는 중요한 의미에서 자족적이 아니기 때문에 인간은 사회적 동물이며 참으로 정치적 동물"이라는 아리스토텔레스의 견해를 받아들인다(Taylor 1985, 190). 그렇다면 인간이 가진 잠재력을 최대한으로 발휘하기 위하여서라도 정치에 참여하지 않을 수가 없다. 그러나 아리스토텔레스가 개진한 것처럼 공동체의 본질적 가치를 유지하기 위하여 정치참여를 하게 되면, 이는 선에 대한 포괄적인 관념을 전제로 하는 것이다. 그렇게 되면, 국가는 강압적인 권력을 행사하여 시민의 자유와 평등을 침해할 것이다. 요컨대, 공동체주의자들이 롤스가 정치공동체의 본질적 가치에 대한 실질적인 관념을 고려하지 못하였다고 비판한다면, 이는 공동체주의자가 롤스의 입장을 전적으로 오해한 것이다. 롤스는 그러한 가능성을 간과하지 않았지만 그러한 비판은 도덕적 그리고 정치적 다원주의라는 맥락에서 공동체의 본질적 가치를 유지하는 것이 시민의 권리를 위협하는 것이 될 수 있다고 보고 거부한다. 만약 이렇게 거부하는 것이 자아의 무사회성에 대한 규범적인 언질을 제의하는 것이라고 공동체주의자가 본다면, 롤스는 그러한 비판을 기꺼이 받아들일 것이다(Mullhall et al 1995, 110).

요약컨대 롤스가 원자론적 개인주의에 의존한다고 비판을 받지만 롤스는 인간이 사회적 존재라는 것을 무시하지 않는다. 규범적인 논지를 이끌어내기 위하여 무지의 장막이 드리워진 원초적 입장을 상정하는 것이다. 그리고 실제에 있어서 대부분의 경우 사람들은 사회가 지시하는 방식으로 행동한다. 평상적으로 그렇게 하는 것이 곤란하다고 생각되는 경우에만 인간은 자신을 외부 세계와 대립하는 존재로 생각하는 것이다. 자유주의자는 대립하게 되는 경우만을 부각시켜서 개인의 자율과 권리를 확보하고자 한다. 그런데 바로 이 점을 공동체주의자가 지적하여 공격하는 것이라고 볼 수 있다.

개인에게 자율이 가치가 없는 것은 아니다. 그 값어치는 개인에게 외재적인 구조와 자원에 개인이 의존하고 이들을 존중한다는 배경에서 이해되어야 한다(Mullhall et al 1995, 119). 다른 한편으로 개인이 사회에서 벗어나서 독립적인 존재가 될 수 있다고 보아야만 개인은 사회 혹은 사회가 지지하는 전통에서 벗어나서 사회와 정치에 대하여 전통으로부터 독립적인 비전을 제시할 수 있다(Mullhall et al 1995, 118). 그렇게 함으로써 사회는 발전하는 것이다. 사회를 지배하는 규범을 그저 혹은 노예처럼 따른다면, 개인이나 사회가 발전할 수 없다(Mullhall et al 1995, 120).

이상의 논의에서 우리는 다음과 같은 결론을 내릴 수 있다. 롤스가 사회계약이라는 모형을 이용하여 정치를 이해하려고 하는 것이 반드시 원자론적 자아, 즉 자아의 무사회성이라는 신념에 어떠한 연결을 주는 것이 아니다. 그렇기 때문에 롤스가 정의이론을 자유주의에 바탕을 둔다고 해서 공동체주의자들이 염두에 두는 사회상社會像과 결합하지 못할 이유가 없다.

정책에서의 공동체자유주의의 함의

　신분제에 기반을 두는 서양의 중세 봉건사회는 공동체적이었다. 자유주의에 의한 근대 시민사회는 권위적이고 억압적인 왕정에 대항해 개인주의를 바탕으로 등장했다. 그래서 개인의 자율을 강조하고자 원자론적인 개인을 상정하게 된 것이다. 말하자면, 계몽사상의 고전적인 자유주의는 권위주의, 억압적인 정부 그리고 위압적인 공동체에 반대해 나타난 것이다. 반면 오늘날의 공동체주의는 개인의 권리를 강조하다 못해 개인을 자기중심적으로 만드는 것에 대한 반작용에서 비롯됐다.

　신분제에 바탕을 두어 계서적階序的이었던 조선조는 유교적 전통에 의한 공동체적인 사회였다. 그러한 사회가 일제 강점기와 해방을 거치고 서구의 자유민주주의 헌법을 받아들이고 산업화와 도시화가 되는 과정에서 공동체적인 사회는 점차 해체되고 자신의 권리만을 앞세우는 이익 사회로 바뀌지고 있다. 이러한 폐단이 시정될 필요가 있어 공동체 자유주의를 생각해보게 된 것이다.

　그런데 공동체자유주의를 염두에 두고 정책을 입안할 때에 감안할 것이 있다. 첫째, 한국 사회는 아직까지 자유와 권리라는 가치가 사회에서 서구만큼 구현되지 않았다는 점이다. 자유와 평등에 대한 권리를 모두가 보편적으로 갖고 자율적인 인간이 되게 하는 것이 자유주의의 목표라면, 한국은 아직 현실 사회에서 구현하지 못하였다고 볼 수 있다. 게다가 자유 가치를 내면적으로 체득하고 실현하기 전에 평등 가치가 한국 사회에서 팽배하게 된 것에 유념하여야 한다. 서구의 자유민주주의는 자유의 평등화라는 과정을 밟아왔는데 한국의 사정은 그렇지 못했다. 게다가 자유, 평등 그리고 박애(우의)라는 이념 사이의 균형을 꾀하여야 하는데, 자유와 평등의 조화도 쉽지가 않다. 자유를 강조하면 생산성은 높아지지만 불평등이 나타나고, 반대로 평등을 강조하면 평등성은 높아지나 효율이 떨어질 것이기 때문이다. 그래서 자유와 평등의 조화라는 의미에서의 정의를 실현하는 것도 쉽지가 않다. 게다가 우의라는 가치가 더욱 문제가 된다. 복지국가에서는 복지정책을 통해 어느 정도 우의를 달성해 가고 있다고 볼 수 있다. 게다가 롤스는 차등의 원칙을 제시하고 재능을 많이 가진 이는 그 재능을 사회적 공동자산으로 삼아야 한다는 주장까지 한다. 이 주장은 사회주의적이라고 비난을 받을 정도이다. 한국의 실정에서는 롤스의 이론대로 따라가기 아주 어려울 것이다. 그런데 공동체주의자가 주장하는 우의는 물질적 재화 보다 평등한 배분만이 아니라 사회적 연대를 강조한다. 그것을 실현하는 것은 더더욱 어려운 과제일 것이다. 이런 상황에서 공동체주의자의 주장을 고려하기 위하여 유교적 전통에 의한 공동체적 삶을 부활시키려다 보면 - 자유민주주의적인 복지국가의 이념에 대한 이해도 완벽하지 않는 판국에 공동체주의까지 더해지면 - 정책의 우선순위에 대한 합의가 더 어려워질 수 있다.

둘째, 이러한 우려에는 다른 이유도 있다. 자유주의 갈래 중에 공동체주의와 비견되는 것이 공화주의republicanism다. 공화주의는 공동체주의와 마찬가지로 인간의 타고난 권리를 인정하지 않는다. 인간의 권리, 즉 자유민주주의에서의 기본권으로 나타나는 권리 그 자체도 논의의 대상이 될 수 있고, 이를 결정하기 위하여 시민들의 참여가 절실하다고 주장한다. 그래서 자유주의와 갈등을 일으킬 수 있다. 게다가 타고난 권리에 대해 참여를 통한 논의를 거쳐 의사결정을 하게 되면, 다수의 지배에 의한 폐단이 나타날 위험이 있다.

셋째, 기본권을 논의 대상화 하는 것은 권위주의적인 체제에 의해 기본권이 완전하게 보장되지 않을 우려가 있다. 중국에 편입된 후 홍콩은 공화주의 혹은 자유주의를 바탕으로 한 정치적 참여가 적절하게 실현되지 않고 있다. 민주주의적인 권리도 적극적으로 보장되는 것도 아니다. 유교적 전통에 의한 공동체주의는 권리를 적극적으로 보장하지 않고 정치 참여를 권장하지 않을 수도 있다. 서구의 공동체주의자는 국가에 초점을 두지만 전통적인 유교는 가족에 초점을 둔다는 점도 유의하여 한다. 가족주의는 공적인 선, 나아가서는 공동선의 달성에 유익하다고 볼 수 없으며 개인의 선에도 호의적이지 않을 수 있다.

넷째, 유교적인 전통과 공동체주의는 선한 생활을 위해 인간관계의 중요성과 교육을 강조하고, 법을 최후 수단으로 삼고 강압적이 아닌 방법을 쓰고자 한다는 공통점이 있다. 그렇지만 유교는 사회 질서에 순응하려는 측면이 있다. 그래서 도덕적 다원주의를 인정하지 않으려는 측면이 있다. 공동체주의도 자유주의에 비해 도덕성을 사회에 강제하려는 측면이 있다고 할 수 있지만, 유교적 전통보다 그 다양성을 인정하는 편이다. 그렇기 때문에 유교적 전통이 있는 한국 사회에서 공동체자유주의를 실현하려면, 유교적 전통이 자유주의 혹은 공화주의를 수용한 자유주의와 갈등을 일으킬 수 있다는 점을 감안해야 한다. 한때 아시아적 가치에 대한 논쟁이 있었다. 서구의 방식대로 시민적, 정치적 자유를 수용할 수 없으며 아시아인들은 개인보다 가족과 사회의 조화를 더 중시한다는 점이 그 핵심이다. 이후 아시아 경제가 붕괴하고 아시아적 가치가 그 붕괴의 원인으로 지목되기도 하면서 논쟁은 수그러졌다. 그러나 이제 아시아의 경제는 회복하고 있고, 특히 중국은 대국으로 부상할 수 있기 때문에 아시아적 가치가 다시 강조될 수 있다. 그런데 아시아적 가치는 개인의 권리를 무시할 수도 있고 또 권리의 우선순위를 다르게 둘 수도 있다. 예를 들면, 시민적 정치적 권리와 사회적 경제적 권리 중에서 한 가지를 택하라고 하면, 서구인들은 전자를 반면에 아시아인들은 후자를 택할 것이다.

다섯째, 유교를 종교라고 볼 수 없는 측면도 있다. 하지만 사회생활의 전반에 관여되는 포괄적 교의라고 본다면, 유교적인 전통이 민주적인 정체의 기본구조에만 관여하도록 해야 한다. 바로 이 점을 롤스가 《정치적 자유주의》에서 주장하는 바인데 그렇게 해야만 민주적인 다원주의가 유지될 수 있기 때문이다.

오늘날의 한국 사회에서 유교적 전통의 장점을 살려서 한국에서의 자유주의의 결점을 보완하려고 한다면, 공동체자유주의는 이상과 같은 문제에 직면하게 될 것이다. 그러므로 이러한 문제를 해결하기 위해서는 공동체주의와 자유주의의 서열에 대한 대강을 정해야 한다.

결어

그래서 필자는 공동체자유주의에서 근간은 자유주의가 돼야 하며 공동체주의는 보완하는 역할을 맡아야 한다고 본다. 자유주의의 결함을 공동체주의로 보완하는 방법을 택해야 한다는 것이다. 그 이유를 밝히는 것으로 끝맺음을 하고자 한다.

보비오는 자유주의가 계속 번창하는 이유를 "(자유주의는) 좋든 싫든, 근대 세계, 즉 사회와 역사에 대하여 개인주의적인 관념을 생겨나게 한 철학적인 견해에 근거를 두기 때문"이라고 설명했다(Gray 1986, 76-7; Bobbio 1987, 11 재인용). 그는 오히려 좌익이 이 관념과 절충하지 않으려는 것을 나무란다. "좌익은 개인을 보다 큰 전체의 단순한 부분으로 여기는 공동체에 대한 유기체적인 관점을 옹호하는 경향이 있다. 따라서 개인을 대표하기보다는 기능적으로 대표하는 기구를 만들었다. 보비오는 이런 식의 추론을 근대사회의 조건에 역행적이며 부합하지 않는 것으로 비판한다"(Bellamy 1987, 11). 말하자면, 개인주의는 현대에서 돌이킬 수 없는 추세인 것이다.

"좌익 정치사상에서 엿볼 수 있는 것처럼 사회에 대한 유기체적인 이론이 유혹을 던지는 데도 불구하고 민주주의 이론이 사회에 대한 개인주의적인 관념에 기반을 두는 것은 강조되지 않을 수가 없다. 이 점은 자유주의와 다를 바가 없다. 그렇다면 기본적인 자유는 헌법에서 인정하지 않을 수가 없다. 게다가 사회에 대한 개인주의적 관념이 인간이 분리되어 살 수도 없고 살지도 않는다는 사실을 무시하지도 않는다. 그러나 자유주의와 민주주의는 개인과 사회의 관계를 다른 방식으로 본다. 자유주의는 개인과 공동체를 연결시키는 유기체적인 결속을 단절한다. 반면에 민주주의는 개인을 그 동료와 새로운 결속을 맺게 한다. 인공적인 통합이 사회를 유기체적인 전체가 아니라 자유로운 개인들의 결합으로 재구성하게 하기 때문이다. 자유주의는 개인의 자아 발전의 능력을 강조하고, 민주주의는 무엇보다도 분리를 극복하는 개인들의 능력을 찬양한다. 민주주의는 교묘한 고안물을 통해 전제적이 아닌 정치체제라는 제도를 가능하게 하는 것이다. 그러므로 자유민주주의는 개인을 '자기 포함적인 전체self contained whole', 즉 하나의 소우주로 보기도 하고 분리되지만 어떠한 실재로 보기도 한다. 그 실재는 다른 실재와 다양한 방법으로 결합하여 보다 높은 수준에서 보다 더 큰 실재를 형성할 수 있게 한다(Bobbio, 1987, 21. preface)." 필자가 이상과 같이 자유주의 우선을 강조하는 이유를 공동체주의의 역사에서 찾을 수 있다. 공동체주의는 초기 꼬뮨 그리고 노동자의 연대에 대한 고전적 사회주의자들의 저술, 그리고 신약에서 나타난다. 초기의 수도원 제도로 거슬러 올라갈 수 있다. 20세기에는 도로씨 데이Dorothy Day의 철학과 가톨릭 노동자 운동에서 형성되기 시작했다. 그래서 공동체주의가 사회주의와 집합주의를 상기시켜 그 용어를 꺼리는 정치 지도자들도 있다. 게다가 공동체주의를 사회주의의 부활이라고 생각하는 학자도 있다.

참고문헌

- 박정순. 1993. 〈자유주의 대 공동체주의 논쟁의 방법론적 쟁점〉.《철학연구》제33집(철학연구회, 가을), 35-36.
- 홍성우. 2005. 《자유주의와 공동체주의 윤리학》. 서울: 선학사.
- Bellamy, Richard, "Introduction," in Bobbio (1987), 1-15.
- Bakhurst, David and Christine Sypnowich, 1995. The Social Self. London/New Delhi: Thousand Oaks. 1995.
- Bakhurst, David and Christine Sypnowich, 1995. "Introduction: Problem of the Social Self", in their edited (1995), 1-17.
- Bobbio, Rorberto. 1987. The Future of Democracy: A Defence of the Rules of the Game. Minneapolis: University of Minnesota Press.
- Buchanan, A. E. "Assessing the Communitarian Critique of Liberalism", Ethics, vol. 99, no. 4 (July, 1989), 852-853.
- Gray, John. 1986. Liberalism. Milton Keynes, Open University Press.
- Mullhall, Stephen and Swift, Adam. 1992. Liberals and Communitarians. Oxford: Blackwell.
- Mullhall, Stephen and Swift, Adam. 1995. "The Social Self in Political Theory: The Communitarian Critique of the Liberal Subject", in Bakhurst (1995) 103-122.
- Rawls, John. 1971. A Theory of Justice. Cambridge, Mass.: The Belknap Press of Harvard University Press.
- _____, 1993. Political Liberalism. New York: Columbia University Press.
- Rosenblum, Nancy. (ed.) 1989. Liberalism and Moral Life. Cambridge, MA: Harvard University Press.
- Sandel, M. 1982. Liberalism and the Limits of Justice. Cambridge: Cambridge University Press.

- Taylor. C. 1985. Philosophical Papers (Vol.1: Human Agency and Language: vol. 2: Philosophy and the Human Sciences). Cambridge: Cambridge University Press.
- _____. 1989. "Cross Purpose: the Liberal-Communitarian debate', in Rosenbluhm ed. (1989), 159-182.

06

공동체자유주의의 경제적 관점

| 박 명 호 |

한국외국어대학교 경제학부 교수, 상경대학 학장

서론

공동체자유주의는 현대 한국 사회가 처한 문제점을 해결하기 위한 구체적 대안으로 제시되었다. 문제의식은 개인과 국가 차원에서 동시에 제기된다. 개인차원에서는 시장경제의 근간인 개인의 행태에 대한 가정을 그동안 변화한 세상에 맞춰서 새롭게 정립하였다. 현대 경제학 이론에서 가정하는 이기심을 지닌 원자론적 인간은 근대시민사회의 산물이다. 근대 이전 사회의 인간은 전체 집단의 일원이며 이타심이 강요된 인간이었다. 이에 반해 이기심을 지닌 원자론적 인간관은 한 단계 진화한 인간관이지만 20세기를 거치면서 새로운 시대적 문제를 야기시켰다. 21세기 지구촌이 처한 당면 과제를 극복하려면 새로운 인간관이 요청된다. 국가차원의 주요 쟁점은 한국을 포함한 대부분의 나라에서는 국가가 추구하는 기본가치가 무엇인지 파악하기 어렵다. 박세일 이사장은 이런 현실을 다음과 같은 방식으로 지적한다. "청와대 홈페이지를 들어가 봐도 국정기조는 보이지만 지향 가치는 보이지 않는다. 한 나라가 지향하는 중심가치가 보이지 않거나 분명하지 않으면 국정은 방향을 잡지 못하고 흔들리게 된다."(공동체자유주의 사상적 기초, 1쪽)

이와 같이 현재 한국 사회를 포함한 전 세계는 시대에 부합한 개인의 정체성과 국가의 기본가치 측면에서 혼돈에 빠져 있다. 공동체자유주의는 이런 문제의식에서 출발해서 하나의 대안을 제시하고자 한다. 본고에서는 공동체자유주의를 경제학의 관점에서 파악하고자 하였다. 이를 위해 경제학 분야에서 새로운 패러다임이 어떻게 만들어졌는지 고찰하였고, 공동체자유주의를 현대 경제학과 관련하여 어떻게 자리매김 할 수 있는지 살펴보았다.

본고의 구성은 다음과 같다. 2절에서는 근대 경제학이 출범되기 전까지 경제 관련 어떤 논의가 이루어졌는지 고찰하였다. 3절에서는 고전파 경제학의 탄생의 배경이 되었던 중상주의 시대의 경제사상을 살펴보았다. 4절에서는 근대 시민사회의 등장과 함께 등장한 이기적 개인을 중심으로 근대경제학과 현대 경제학의 탄생과정을 살펴보았다. 5절에서는 이기적 개인 중심으로 구성된 시장경제만을 갖고는 오늘 날 우리 사회가 처한 문제를 해결할 수 없다는 점에서 공동체자유주의를 하나의 대안으로 제시하였다. 6절은 요약 및 결론으로 구성된다.

근대 이전의 경제사상

경제학은 다른 모든 학문과 마찬가지로 시대의 산물이다. 우선 경제학이 만들어지기 이전 시기에 경제는 어떻게 다루어졌는지 살펴봄으로써 근대 및 현대 경제학이 어떤 과정을 통해 만들어졌는지 이해를 돕고자 한다. 이를 위해 근대 이전의 주요 사상가를 통해 그들의 경제관을 알아보겠다.

우선 국가를 개인보다 우선시 하고 인간의 사회성을 강조한 아리스토텔레스(BC 384 ~ BC 322)의 『정치학』은 근대 정치사상의 발전에 초석을 이룬 책이다. 마키아벨리, 홉스, 헤겔, 마르크스 등 많은 사상가들에게 영향을 미친 이 책은 국가의 문제를 주제로 다루지만 일부에서는 경제관을 기술한다. 아리스토텔레스의 경제관, 그 중에서도 이자에 대한 생각은 중세 이후까지 결정적인 영향을 미쳤다.

"취득의 기술 중에는 가계의 일부로서 자연스러운 것이 하나 있다. (...) 생활필수품이야말로 진정한 부를 구성하는 요소이다. 왜냐하면 좋은 삶을 영위하는 데에 필요한 재산은 무한한 것이 아니기 때문이다. (...) 그러나 또 다른 취득 기술이 있다. 이는 통상적으로 돈벌이 기술이라고 부르는데, 부와 재산은 한이 없다는 개념을 암시하고 있다. (...) 자연적인 부와 돈벌이라는 자연적인 기술은 서로 다른 것이기 때문이다. (...) 소매업은 오로지 교환을 통해서만 부를 창출해 내는 기술이다. (...) 소매업은 자연스럽지 않을 뿐 아니라, 서로 다른 사람으로부터 이득을 취하는 행태이기 때문이다. 그 중에서 가장 증오받는 것은 당연히 고리대금업이다. 고리대금은 돈의 자연적인 사용을 통해서가 아니라, 돈 자체에서 이득을 얻는 것이다. 돈은 교환에 사용하고 있는 것이지 이자를 받아 더 늘리라고 있는 것이 아니다. 자손이 부모를 닮았다는 이유에서 돈이 돈을 낳는다는 의미의 〈토코스okos〉라는 말이 〈돈의 양육〉 현상에 적용된 것이다." (정치학 제1권)

이와 같이 아리스토텔레스는 경제의 본질은 시민의 삶을 행복하게 해주는 생필품의 생산이고 교환 행위는 이득을 취한다는 점에서 '자연스런' 일이 아니라고 지적하였다. 특히 상품의 교환 중에서도 돈을 빌리고 갚는 행위는 시간 속에 이루어지는 행위이지만 아리스토텔레스는 일반적인 교환행위의 일환으로 간주하면서 교환 행위 중에서도 가장 나쁜 행위로 간주하였다. 이런 의미에서 아리스토텔레스는 이자를 받는 행위자체를 부정적으로 평가하였고, 그의 사상은 중세 말까지도 자연스럽게 계승되었다. 아리스토텔레스는 『니코마쿠스의 윤리학』에서도 어떤 가격이 합당한지 논의하면서 사회적 존속을 위한 가격 규제의 중요성을 강조하였다.

중세의 대표적인 사상가인 토마스 아퀴나스(탄생 1225년 추정~1274) 역시 경제행위를 물질적 결과보다는 도덕적 관점에서 바라보았다. 그는 사유재산의 사회적 필요성을 인정하면서 기독교의 반상업주의를 무조건 배척하지는 않았다. 특히 중세 이후 원격지 무역을 통한 상거래가 활발해지면서 프로테스탄트는 무역에 대해서 온건한 입장을 취하였다. 특히 부지

런히 일해서 부자가 되는 것은 인정하지만 금전 욕 및 고리대금은 여전히 악으로 간주하였다.

"자발적인 거래와 관련된 죄를 생각해 봐야 한다. 첫째는 사고파는데서 저질러지는 사기 행위, 둘째는 고리대금이다. (...) 물건은 실제 가치이상으로 팔아도 불법이 아닌 것처럼 보인다. 왜냐하면 인간사의 거래에 있어서 정의는 법으로 결정되기 때문이다. 이에 따르면 판매자와 구매자가 서로 속이는 것은 합법이다. 이 거래는 판매자가 가치보다 비싸게 팔고 구매자가 그 가치보다 더 싸게 살 때 발생한다. (...) 〈누구든 싸게 사고 비싸게 팔기를 원한다〉는 어떤 배우의 말을 이제 모든 사람들이 받아들인다." (《신학대전》77 매매에서의 부정 행위)

이와 같이 토마스 아퀴나스의 시대는 사유재산권의 부분 보장과 더불어 상행위에서 발생하는 이익에 대해서도 일정 부분 인정하였다는 점에서 시장경제의 근간이 조금씩 갖춰지기 시작하였다. 그러나 그는 고리대금을 포함한 과도한 이익을 남기는 행위에 대해서는 여전히 부정행위로 간주하였다.

중상주의 시대의 경제사상

중세부터는 본격적으로 원격지 상업이 발전하기 시작하였다. 당시 무역을 담당하는 조직이 바로 상인 길드다. 상인 길드는 상거래를 독점하는 조직으로 거래의 안전성을 보장함으로써 14세기 이후 상거래 발전에 결정적으로 기여하였다. 상거래의 발전을 위해서는 거래비용을 줄이는 것이 관건인데 상인 길드는 자체적인 조합원을 동원하여 거래의 안전을 보장하였고 그 결과 상거래는 폭발적으로 증가하였다. 이렇게 번창한 상업을 배경으로 새롭게 대두된 사상이 바로 중상주의이다.

중상주의는 근대 국가의 형성과 함께 등장하였다. 그런데 근대 국가는 거래비용을 획기적으로 감축시켰던 상인 길드의 붕괴와 함께 출범하였다. 전 세계적으로 무역이 활발해지면서 상인길드만으로는 거래에서 발생하는 다양한 위험요인을 감당할 수 없게 되었다. 거래의 안전은 결국 근대 국가를 탄생시켰고, 안전한 상거래의 보장은 국가의 역할이 되었다. 중상주의 시대에는 국가별 특성이 너무 상이했기 때문에 국가 간 차이가 크게 나타났다. 독일의 경우 공공재정과 재정 수입을 강조하는 중상주의 국가가 대두된 반면, 프랑스의 경우 수입대체 산업 육성 및 산업규제 중심의 중상주의가 발전하였다. 스페인은 금 수출금지 및 귀금속 보유를 통한 국부의 증진을 강조하였다. 그렇지만 중상주의 시대의 국가는 공통적으로 경제적 목표 외에 국가 만들기, 권력 및 군사력 제고 등을 주요 목표로 삼았다. 중상주의 국가가 기본적으로 규제 및 권한 행사의 국가관을 지녔던 이유는 국가의 역량이 국가를 구성하는 농민, 상인, 장인에 비해 훨씬 우월하다는 생각을 지녔기 때문이다.

14세기 이후 세계 경제는 무역 규모가 증가하기는 하였지만 18세기 이전까지는 경제성장을 경험하지 못하였다. 이와 같이 성장을 경험하지 못한 사회에서는 인간관이 성장하는 사회의 인간관과 완전히 다를 수밖에 없다. 경제가 지속적으로 성장하는 사회에서는 잉여가 발생하므로 분배 문제에 갈등이 상대적으로 적을 수 있다. 성장이 정체된 사회는 잉여가 존재하지 않는다. 경제적 잉여가 없는 사회는 일종의 제로섬 사회이다. 정체 사회에서 만일 모든 구성원이 이기심만을 추구한다면 사회는 혼란에 빠질 수밖에 없다. 그러므로 경제성장이 존재하지 않는 사회에서 이기심을 사회의 기본원리로 수용하는 것은 결코 용납할 수 없을 것이다. 이렇게 볼 때 이기심이 사회의 가치관으로 통용되려면 사회적으로 잉여가 존재할 때 가능하다.

국가 중심의 중상주의 시대가 개인 중심의 근대사회에게 자리를 내주는 것은 결국 사회적으로 잉여가 발생하면서 가능해졌다. 즉, 18세기 이후 근대 과학이 발전하고 개인 중심의 계몽주의가 확산되면서 과거에는 경험하지 못하였던 경제성장이 가능해졌다. 경제 성장은 개인들이 자신의 이익을 위해 제각기 자신의 영역에서 최선을 다하면서 가능하다는 점에서 인간관 역시 자연스럽게 변모하였다. 중상주의와 근대 사회의 기로에서 새로운 인간의 탄생을 강조했던 인물이 네덜란드의 맨더빌(1670~1733)이다. 당시 네덜란드는 유럽에서 1인당 국민소득이 가장 높았을 뿐만 아니라 상업, 금융, 종교 사상 등에서 첨단을 달렸던 스피노자, 데카르트의 나라이기도 하였다. 17세기 말 네덜란드는 자본 축적의 양상에서 큰 변화를 겪었다. 전통적으로 한 사회의 귀족집단은 부동산을 기반으로 부를 형성하면서 기존 질서를 옹호하였다. 그런데 당시 네덜란드는 상업자본과 금융자본이 급성장하면서 기존 귀족의 지위를 위태롭게 하였다. 그 결과 네덜란드의 보수 세력은 도덕개혁운동이라는 이름으로 상인을 탄압하고자 하였다. 귀족이나 지식인의 눈에 장사꾼은 천박하고 돈만 아는 존재로 사회적으로 필요악으로 간주되었기 때문이다. 그렇지만 맨더빌은 개인의 이기심이 결국은 사회적으로 이익을 가져온다는 것을 확신하였다. 맨더빌은 『벌들의 우화』에서 욕심과 사치를 악덕으로 간주하던 시기에 바로 인간의 이기적 행위로 인해 결국 많은 사람들이 잘 살게 될 것을 강조하였다.

"사치는 가난뱅이 백만에 일자리를 주었고 얄미운 오만은 또 다른 백만을 먹여 살렸다. 시샘과 헛바람은 산업의 역군이니 그들이 즐기는 멍청한 짓거리인 먹고 쓰고 입는 것에 부리는 변덕은 괴상하고 우스꽝스러운 악덕이지만 시장을 돌아가게 하는 바로 그 바퀴였다." 〈꿀벌의 우화:181-188〉

맨더빌은 결국 네덜란드의 도덕개혁운동을 피해 상업혁명으로 상인의 부와 정치 영향력이 커지기 시작하던 영국으로 옮겨갔다. 그리고 맨더빌의 이런 정신을 애덤 스미스는 한 단계 업그레이드시킴으로써 근대 경제학을 만들 수 있었다.

현대 경제학의 탄생

애덤 스미스(1723~1790)는 국부론의 4권 정치경제학의 체계에서 중상주의를 한마디로 궤변으로 간주하였다. 중상주의는 소비를 희생하면서 생산을 강조하였을 뿐만 아니라 수입규제를 통해 국내소비를 희생시켰다는 점에서 중상주의의 부정이 바로 근대 경제학의 출발점임을 분명히 하였다. 스미스는 국부의 기준을 소비자 개개인의 소비를 가능케 하는 '연간 노동의 산물'로 보았다.(《국부론 서론》) 스미스는 중상주의 시절에 국부의 원천으로 간주되었던 국가가 보유한 귀금속은 더 이상 국부의 기준이 될 수 없다고 보았다. 중상주의 시절 국부 증진을 위해 동원되었던 수입 규제, 생산자 보호 등의 행위는 소비자의 후생에 반하는 행위이었다. 스미스는 국부를 소비자의 시각에서 바라보면서 근대 이전의 사상과는 완전히 새로운 관점을 제시함으로써 근대 경제학이라는 새로운 영역을 개척하였다.

스미스의 경제학은 두 가지 관점에서 중상주의 시기까지의 경제관과 다르다. 한편으로는 개인의 이기심을 경제의 가장 중요한 동력으로 파악하였다는 점이다. 스미스의 지적대로 "푸줏간, 양조업자, 제빵사는 자비심으로 우리의 저녁을 제공하는 것이 아니라 자신의 이익"(국부론, 1권 2장)이라고 지적하였다. 다른 한편으로 개인의 이기심에 기반을 둔 사회는 선순환을 이룰 것이라 전망하였다. 스미스는 "일반적으로 사람은 공익을 높이려고 애쓰는 것도 아니고 제가 얼마나 공익을 높이고 있는지 알지도 못한다. … 그저 제 이익만 좇을 뿐인데, 이렇게 하는 동안, 다른 많은 경우가 그렇듯, 보이지 않는 손에 이끌려 마음에 두지 않았던 목표를 높이게 된다. 마음먹고 한 것이 아니라 해서 사회에 나쁜 것만은 아니다. 제 이익을 좇으며 공익을 키우는 것이 정말로 마음먹고 공익을 키우려 할 때보다 더 효과적인 때가 많다."(국부론 4권 2장)는 구성의 오류에 입각한 논리를 전개하였다. 스미스는 중상주의와의 완전한 단절, 맨더빌과 같은 선구자의 사상, 그리고 당시 성장하는 경제 등을 반영해 근대이전의 세계에서는 찾아볼 수 없었던 경제학이라는 새로운 학문분야를 만들 수 있었다.

스미스는 1인당 생산물이 증가하는 세상에서 이기적인 개인이 자신의 이익을 위해 행동할 때 국부는 더욱 더 증가될 수 있음을 보여주었고, 이런 스미스의 사상체계는 근대경제학의 출발점이 되었다. 그렇지만 스미스의 경제이론이 현대 경제학의 근간이 되지 못한 것은 스미스 경제학이 해결하지 못한 문제가 있었기 때문이다. 이는 다름 아닌 시장에서의 가격 결정에 대한 질문이었다. 현대 경제학은 애덤 스미스가 제공하였던 근대경제학적 기반에다 가격 이론을 보완함으로써 완성되어진 것이다.

19세기 제본스, 왈라스, 멩거 등으로 대표되는 신고전파 경제학자들이 나오기 전까지 가격이론은 오늘 날 경제학자들이 생각하는 이론과는 커다란 간격이 존재하였다. 근대 경제학 시기까지는 가격과 관련된 질문 방식이 애초부터 달랐다. 이미 멩거와 독일 역사학파의 거장 슈몰러와의 논쟁에서도 잘 드러났듯이 고전파 경제학 시기 이전까지의 경제 관련 주된 관심은 국민경제 또는 산업의 발전 관련 이슈이지 시장에서 가격 형성이나 자원 배분 이슈에 대해서는 상대적으로 관심이 매우 적었다. (Menger 1883)

신고전파 이전까지 대부분 경제사상에 나타난 가격과 관련된 주요 이슈는 시장에서 어떻게 가격이 형성되는가라는 질문보다는 현재의 가격이 정당 또는 적법한지 판가름 하는 것이었다. 다른 말로 가격은 시장현상 관련 실증적 이론의 영역이 아닌 윤리적 판단 또는 규범적 이론의 일부분이었다. 이런 의미에서 신고전파 경제학 시기 이전의 가격 이론은 아리스토텔레스의 이자이론에서 한발자국도 더 나아가지 못하였다. 물론 근대경제학 체계를 완성시킨 고전파 경제학의 원조인 스미스, 리카도, 마르크스는 각기 가격 이론을 제시하였지만 현대의 관점에서 보면 이들의 시각은 매우 편향되었다. 이들은 모두 중상주의 시각을 부정하고 소비자 중심의 경제학 체계를 주장하였음에도 불구하고 이들의 가격체계는 기본적으로 공급자 측면에서 가격이 결정되는 이론을 제시하였기 때문이다. 고전파 경제학 시기에는 아직도 시장이 충분히 성숙하지 못하였으므로 오늘 날 시장경제이론에 부합한 이론적 기반을 제공하지 못하였다.

현대경제학은 가격 결정이론을 시장에서 수요자 관점에서 정리한 신고전파 경제학자에 의해 완성되어졌다. 그런데 수요자 중심의 가격이론은 결코 저절로 만들어진 것이 아니다. 신고전파 경제학에서는 가격이론을 한계효용으로 설명한다. 신고전파 가격이론은 한마디로 요약하면 한 사람이 상품 구입에 지급하려는 가격은 상품 한 단위를 구입하는데서 얻는 한계 효용에 해당한다는 것이 이론의 골자다. 이는 가격이란 결국 자신을 기쁘게 한만큼의 대가라는 점에서 오늘 날에는 자명한 이치라고 할 수 있다. 그렇지만 이론의 발전 또는 완성 과정은 매우 어렵고 험난하였다. 신고전파 경제학의 발전과정은 크게 두 가지로 나누어 볼 수 있다. 한편으로는 실물경제의 발전과정이고, 다른 한편으로는 순수 이론화의 과정이다. 후자는 물리학, 수학의 발전과 깊이 연관된 이론적 설명이라는 점에서 본고에서는 생략하겠다. (박명호 1998 참조) 이하에서는 현대 가격이론이 만들어질 수 있었던 실물경제의 조건을 살펴보겠다.

개인이 각자 자신의 주관적 만족만큼을 지불하는 가격체계가 성립하려면 시장에서 특별한 조건이 충족되어야 한다. 만일 시장이 불완전하고 불규칙적이라면 시장에서 개인이 표명하는 주관적 만족의 정도가 가격으로 전환될 수 없다. 시장에서 상품과 정보와 개인의 만족도에 대한 정보가 제대로 소통이 될 때 가격은 정확한 신호로 작용되어지기 때문이다. 그리고 한계효용 개념이 성립하려면 시장의 참여자가 수요와 공급 측면에서 무한히 많아야 가능하다. 만일 수요와 공급 측면에서 참여자가 제한적이라면 가격이나 효용은 연속적이지 못하기 때문이다. 이렇게 되는 경우 한계효용은 성립될 수 없기 때문이다. 결국 시장이 충분히 발전해져서 시장에 참여하는 공급자 및 수요자도 다수로 구성되어야 할뿐만 아니라 시장에서 가격 정보가 소비자에게 정확히 전달될 때 비로소 한계효용을 기반으로 하는 가격이론이 성립하는 것이다. 왈라스는 이런 시장을 이상적 시장이라 칭했으며 실제로 이런 형태의 시장으로는 증권거래소, 곡물시장, 생선

시장이 있다고 지적하였다. (왈라스 〈일반경제요론〉) 왈라스에 따르면 이들 시장은 "경쟁관계속에서 가장 잘 조직된 시장은 판매와 구매가 모두 외쳐지는 (경매되는) 시장이다. 경매는 판매와 구매를 모두 한 곳에 모아서 중재자(경매인)에 의하여 이루어"지는 시장이다. 특히 이런 형태의 시장은 중앙화 된 시장이라는 점에서 수요자와 공급자 간 가격을 매개로 정보가 완벽하게 소통되는 시장이라 할 수 있다. 이와 같이 오늘 날 경제학의 이론적 근간인 가격이론은 19세기 후반 새로운 형태의 시장이 자리를 잡으면서 이론화가 이루어졌다. 증권거래소와 같은 완전경쟁시장이 실제로 만들어지기 전까지는 어떤 이론가도 한계효용에 기반을 둔 가격이론을 제시할 수 없는 것이다.

현대 경제가 처한 당면과제를
극복하기 위한 대안으로서 공동체자유주의

오늘 날 경제학에서 통용되는 시장이론은 앞서 살펴보았듯이 19세기 말 당시로서는 새롭게 발전하기 시작한 시장의 형태를 추상화해서 만들어졌다. 신고전파 경제학 이론은 20세기를 거치면서 이론적 함의 및 수학적 방법론 측면에서 완성도를 높였다. 이론적 함의 중 가장 중요한 발견은 소비자의 한계효용에 해당하는 가격이 시장에서 성립되는 경우 자원배분은 최적의 상태에 도달한다는 점이다. 이는 매우 파괴력이 큰 함의를 지닌다. 다른 조건이 일정하다면 시장의 가격제도에 의한 자원배분이 사회적으로 최적수준을 가져온다는 것을 의미하기 때문이다. 이는 시장의 실패라는 특정한 상황을 제외한다면 정부는 시장에 개입하지 않는 것을 원칙으로 해야 한다는 정책적인 함의를 포함한다.

21세기인 현 시점에서 과연 19세기 말 시장의 형태를 근간으로 하는 경제이론이 아직도 유효한가를 질문하는 것은 20세기의 급격한 변화를 감안할 때 당연한 일이다. 20세기에는 대공황, 양차 대전과 같은 역사적으로 유래 없는 사건을 경험하면서 정부의 역할은 급격하게 증대하였다. 그렇지만 20세기를 지배한 경제이론이 신고전파 경제학이라는 점에 대해서는 이론의 여지가 없다. 21세기 글로벌 경제가 공통으로 당면하고 있는 주요과제는 국가 간, 계층 간, 지역 간 소득 및 부의 격차 확대, 기회 균등 축소와 이로 인한 사회적 이동성 축소, 일자리 창출의 어려움으로 인한 고용기회 축소 및 실업 증가, 기후 변화 등 환경 문제로 인한 지속가능성 문제, 과잉 민주주의로 인한 국가정체성 훼손 등을 지적할 수 있다. 그런데 이런 문제가 기존 경제학과 무관하지 않다는 점에서 21세기형 당면과제를 해결하려면 기존의 경제학이 아닌 새로운 경제학 접근의 필요성이 제기되고 있다.

21세기가 당면한 과제를 해결하기 위한 방안은 다양하게 존재한다. 우선 완전경쟁시장을 기반으로 하는 신고전파 경제학 접근이 아직도 유효할 수 있다. 그런데 시장에서의 성과를 기반으로 하는 신고전파 경제학의 적용은 불평등 심화를 해결하기에는 적합하지 않을 수 있다. 많은 사람들이 오늘 날 우리 사회에 불평등이 심화된 배경으로 신자유주의를 비판하고 있다는 점에서 시장경제 원리의 단순 적용을 21세기의 대안으로 삼기에는 부적합할 수 있다. 둘째, 케인지안 경제학을 21세기 대안으로 고려할 수 있다. 케인지안 경제학은 이미 대공황 시기 및 양차 대전 이후 시장 실패를 보완하는 정책으로 광범위하게 적용되었다. 그러나 케인지안 경제학은 시장실패의 보정에 그친 것이 아니고 정부의 영역 및 역할을 스스로 확대시킴으로써 정부 실패를 초래하였다. 케인지안 경제학의 실패는 그 반발로 신자유주의를 확산시키는데 결정적인 계기가 되었다.

이와 같이 20세기에 경쟁적으로 작동하였던 신고전파, 케인지안 경제학은 21세기 당면과제를 해결하는데 적합한 대안을 제시하기 어렵다. 21세기의 문제를 해결하기 위해서는 기존의 경제학으로는 어렵다는 점에서 공동체자유주의를 하나의 대안으로 고려할 수 있다. 공동체자유주의는 신고전파의 제한적인 인간관을 극복하면서 새 시대의 대안을 제시할 수 있다. 또한 국가 단위에서 문제를 진단하고 해결할 수 있는 모형을 제시할 수 있다. 애덤 스미스가 중상주의를 극복하고 새로운 경제학 체계를 제시할 때와 마찬가지로 공동체자유주의는 미시적으로는 새로운 인간관을 제시하면서 거시적으로 지속가능한 문제해결 방안을 제시한다면 공동체자유주의는 대안이 될 수 있다.

공동체자유주의의 기본 단위는 개인이 공동체에 선행한다는 점에서 개인이다. 그리고 개인의 창의, 혁신, 개성이 공동체의 집단 행위보다 중요하다는 점에서 자유주의가 공동체를 선행한다. 그렇지만 개인의 행동 및 시장 결과에 따른 사회적 또는 글로벌 위험에 대비하기 위해서는 공동체주의를 지향해야 한다고 지적한다. (박세일, 2015) 그러므로 공동체자유주의는 자유와 공동체를 상충적인 관계가 아닌 양립하는 개념으로 파악하고 이 두 가지 가치의 양립 또는 융합이 21세기 시대적 과제를 해결하는 방안임을 강조한다.

마찬가지로 공동체자유주의에서는 자유와 공동체는 더 이상 대립되는 개념이 아니고 문제를 자유 우선 방식으로 접근한다. 우리가 사는 세상의 기본원리는 시장경제이고 시장경제의 요체가 자유라는 점에서 시장경제 원리에 입각하여 민간 주도의 창의적 경제활동을 전개하고 가급적 해결

방안 역시 시장경제원리 안에서 모색한다. 그러나 시장과 민간 스스로 문제를 해결할 수 없는 경우 정부는 시장에 개입한다. 그런데 정부가 시장에 개입하는 방식이 전통적인 케인지안 방식과는 달리 공동체 차원에서 지방 정부 또는 시민사회 등의 참여를 유도해 협치 방식으로 문제를 해결한다. 협치 방식을 활용한 문제해결은 정책의 입안 및 집행 차원에서 정책 효과성을 제고시켜준다.

공동체자유주의는 신고전파 경제학과 케인지안 경제학의 대립과 충돌을 넘어서는 대안을 제시할 수 있다. 20세기는 경제문제가 발생할 때 그 대안으로 신고전파 또는 케인지안 경제학이 대립적으로 존재하였다. 그래서 신고전파 경제학과 케인지안 경제학이 교대로 상대방이 저지른 과오를 해결하기 위한 대안으로 선택되었지만 대부분의 경우 그 결과는 냉탕과 온탕의 교대로 인한 정책실패의 연속이었다. 이와 같이 공동체자유주의는 신고전파와 케인지안의 지혜를 질서 있게 융합함으로써 21세기의 당면과제를 해결할 수 있다.

박세일(2014) 이사장에 따르면 공동체자유주의는 세계 경제가 처해 있는 과제를 해결하기 위해 자유주의에 입각해 성장 지향 정책을 추진할 것을 권고한다. 이는 최근 OECD(2015)의 Going for Growth 보고서에서 제시한 성장전략과 상응한다. 점차 활력을 잃어가는 세계 경제의 성장 동력을 높이기 위해 OECD는 교육시스템 효율성 강화, R&D 혁신, 경쟁 환경 및 자원배분 개선 등을 통한 노동생산성 향상, 일자리 복지를 위한 세제지원시스템 개선, 적극적 노동시장정책, 임금 협상체계 등 노동 활용성 향상을 주요 과제로 제시하였다. OECD(2015)가 제안한 정책은 박세일 이사장의 지적과 상응한 자유주의에 입각한 성장 동력 회복 정책으로 자유주의 정책의 일관된 시행은 시장참여자에게 정책의 예측 가능성과 안정성을 제공해 줄 수 있다는 점에서도 커다란 의의를 지닌다. 특히 이들 정책은 단기적인 부양책이 아닌 중장기를 내다보는 구조 개혁 정책이라는 점에서도 대중 영합적인 정책과는 차별화된다. 구조 개혁을 지향하는 자유주의 정책과 병행하여 공동체자유주의는 사회통합을 저해하는 불평등 문제에 대해서도 적극적인 처방책을 제공한다. 이와 같이 시장경제의 성과주의를 지향하면서도 협치를 통한 공동체의 문제를 해결하는 것이 지향하는 것이 공동체자유주의이다.

박세일 이사장의 지적과 같이 공동체자유주의는 한편으로는 경제주체의 역할을 새롭게 정립해야 하고 다른 한편으로는 어떤 원리 또는 철학 하에서 세상을 변화시킬지를 제시해야 한다. 전자에 대해서는 이미 상당부분이 논의되었다. 경제주체는 시장경제에서 창의적인 역할을 수행하는 개인이 최우선이다. 창조적 파괴, 혁신과정을 통해 개인은 사회를 변화시키는 원동력을 제공한다. 그러므로 개인의 창의성을 저해시킬 수 있는 진입규제는 대폭 완화시켜야 할 것이다. 이런 점에서 공동체자유주의에서 논하는 개인은 19세기 말 완전경쟁시장의 개인과는 완연하게 다르다. 완전경쟁시장의 개인은 주어진 조건에서 적응하는 개인이고 다른 경제주체에게는 어떤 영향력도 행사하지 못하는 원자론적 개인에 불과하다. 이에 반해 공동체자유주의의 개인은 세상의 변혁이 중심이다. 공동체자유주의의 개인은 기존 질서의 파괴를 통해 다른 개인에게 기회와 영감을 제공하고

혁신을 주도하는 창의적 개인이다. 창조적 개인이 없이는 21세기가 당면하고 있는 저성장의 덫에서 빠져나올 수 없다는 점에서 21세기는 창조적 개인을 시대정신으로 삼아야 한다.

이제 남은 과제는 공동체자유주의가 과연 세상을 변혁시키기 위한 원리나 철학을 갖추었는지 여부다. 한국 사회는 그동안 산업화, 민주화를 성공적으로 이루었다. 그렇지만 아직 산업화, 민주화를 승계할 다른 가치체계를 정립하지 못하고 있다. 과연 우리가 추구해야 할 국가의 목표 및 방향과 관련 독일의 경험은 유용한 정보를 제공해준다. Fleischer and Jann (2011)에 따르면 독일은 5단계 과정으로 진화했다고 지적한다. 전쟁 이후 나찌의 잔재 청산 차원에서 우선 민주 국가를 수립하였다. 그러면서 양차대전의 피해를 복구하는 차원에서 케인지안 정책과 사회민주주의를 결합한 적극적 국가active State 정책을 추진하였다. 그런데 70년대 이후 과도한 정부 개입은 경제의 효율성을 저해하면서 신자유주의에 입각한 작은 국가lean State 정책을 펼쳤다. 그러다가 90년대 말 국가 및 관료제 실패가 아닌 공동체 실패 community failure라는 새로운 사회 문제가 대두되었다. 공동체 실패의 해결을 위해서는 거버넌스 문제를 해결하기 위한 활성화된 국가activating State 정책을 도입하였다. 특히 활성화된 국가에서는 현대 사회의 내재적 복합성과 상호의존성을 강조하면서 신자유주의의 대안과 함께 공공복지를 위한 국가의 역할을 강화하였다. 이 단계에서는 정책 수립 및 집행 과정에서 국가와 다른 사회구성권 간의 협치를 강조하였다. 거버넌스 문제를 해결코자 하였던 적극적 국가를 이어 독일은 현재 보다 나은 규제를 추구하는 새로운 규제국가 regulatory State를 목표로 하고 있다. 이 단계에서는 관료의 규제가 민간 부분에 미치는 부담을 강조하면서 보다 나은 규제를 추구한다. 이와 같이 독일의 국가 발전을 참고로 삼을 때 공동체자유주의가 지향하는 국가단계는 공동체 실패를 극복하는 활성화된 국가와 유사하다고 볼 수 있다.

요약 및 결론

경제학의 발전과정은 결국 현실의 변화, 발전 과정과 궤를 같이 한다. 경제성장을 기대할 수 없는 사회는 제로섬 사회라는 점에서 특정인의 부의 증가는 다른 사람이 부의 손실로 귀결된다. 이런 사회에서는 대부분의 경우 특정인이 이득을 취하는 행위 자체를 부정적인 시각으로 본다. 아리스토텔레스가 고리대금업자를 포함한 상인을 보는 시각이 그 전형적인 모습이다. 경제성장이 없는 사회에서는 사유재산권 역시 의미를 지니기 힘들다. 사회적으로 기근이 발생하는 경우 개인은 자신이 지닌 것만으로 기근을 극복할 수 없다. 결국 기근의 대응 방안은 공동체 차원에서 모색될 수밖에 없다. 결과적으로 고대부터 중세 시기까지의 사회에서는 사유재산권과 경제활동에서의 이익추구 행위는 사회적으로 지켜야 할 규범의 대상은 아니었다.

중세 이후 무역의 발전과 더불어 부의 축적이 발생하였다. 지구 전체로 본다면 제로섬에 해당하는 경제 행위이었지만 중세 유럽 도시를 기준으로는 플러스 섬이었다. 부의 축적은 자연스럽게 사유재산권에 대한 주장과 더불어 상업에서 발생하는 이익에 대한 정당성을 필요하게 되었다. 중세의 상업 행위는 상인 길드를 중심으로 이루어졌는데 원격지 무역의 규모가 커지면서 상인 길드는 더 이상 증가하는 거래비용을 담당할 수 없게 되었다. 상인길드의 역할은 국가로 계승되면서 무역은 국가 차원의 관리대상이 되었다. 그 결과 중상주의가 출연하였다. 중상주의의 부의 기준은 귀금속으로 상징되는 부의 축적이라는 점에서 부의 축적을 위해 국가는 무역에 적극 개입하였다. 전 세계 귀금속의 양이 제한적이므로 중상주의 국가의 부의 축적 역시 제로섬 게임에 의해 이루어졌다.

계몽주의 사상과 함께 과학기술이 발전하면서 인류는 최초로 경제성장을 경험하였다. 경제성장은 사회전체로 잉여를 발생시킨다는 점에서 생산물의 분배를 잉여를 발생시킨 사람에게 귀속시킬 수 있게 되었다. 이와 같이 경제 성장은 개인에게 경제의 성과를 귀속시킨다는 점에서 사유재산의 보장이 사회적으로 매우 중요한 제도가 된다. 계몽주의 사상과 함께 발전하기 시작한 시민사회에서는 개인이 사회를 구성하는 기본단위가 되었다. 경제활동에서도 중요한 것이 개인이 되었고 그 결과 국부의 기준 역시 국가 단위의 귀금속이 아닌 국민 각자가 소비하는 생산물로 평가되었다. 근대 시민사회의 성장과 함께 경제활동은 국가 또는 국가가 지정한 생산업자가 아니고 소비자 또는 개인 중심으로 축이 바뀌었다. 그리고 개인의 이익 추구 행위는 사회적으로 선순환을 가져온다는 믿음 역시 공유될 수 있었다. 이와 같이 근대경제학은 개인이 경제활동이 중심이 되어 경제성장을 이룩하는 과정에서 탄생하였다.

근대경제학은 시장에서 이루어지는 가격 형성과 관련해서는 설명을 제공하지 못하였다. 현대 경제학은 근대경제학이 이룬 업적에다 가격이 어떻게 결정되는지를 설명함으로써 완성되었다. 그런데 한계효용에 기반을 둔 가격이 가능해지려면 시장에서 특정 조건이 충족되어야 한다. 한편으로는 시장의 참여자가 수요 및 공급 측면에서 다수이어야 한다. 다른 한편으로는 시장의 정보가 시장참여자 간에 원활하게 소통되어야 한다. 19세기 중반 이후 증권거래소, 곡물시장 등과 같은 일종의 완전경쟁시장이 출연하면서 경제학자들은 이들 시장을 추상화하여 가격형성이론을 완성시킬 수 있었다. 특히 완전경쟁시장에서 결정된 가격은 사회적으로 최적의 자원배분을 제공한다는 이론적 발견 이후 시장경제이론은 인류 역사상 가장 강력한 정책적 시사점을 제공하였다. 시장을 완전경쟁 조건에 부합하게 만들고 자원 배분은 시장에 맡기면 사회적 후생은 극대화된다.

20세기는 경제성장의 한 세기이었다. 특히 시장경제질서와 사회주의 간 체제 경쟁은 시장경제의 완승으로 끝났다. 20세기에는 대공황, 양차대전을 겪으면서 시장실패를 보정하기 위해 정부가 개입하였고 때로는 정부의 역할이 과도하게 커져서 정부실패를 초래하기도 하였다. 그럼에도 불구하고 20세기는 전반적으로 신고전파 경제학의 시대였다. 신고전파 경제학은 체제 경쟁 및 경제성장 측면에서는 자기 역할을 충실히 수행했지만 21세기 지구촌이 당면하고 있는 소득 및 부의 격차, 기회균등 및 사회적 이동성 추락, 기후변화와 함께 하는 지속가능성 등과 관련해서는 해결책을 제시하지 못하였다. 20세기에는 시장실패의 진단이 있을 때는 정부 개입, 그러다가 정부실패가 발생하면 신자유주의로 복귀와 같은 냉탕, 온탕 방식의 경제운영으로 점진되었다. 이러한 냉탕, 온탕식의 국정운영은 절제되지 못한 민주주의와 함께 함으로써 성장잠재력을 지속적으로 훼손시켰다.

21세기 지구촌이 당면하고 있는 주요 쟁점을 해결하기 위한 새로운 대안의 하나로 공동체자유주의를 고려할 수 있다. 공동체자유주의는 기본적으로 과거 대립적이었던 개인과 공동체, 그리고 시장과 정부를 융합시켜 갈등을 최소화하고 정책의 효과성을 제고시킬 수 있다. 여기서 융합이란 일종의 협치 개념으로 대립되는 이해 당사자 간 대화와 타협을 통해 문제를 해결하는 방식을 의미한다. 그리고 공동체자유주의에서는 사회의 문제를 자유 우선 방식으로 접근한다. 즉, 사회 문제에 대한 처방으로 우선 시장경제원리에 입각하여 민간주도의 창의적 방식으로 문제를 해결한다. 시장에서 민간 스스로 문제를 해결할 수 없는 경우 정부는 시장에 개입한다. 정부 개입 방식은 지방정부 또는 시민사회 등 이해당사자의 참여를 유도해 협치 방식으로 문제를 해결한다. 결과적으로 공동체자유주의는 창의적 개인과 이해관계자 간의 협치를 지향함으로써 성장 잠재력은 함양하고 갈등 최소화를 통해 21세기의 당면과제를 해결할 것으로 기대한다.

참고문헌

- 맨더빌, 꿀벌의 우화, 최윤재 번역본
- 박명호 (1998), 일반균형이론의 역사: 왈라스에서 현대까지, 경제학의 역사와 사상
- 박세일 (2014) 국가개조론 서설, 한반도 선진화 재단 금요세미나 발표자료, 2014.7.11
- 박세일 (2015), 공동체자유주의 사상적 기초
- 스미스, 국부론
- 아리스토텔레스, 정치학
- 토마스 아퀴나스, 신학대전

- Fleischer Julia and Werner Jann (2011) Shifting discourses, steady learning and sementation: the German reform trajectory in the ong run, in Jean-Michel Eymeri-Douzans and Jon Pierre (ed.) Administrative Reforms and Democratic Governance, Routledge, 2011
- Carl Menger (1883), Investigations into the Method of the Social Sciences with Special Reference to Economics, NYU Presss
- OECD (2014), ALL ON BOARD MAKING INCLUSIVE GROWTH HAPPEN
- OECD (2015) Going for Growth 2015
- Walras L., El ments d'Economie Politique Pure, Ed. definitive, 1952, R. Pichon et R. Durand-Auzias

07

공동체자유주의의
교육사상적 기초

| 박철홍 |

영남대학교 교육학과 교수

서론

　세상에서 행해지는 인간 백사는 어느 하나 중요하지 않은 것이 없다. 인간이 하는 모든 일들은 인간 삶을 보다 풍요롭게 만들기 위한 노력의 일환으로 행해지는 것이다. 그렇지만 다른 것들과는 달리 교육은 생물학적으로 출생한 아이들을 인간다운 인간으로 만드는 일로 인간사 중에서도 가장 중요한 것이다. 그래서 사람들은 교육을 '국가백년지대계'라고 말한다. 교육이 국가의 백년지대계로서 진정한 기능과 역할을 다할 수 있으려면 시대의 흐름과 사회의 변화에 적합하게 교육의 나아갈 방향을 검토하고 확립하는 것이 필요하다.

　우리나라는『교육법』제1조에서 교육이념을 "홍익인간"이라고 규정하고 있다. '널리 인간을 이롭게 하는 것'이라는 홍익인간의 이념은 단군이 고조선을 건국한 이래로 지금까지 우리나라 제일의 정치이념이면서 교육이념이었다. 그렇지만 홍익인간의 구체적 의미는 시대와 사회에 따라 조금씩 달리해 왔다. 신라시대에는 불국토의 건설을, 고려시대에는 유교의 이념과 불교의 이념을 조화롭게 실현하는 것을, 조선시대에는 성리학적 이상사회를 건설하는 것을, 그리고 해방 이후 대한민국에서는 자유민주주의 국가의 건설을 홍익인간 이념의 핵심적 내용이라고 생각하였다.

　이처럼 왕조나 국가의 이념이라는 관점에서 볼 때 "'널리' 인간을 이롭게 하는 것"이라는 홍익인간의 이념은 공동체적 가치를 유지하고 실현하는 데에 주안점을 두는 것으로 해석될 수 있는 가능성이 많으며, 실제로 그렇게 활용되어 온 것도 사실이다. 무엇보다도 홍익인간의 이념은 단일민족으로서 우리나라의 국가이념인 만큼 민족 공동체를 이롭게 하는 것을 염두에 두고 있기 때문이다. 그런데 오늘날 우리 사회는 국토가 남북으로 분단되어 있으며, 대한민국 내에서도 이념적으로 심각한 수준의 갈등을 겪고 있다. 이러한 사회적 상황은 교육에도 그대로 반영되어 있다.

현재 우리나라는 공교육을 근간으로 하고 있다. 그런데 공교육은 대학입학전형을 비롯한 여러 가지 사회적 요인들과 관련하여 제 기능을 발휘하지 못하고 심각한 문제를 야기하고 있다. 이러한 상황 하에서 공교육에 대한 대안들을 모색하려는 다양한 교육적 시도들이 이루어지고 있다. 공교육에 대한 도전이나 대안 탐색은 공교육의 어떤 측면을 문제 삼느냐에 따라 다양한 방식으로 표출될 수 있다. 공교육에 대한 대안을 탐색하는 대안교육은 지식중심의 획일적인 교육에 대하여 학습자의 자유와 개성을 신장시키려는 교육이 주된 흐름을 형성하고 있다. 여기서 우리는 사회를 구성하고 있는 중요한 내용을 전달하는 것을 주된 목적으로 삼는 '공동체중심주의 교육'과 개인의 자유와 개성의 신장을 주된 목적으로 보는 '학습자중심주의 교육'의 대립을 보게 된다.

교육이 중점을 어디에 두느냐에 따라 이론적으로는 공동체중심주의 교육과 학습자중심주의 교육으로 구분할 수 있지만, 교육의 특성상 교육 실제에서 공동체적 측면과 개인적 측면은 어떤 식으로든지 관련을 맺지 않을 수 없다. 그런데 분리된 것을 전제로 하여 다시 관련을 맺는 것은 여전히 중점을 어디에 두느냐에 따라 중심과 주변이 나누어지게 되며, 결국에는 다시 공동체적인 것과 개인적인 것 사이의 대립과 갈등이 생기게 된다. 그렇다면 이 시점에서 근본적으로 공동체적인 것과 개인적인 것의 분리를 당연한 것으로 받아들이는 생각 그 자체의 타당성을 검토할 필요가 있다. 다시 말하면 교육 실제에서 공동체적인 것과 개인적인 것이 필연적으로 관계를 맺어야 한다면, 양자를 서로 별개의 것으로 전제하는 이원론적인 생각이 과연 타당한가 하는 것이다.

만일 공동체적인 것과 개인적인 것이 원래부터 별개의 것으로 구분되는 것이 아니라면 이원론적인 관점과는 근본적으로 다른 방식, 즉 양자의 분리를 전제로 하지 않으면서 양자의 관련을 맺는 방식이 있을 수 있다. 그렇다면 먼저 양자의 분리를 전제로 하지 않고 관련을 맺는 근거는 무엇이며, 그 관련은 어떤 방식으로 맺는가 하는 문제가 제기된다. 나아가 공동체적 측면과 개인적 측면을 새롭게 관련 맺을 때 교육은 이념과 성격에 있어서 공동체중심주의 교육이나 학습자중심주의 교육과는 다른 특성을 가지고 있어야 한다. 그럴 경우에야 공동체적 측면과 개인적 측면을 새롭게 관련 맺는 일이 교육적으로 의미 있는 것이 된다. 그렇다면 공동체적 측면과 개인적 측면을 새롭게 관련지을 때 나타나는 교육적 특성은 무엇인가 하는 것이 문제가 된다.

이 글에서 필자는 이 두 개의 문제를 중점적으로 다룰 것이다. 그 과정에서 명시적이든 암시적이든 다음과 같은 주장을 하게 될 것이다. 1) 인간 삶의 실존적 측면에서 볼 때 인간의 삶은 공동체적 측면과 개인적인 측면이 원래 통합된 상태, 이 책 전반에서 논의하고 있는 주제를 가지고 표현하면 '공동체자유주의적' 성격을 지니고 있다.[1] 2) 공동체자유주의적 성격을 띠는 삶에는 원초적인 삶의 현상으로 탐구와 배움이 내재해 있다. 3) 이러한 삶에서의 탐구와 배움에 충실하는 교육은 의미의 계속적 탐구를 특징으로 하며, 성격상 민주주의적 심성을 기르는 데에 적합하다. 4) 오늘날 우리사회의 여건에 비추어 볼 때 공동체자유주의 사상에 입각하여 민주주의적 심성을 기르는 교육은 홍익인간의 이념을 실현하는 데에 가장 부합하는 교육의 형식이다.

---

1) 여기서 말하는 공동체자유주의는 박세일 교수가 주장하는 공동체자유주의를 뜻한다. 공동체자유주의의 개념과 성격, 공동체자유주의의 이념과 정책 등에 대해서는 박세일, 나성현, 신도철(2008)과 박세일(2015)을 참고할 것

공동체와 개인의 대립적 관점과
한국교육의 문제

외적 자연과 내적 자연(본성)의 구분

이 세상에 출생할 때 인간의 마음은 로크가 말한 것처럼 거의 '백지상태'에 있다고 말해도 과언이 아니다. 물론 출생 시부터 인간에게는 인간으로 성장할 수 있는 가능성의 씨앗을 가지고 있다. 그런데 그것이 무엇인지는 명확하지 않으며 설령 무엇이 있다 하더라도 그것은 삶의 환경에 따라 엄청난 변화 가능성 즉 가소성을 지니고 있다. 환경에 의한 변화 가능성의 정도와 범위를 가장 잘 보여주는 예는 늑대소녀 이야기이다. 늑대소녀들은 생물학적으로는 인간이지만, 야생의 늑대와 사는 동안 늑대와 같은 존재가 되고 말았다. 늑대소녀 이야기가 주는 중요한 시사는 인간은 이 세상에 태어난 이후 무엇을 배우는가에 따라 엄청난 변화 가능성을 지니고 있다는 것이다. 즉 인간은 어떤 교육을 받느냐에 따라 사람다운 사람이 될 수도 있고 짐승과 같은 존재도 될 수 있다.

그렇다면 적어도 교육학적으로 볼 때 가장 근본적인 질문 중의 하나는 백지상태에 있는 아이를 사람다운 사람으로 성장하도록 하기 위해서는 무엇을 어떻게 가르쳐야 하느냐 하는 것이다. 이 글의 주제와 관련하여 여기에 대한 대답을 탐구하는 가장 근본적인 지점은 인간을 중심으로 '안'과 '밖'을 구분하여 보는 것이다. 인간의 내면에 마음이 있다고 하면 마음을 감싸고 있는 몸을 경계로 하여 마음 '밖'과 마음 '안'으로 구분할 수 있다. 마음 밖에는 개인을 둘러싸고 있는 사회문화적 환경이 있다면, 마음 안에는 자아가 있다. 그렇다면 여기서 생각할 수 있는 가장 기본적인 대답은 크게 두 가지로 나누어진다. 하나는 마음 밖에 있는 것을 마음 안으로 넣어 주어야 한다는 생각이며, 다른 하나는 안에 있는 것을 밖으로 이끌어내야 한다는 생각이다. 교육에 있어서 전자가 공동체주심주의라면, 후자는 개인 또는 학습자중심주의이다.

교육관의 성격을 논의하는 방식은 여러 가지가 있을 수 있지만 철학적으로 이 양자의 특성을 명료화하는 가장 좋은 방식은 '자연'에 대한 관점을 살펴보는 것이다. 20세기 이전의 철학에서 자연에 대한 지배적인 생각은 '선험론적 이원론'이었다. 선험론적 이원론이란 이 세상에는 인간의 삶과는 관계없이 주어진 것이면서 서로 성격이 다른 두 가지가 존재한다는 생각을 말한다. 우선 이원론의 사고를 형성하는 데에 중요한 영향을 미친 것은 인간이 세계를 경험하는 방식이었을 것이다. 인간이 세계를 인식할 때에는 모든 감각기관이 동시에 작용하겠지만, 가장 중요한 것은 시각이다. 시각은 특성상 밖을 향하여 있다. 인간의 시각을 중심으로 보면 이 세상에는 '인간'과 인간 밖에 있는 '세계'가 있다. 바로 여기서 이원론의 기본적인 가정이 확립된다. 그리고 이 두 가지의 성격을 어떻게 규정하느냐에 따라 인간 형성의 근거가 되는 '자연nature'을 보는 서로 대조되는 두 가지 입장이 나누어지게 된다.

일단 인간과 세계가 전혀 별개의 것으로 보게 되면 인간과 세계 각각에 해당되는 자연이 있다는 생각이 가능하다. 의미상으로 보면 영어의 'nature'라는 말은 인간 '삶의 경험과는 관계없이 자연적으로 주어진 것 또는 존재하는 것'을 의미한다. 물질로서 구성된 세계는 인간이 이 세상에 태어나기 이전부터 있어 온 것이며, 계속해서 존재할 것이다. 물질과 사건들로 이루어진 이 세계는 인간의 경험과는 관계없이 존재하는 것이라는 점에서, 즉 자연적으로 주어진 것이라는 점에서 인간 밖에 있는 '자연'이라고 할 수 있다. 이것은 다음에 올 자연과 구분하면 '외적 자연' 또는 '물질적 자연'이라고 명명할 수 있다.

이와는 반대로 삶의 경험과 관계없이 선험적으로 주어진 것은 인간 내면에도 존재한다는 생각이 가능하다. 가만히 생각해 보면, 인간은 동물이나 물체와는 달리 이성, 영혼, 정신, 마음과 같은 사고할 수 있는 능력과 심지어 인간 신체가 가지고 있는 발달의 경향성 등을 가지고 있다. 이러한 능력과 경향성은 인간이 노력해서 형성한 것이 아니라 출생할 때 자연적으로 주어진 것이다. 그것들은 자연적으로 주어진 것이라는 점에서 인간 내면에 있는 '자연'이다. 이것은 '내적 자연'이라고 명명할 수 있다. 동양 또는 우리의 언어로 보면 외적 자연은 '자연'이며, 내적 자연은 '본성'이다. 그런데 이 두 가지는 모두 인간 삶의 경험과는 관계없이 또는 인간 경험 이전에 그냥 주어진 것이며 저절로 존재하는 것이라는 점에서 동일한 성격을 지니고 있다. 즉 자연이나 본성이나 모두 다 'nature'에 해당된다. 문제는 '자연nature'을 물질적 '자연'으로 보느냐 아니면 '본성'으로 보느냐에 따라 교육에 대한 관점과 설명이 정반대의 길을 걷게 된다.

외적 자연과 공동체중심주의 교육

인간 밖에 있는 외적 자연을 인간 형성의 중요한 근거라고 생각하는 입장을 먼저 살펴보자. 인간은 마음 속에 정신, 영혼, 이성, 마음 등 무엇이라고 부르든지 간에 인간에게만 있다고 생각되는 사고작용을 가지고 있다는 것은 의문의 여지가 없다. 여기에 반하여 세계는 물질, 사물 또는 사태로 이루어진 것이며 '연장', 그러니까 길이, 부피, 무게와 같은 것을 속성으로 한다. 여기서 한 걸음 더 나아가면 세계는 인간이 출현하기 이전부터 있었던 것이며, 원래부터 있었던 진정한 모습이 있다는 생각을 하게 된다.

세계의 참모습은 철학적인 용어로 말하면 세계 또는 자연의 본질(실체 또는 형상)에 해당된다. 본질은 원래부터 있는 것이며 세계의 참된 모습이다. 종교적으로 말하면 그것은 신이 만든 이상적인 상태라고 말할 수 있다. 사고하는 능력을 가지고 있는 인간은 자연을 탐구함으로써 원래의 이상적인 모습을 발견할 수 있다. 이때 자연에 대한 앎인 지식은 세계의 본질이며, 이상적인 상태에 대한 앎이 된다. 이 지식이 바로 참된 지식 즉 영원불변하는 진리로 간주된다.[2]

그런데 이러한 절대적 진리가 있다는 생각은 단지 지식에만 한정된 것

---

2) 세계의 참된 모습으로서 영원불변하는 진리가 있다는 생각은 플라톤 철학으로 대표되는 전통철학의 기본적인 가정이며 전제이다. 인간의 삶을 초월하는 또는 인간 경험의 영역을 넘어선 초인간적인 영역에 참된 것이 있다는 전통철학의 생각은 무엇보다도 지식에 대한 생각에 반영된다. 지식은 참된 인식능력인 이성에 의해 영원불변하는 세계에 대한 모습을 파악한 것이다(Plato, 1945: 7장). 따라서 그것은 곧 절대적인 진리가 된다. 플라톤에 있어서 "진정한 지식의 대상은 이데아 즉 형상"이며(Grube, 1958: 25), 이데아는 "현상의 세계와는 독립된 영원불변하며 보편적이고 절대적인 존재"가 있음을 가정하는 것이다(Grube, 1958: 1).

이 아니라 삶의 목적과 가치는 물론 도덕적 규범의 문제에까지 확대된다.[3] 그리고 이러한 관점에서 범위를 조금 확대하면 한 사회를 구성하고 있는 학문적 지식, 가치, 도덕, 종교, 예술, 그리고 교육을 비롯한 사회제도는 암암리에 본질에 대한 앎을 반영한 것으로 보게 된다. 이런 입장에서 보면 한 사회에 출생한 아이가 인간다운 인간으로 성장하기 위해서는 공동체에 내재하고 있는 내용을 배우고 내면화시켜야 한다는 생각을 당연한 것으로 받아들이게 된다. 교육을 사회화로 보는 입장이나 사회에서 통용되는 학문과 문화 전반을 체계적으로 제시해 주는 공동체가 만든 교과를 절대시하는 입장은 바로 공동체중심주의 교육의 전형이다. 그리고 이러한 교육관은 '외부로부터의 주입' 또는 '주형鑄型이론'이라고 말할 수 있다.

본성과 학습자중심주의 교육

이와는 정반대 방향은 인간 내면에 있는 본성에서 인간 형성의 원천을 찾는 것이다. 이러한 생각의 대표적인 예는 불교나 루소에게서 찾아볼 수 있다. 불교에 의하면 모든 참된 것은 내면에 있는 마음에서 유래한다. 마음속에는 참된 진리와 진정한 삶의 목적이 있다. 깨달음을 통하여 이것을 발견할 때 사람들은 참된 자아에 이르게 되며, 세상의 실상을 보게 된다. 그

---

3) 이러한 생각은 플라톤의 경우에는 '선의 이데아'가 최상의 지식이라는 생각 속에, 아리스토텔레스의 경우에는 모든 것의 원인이 되는 '부동의 동자 The Unmoved Mover'와 '궁극적 목적'이 있다는 생각 속에, 헤겔의 경우에는 절대정신이 있다는 생각 속에, 종교의 경우에는 절대자나 절대신이 있다는 생각 속에 잘 나타나 있다. 한마디로 플라톤적인 서양철학이나 절대신을 숭배하는 종교는 인간의 활동 밖에 참된 지식과 궁극적이고 절대적인 목적이 있다고 생각하였다.

러므로 마음을 닦아 원래의 마음을 회복하는 것은 진정한 자아를 찾는 것 즉 참된 진리를 아는 것이면서 진정한 삶의 목적을 깨닫는 길이다.

서양에서 인간의 본성인 자연을 인간 형성의 원천으로 강조한 대표적인 교육 사상가는 루소이다. 루소는 대표적인 교육적 저서 『에밀』의 첫머리에서 "조물주의 손을 떠날 때에 모든 것은 선하였으나 인간〔엄밀히 말하면 사회〕의 손에 들어오면서 타락하기 시작한다."고 선언한다(Rousseau, 1979). 이 언급에서 짐작할 수 있듯이 루소는 인간 형성에 있어서 사회적 규범이나 종교적인 규율 등을 비롯한 사회적인 요소가 인간성의 본질을 구속하고 있는 문제점을 지적하면서, 개인의 내면에 진정한 인간 형성의 원천이 있다고 주장하였다.

개인의 내면에 원래부터 주어진 참된 '자연'인 본성이 있다고 확신한 루소는 인간 밖에 있는 사회의 교육적 역할과 가치에 대해서는 부정적인 입장을 취하였다. 루소는 개인 내부에 주어진 선천적인 잠재력, 즉 태어날 때에 부여받은 자연적 본성을 계발하는 것을 교육의 주된 임무로 보았다. 이런 이유 때문에 루소는 사회의 영향력을 최소화하기 위해 사회적 영향력이 없는 외적 자연 속에서 아이들을 양육하고 교육시킬 것을 주장한다. 플라톤과 상반된 입장에 있기는 하지만 루소에게 있어서 개인 내면에 있는 본성은 구체적인 활동 이전에 있는 것이며, 인간 형성의 절대적인 표준이 된다.

한마디로 불교나 루소적인 관점에서 보면 인간 형성의 원천은 인간 내면에 있는 본성이 된다. 이러한 교육이론은 내부에 있는 잠재가능성을 계발하는 것을 교육의 역할이라고 생각한다는 점에서 '내부로부터의 계발' 줄여서 '계발설'이라고 부르며, 내면에 있는 것이 밖으로 나오도록 도와주는 것이 교육의 임무라는 뜻에서 '조형助型이론'이라고 부르기도 한다. 서양사회에서 계발설의 출현은, 루소에게서 잘 나타나듯이, 르네상스 이후 개인의 자유와 개성의 가치를 강조하는 시대적 사조와 관련하여 출현한다. 동양에서도 '심즉리'를 근본이념으로 하는 왕양명의 사상이나 '인내천'을 근본이념으로 하는 우리나라의 동학사상에서도 엿볼 수 있다.

자연의 이원적 구분과 한국교육의 문제

개인의 자유와 개성을 강조하는 사상의 출현은 르네상스 이후 절대 왕권에 대한 개인의 권리, 사회의 전통과 규율을 중심으로 하는 집단적 사고에 대한 개성의 존중, 종교적 이념의 절대성에 대한 개인의 사상적 자유를 주장하는 가운데 확립된 것이다. 그런 만큼 개인의 자유와 개성에 대한 의식과 강조는 사회와 공동체에 대하여 대립된다는 것을 기본적인 입장으로 하고 있다. 그러한 대립은 21세기 우리나라의 교육에도 강하게 나타나고 있다. 공동체를 강조하는 교육은 공교육제도의 기본 이념이라면, 개인의 개성을 강조하는 교육은 대안교육 또는 대안학교 운동으로 나타난다. 그런데 실제 교육활동은 어떤 식으로든지 이 양자의 관련을 염두해 두지 않을 수 없다.

우리나라의 고질적인 교육문제를 하나만 들라면 많은 사람들이 입시위주의 교육을 들 것이다. 입시위주의 교육의 구체적인 모습은 다양한 방식으로 나타나겠지만, 지금의 논의와 관련하여 볼 때에 입시위주의 교육의 근본적인 문제는 모든 사람이 동의하는 정답이 있다는 생각을 배경으로 하며, 구체적인 교육의 과정이 정답암기식 교육방법이 주를 이룬다는 데에 있다. 오늘의 주제와 관련하여 일반화해서 말한다면, 입시위주 교육의 이러한 문제는 이원론적 사고에 기반을 둔 공동체주의와 개인주의의 잘못된 만남에서 비롯되었다고 할 수 있다.

일반적으로 공교육은 국가든 지역사회든 간에 공동체가 교육내용으로 정한 교육과정을 가르치는 것을 주된 목적으로 하게 된다. 이원론적 관점을 전제로 한 공동체주의의 관점에서 보면 교과를 구성하고 있는 지식은 적어도 객관적이고 보편적인 것으로 간주된다. 이 경우 바람직한 교육은 교과서에 있는 지식을 조금도 훼손하지 않고 그대로 전달하는 것이며, 특히 학습자의 이해 수준이 낮을 때에 암기식 교육은 중요한 교육방법이 된다. 설령 이해가 중요시되는 경우라 할지라도 여기서의 이해는 진정 자유로운 이해가 아니라, 원래 주어진 지식 자체를 이해하는 것이어야 한다. 다시 말하면 학습자의 삶에 비추어 주어진 지식을 자신의 입장에 따라 자유롭게 재해석하거나 재구성하는 것은 주어진 교육내용의 성격을 훼손하는 것에 지나지 않는다.

따라서 개인의 자유는 공동체의 동일성을 구성하는 문화적 내용을 침해하지 않는 범위 내에서만 허용된다. 즉 개인의 자유는 공동체의 문화적 요소를 받아들이는 효율적인 방법을 탐구하고 실천하는 데에서만 허용되고 장려된다. 그리고 대학입학과 같이 경쟁이 요구될 때 학습자의 자유는 경쟁에서 승리하기 위한 자신의 방법을 찾는 데에만 허용된다. 정답암기식 교육은 공동체의 유지와 발전에 필요한 '동일성'을 형성해야 한다는 공동체적인 생각의 바탕 위에 방법적 측면의 자유주의가 결합한 결과로 생긴 것이다.

요약하면 인간 형성의 원천을 자연에서 찾는 두 입장은 서로 상반된 자연을 염두에 두고 있기는 하지만 모두가 실제적인 삶과는 무관하게 교육을 통해서 전달할 내용과 목적이 '이미 정해져 있다'는 점에서 공통된 특성을 가지고 있다. 그런데 인간 삶 이전에 그리고 구체적인 삶의 과정과는 관계없이 학습해야 할 내용이 선험적으로 결정되어 있으며 이것을 받아들이는 것이 교육이라는 생각은 우리의 실제 삶을 설명하는 데에 적절치 못한 것 같다. 문제는 이원론적인 입장을 취하는 한 공동체와 개인의 관련을 맺는 것은 어느 한 쪽을 중심에 두면서 상대를 포섭하는 입장을 취할 수밖에 없으며, 결국에는 공동체나 개인 어느 한 편의 입장을 중시하는 것이 되고 말 것이다. 그렇게 될 경우 공동체와 개인 어느 쪽에 중점을 두느냐 하는 근본적인 문제가 계속해서 제기될 것이다. 이러한 문제를 극복하기 위해서는 공동체와 개인의 관계를 파악하는 제3의 길을 모색해야 한다.

공동체자유주의로서 삶과 교육

삶의 원초적 현상으로서 공동체와 개인의 통합

공동체와 개인의 이원적 분리나 대립을 넘어선 양자 사이의 관련을 맺는 발전된 방식은 듀이 철학에서 발견할 수 있다. 경험론적 자연주의자로서 듀이는 이원론적 관점과는 전혀 다른 자연에 대한 설명을 시도한다. 전통철학은 세상은 세계와 인간이라는 전혀 다른 두 개의 요소로 구성되어 있으며 '자연적으로' 주어진 것이라는 것을 전제로 한다. 하지만 듀이는 전통철학의 궁극적 출발점이었던 이원론적 가정 자체가 근본적으로 인간의 존재 방식에 대한 그릇된 통찰에 근거하고 있다고 생각한다.

듀이는 생명체가 이 세상에 존재하는 방식에 대한 현대 과학의 지식을 바탕으로 모든 존재의 근본적인 존재 방식에 대한 새로운 아이디어를 제시한다. 생물학적 관점에 의하면 인간을 포함한 모든 존재하는 것은 진공 속에 존재하는 것이 아니라 언제나 환경 속에 존재한다. 환경이 없는 또는 환경을 떠난 인간은 오로지 상상에서나 가능한 것이다. 즉, 인간 또는 모든 사물은 "환경 '속'에 있으며, 환경에 '의해서',"보다 정확히 말하여 "환경과의 상호작용을 통해서만" 존재할 수 있다(Dewey, 1934: 13; Dewey, 1938: 3장). 또한 불확정성의 원리나 양자역학과 같은 현대 물리학 이론에 따르면 존재하는 것은 다른 것들과 영향을 주고받으며, 그 결과 변화된 상태로 존재한다.

사실, 현대 과학의 이론에 의하면 환경과 분리되어 있는 인간은 존재할 수도 없으며, 상상할 수도 없다. 인간이나 사물은 존재하는 순간부터 다른 것들과 상호작용하는 것으로 존재하며, 상호작용에 의해 변화된 상태에 있다. 예를 들면, 인간을 비롯하여 지구상에 존재하는 모든 것은 존재하는 바로 그 순간부터 필연적으로 지구를 포함하는 우주의 환경에 의해 영향을 받는 상태에 놓여 있다. 만일 지구의 중력이 달과 같았다면, 우리의 얼굴이나 걸음걸이는 지금과는 전혀 다른 모습을 하고 있을 것이다. 우리의 얼굴은 지금보다 몇 배 더 부풀어져 호빵 같은 모습을 하고 있을 것이며, 걸음걸이도 우주인들이 달에서 걸어 다니는 것처럼 성큼성큼 뛰어다니게 되었을 것이다.

이러한 생각은 자연과의 관계에도 적용된다. 인간이 접촉할 수 있는 자연은 어떤 형식으로든지 인간에 의해 영향을 받고 한정된 것일 뿐이지, 인간 경험을 넘어서서 포착할 수 있는 절대적인 것이 아니다. 봄에 신록이 지닌 초록빛은 나뭇잎의 본질적인 색이 아니라 인간의 시각작용과의 상호작용에 의한 결과이다. 세상이 총천연색으로 보이는 것도 자연의 본질적 속성 때문이 아니라, 인간의 눈이 가지고 있는 감각작용이 자연과의 상호작용 때문이다. 이런 점에서 보면 인간과 자연은 서로가 서로를 성립 가능하게 하고 서로의 모습을 규정하는 데에 영향을 미친다.

존재하는 것은 서로 영향을 미치고 변화시키는 작용 즉 교변작용交變作用 속에 존재한다는 듀이의 형이상학적 관점에서 잘 알 수 있듯이 인간과 자연은 상호의존적인 것이다. 상호의존적이기 때문에 외적 자연 없는 인간, 또는 인간 없는 외적 자연은 생각할 수 없다. 앞 문단에서 보았듯이 인간은 존재하는 순간부터 이미 "자연화된 인간"이며, 자연은 인간이 존재하면서 적어도 인간에게는 이미 "인간화된 자연"일 뿐이다(박철홍, 2013: 146). 인간과 자연이 서로 영향을 주고받는 상태 즉 인간화된 자연 또는 자연화된 인간의 상태가 모든 사고와 탐구의 궁극적 출발점이다.

이러한 관점에서 보면 서로 구분된 외적 자연과 내적 자연(본성)이라는 것은 세계와 인간 존재의 '원래' 상태가 아니다. 자연적으로 주어져 있는 것으로서 자연이 있다고 하면 '교변작용하고 있는 상태'만이 있을 뿐이다. 교변작용하는 가운데에 행해지는 실제적인 삶의 행위 즉 삶의 프래그마만이 그냥 주어져 있는 것으로서 유일한 '자연nature'이다. 이 자연은 계속해서 교변작용하는 것이기 때문에 교변작용과 함께 생성되는 자연이며, 변화하는 자연이다. 외적 자연과 내적 자연이라는 것도 사실은 교변작용하는 삶의 프래그마 속에서 인간이 판단하고 구분해낸 '인위적인 것'에 지나지 않는다. 요약하면 우리가 자연nature을 세계(자연)와 인간(본성)으로 구분하는 것도 삶의 교변작용 속에서 의미를 갖는 것이기 때문에 찾아내고 분류해낸 것일 뿐이지, 그 자체가 본질은 아니다.

듀이의 형이상학적인 사고를 그대로 따른다면 인간의 삶이 있기 이전의 본질이 있다는 생각은 어불성설이 된다. 이런 점에서 "실존은 본질에 앞선다"는 실존주의의 기본 명제와 유사한 방식으로 듀이 철학의 핵심을 표현한다면 "삶(경험)은 본질에 우선한다"라는 식으로 표현할 수 있을 것이다. 세계와 인간을 독립된 것으로 보고 그 자체의 본질을 찾는다는 전통 철학의 가정과 사명은 듀이의 관점에서 보면 불가능한 일이다. 본질의 세계가 경험을 초월한 것이라면 인간으로서는 접촉할 수도 설명할 수도 없는 세계이다. 그것은 비트겐슈타인이 말하는 "말할 수 없는 세계"이며 인간으로서는 "침묵해야 할 것"일 뿐이다(Wittgenstein : 명제 7). 따라서 우리가 탐구해야 할 것은, 아니 보다 중요하게 탐구할 수 있는 것은 인간이 빠진 영원불변하는 본질의 세계가 아니라, 어떤 식으로든지 인간이 참여하고 있는 세계, 즉 인간의 활동이 이루어지는 "삶의 세계" 이다. 듀이의 형이상학에 따르면 인간의 삶은 교변작용으로 이루어진 삶의 세계에서 영위되는 것이다.

공동체자유주의 교육의 특성

교변작용이 시사하는 가장 중요한 특징은 산다는 것과 교육한다는 것은 거의 동의어적인 성격을 가지고 있다는 것이다. 그것은 공자가 말한 '삼인행필유아사언三人行必有我師焉'의 의미와 같은 것이다. 공자의 말이 의미하듯이 인간으로 산다는 것은 주위 환경과 교변작용에 종사하는 것이며, 거기에는 항상 '배움'이 있다. 교변작용으로 이루어진 삶을 사는 인간은 개인적인 것이든 공동체적인 것이든 삶에 의미 있는 것들 즉 삶의 의미를 탐구하는 일을 끊임없이 하지 않을 수 없다. 다시 말하면 사고할 줄 아는 능력을 가진 인간으로 산다는 것은 '자연으로' 주어진 교변작용 속에서 삶에 의미를 탐구하는 것을 의미한다. 사실 세상을 살면서 의미와 가치를 탐구하지 않는다면, 그것은 동물적인 삶이나 다를 바 없다.

교변작용으로서 삶의 관점에서 보면, 탐구는 삶의 필연이며 삶이 영위되는 동안 계속적으로 해야 한다는 특징을 가지고 있다. 삶의 모든 순간이 교변작용으로 구성되어 있기 때문에 순간순간마다 삶의 양상이 변화한다. 따라서 변화된 삶의 양상에 적합한 의미를 찾는 탐구는 살아 있는 동안 계속해서 일어난다. 어느 순간에 탐구된 삶에 의미는 영원한 것이 아니다. 우리는 어떤 의미를 탐구하고 나면 탐구했다는 바로 그 사실 때문에 세상과 새로운 교변작용을 하게 되며, 따라서 새로운 교변작용을 하는 삶에서의 의미를 다시 탐구해야 한다. 듀이의 교육개념에서 잘 표현되었듯이 인간 삶과 교육은 "경험[또는 의미]의 계속적인 재구성"으로 특징 지워진다(Dewey, 1916: 76). 즉 인간으로서 산다는 것은 탐구 활동에 종사한다는 것을 의미하며, 또한 인간은 살아 있는 동안 계속해서 탐구로서 교육활동에 종사해야만 한다. 바로 이런 점에서 인간 삶에는 '교육'이라는 활동이 내재하고 있다. 교육은 인간다운 삶에 붙박혀 있는 원초적이며 근본적인 삶의 현상이다(박철홍, 1998).

교변작용이 시사하는 두 번째 중요한 교육적 특징은 원초적 삶의 현상으로서 교육활동은 공동체적인 것과 개인적인 것의 통합적 관계 속에서 이루어진다는 것이다. 인간 존재 자체가 사회적인 것과 개인적인 것의 통합 속에서 가능한 만큼, 개인 없는 사회는 있을 수 없으며, 또한 사회 없는 개인을 생각할 수 없다. 사회와 개인은 개념상으로만 분리할 수 있을 뿐이다. 그런데 개인을 중심으로 보면 사회는 개인의 존재 기반이기 때문에 모든 탐구와 학습의 궁극적 원천이 된다. 어느 순간이든 인간의 삶과 탐구는 진공 속에서 일어나는 것이 아니라 일정한 사회적 역사적 맥락을 배경으로 한다. 사실 이러한 상황과 맥락 없이는 의미 있는 탐구가 불가능하다. 물론 탐구의 결과 공동체의 것을 넘어서거나 심지어 부정하게 되는 경우가 있기는 하지만 그 경우에도 탐구의 근거요 출발점으로서 공동체는 필수불가결한 것이다. 그리고 이 경우에도 탐구의 결과는 개인적인 것이면서 동시에 공동체의 것이라고 보아야 한다.

교변작용으로서 배움의 세 번째 중요한 특징은 사회가 개인의 존재 기반이며 탐구와 배움의 원천이기는 하지만 진정한 배움을 위해서는 자유를 가진 탐구 주체의 적극적인 참여가 필수적이라는 것이다. 여기에는 단순히 인간 없는 탐구는 있을 수 없다는 사실을 넘어서서 중요한 의미가 있다. 여기서 주목해야 할 사실은 누누이 언급해 왔듯이 탐구의 과정은 본질에 대한 탐구가 아니라는 점이다. 탐구나 배움의 목표가 본질을 찾는 것이라면 본질을 발견할 수 있는 탁월한 능력을 가진 과학자, 철학자, 사제와 같은 사람만이 탐구할 자격이 있다. 그런 천재적인 사람들에 의해 발견된 것은 영원한 가치가 있다. 그런 점에서 탐구하는 자유는 천재만이 있어도 문제될 것이 없다. 나머지 사람들은 천재들의 탐구 결과를 그대로 수용하기만 하면 된다.

그러나 교변작용의 관점에 의하면 탁월한 능력을 가진 사람들이 발견한 것은 일차적으로 그 사람들의 교변작용에 대한 것이며, 따라서 그 사람들의 삶의 의미이다. 모든 사람은 자신이 속한 공동체 속에서 '자신'의 교변작용을 하고 있다. 그러므로 모든 사람은 자신이 속한 삶의 세계에 대하여 탐구해야 한다. 우리의 삶의 의미는 우리의 노력 없이는 찾을 수 없는 것이다. 공동체의 것이든 개인적인 것이든 목적에 대한 탐구, 삶의 세계에 대한 의미 있는 이해는 제삼자나 다른 공동체에 의해 이루어질 수 없다. 과거 위대한 사람들의 탐구 결과는 물론 엄청난 의미와 가치를 갖는다. 하지만 그것들은 삶과 탐구의 맥락context를 구성하기는 하지만, 삶의 의미 그 자체text가 되지는 못한다. 방관자적인 자세나 수동적인 자세로 주어지는 지식을 받아들이거나 목적을 수용할 때에 그 삶은 자유를 가진 존재로서 '자기 자신'의 삶이 되지 못하고 꼭두각시로서의 삶이 되고 만다.

이상에 비추어 볼 때 공동체와 개인의 교변작용에서의 탐구와 배움은 공자의 표현을 빌면 학學과 사思의 통합이며, 온고이지신溫故而知新으로 잘 설명된다. 공자는 공부에는 두 가지 대표적인 폐단이 있음을 주목하고, 이 폐단을 간결하게 '학이불사즉망 사이불학즉태'學而不思則罔 思而不學則殆라는 말로 표현하였다. 오늘의 주제와 관련하여 볼 때 공자의 언급은 '공동체에 있는 내용을 단순히 받아들이기만 하고 사고하지 않으면 죽은 지식만을 갖게 되며, 공동체에 있는 지식의 보고를 무시하고 자신의 생각만으로 세상을 재단하게 되면 앎은 빈약해지고 생각은 독선에 빠지고 만다.'라고 번역할 수 있다. 전자가 잘못된 공동체중심주의 교육의 폐단이라면, 후자는 그릇된 학습자중심주의 교육의 폐단이라고 할 수 있다. 공자의 언급은 공동체에서 탐구하고 누적해 온 지식의 체계와 이 지식의 체계를 바탕으로 자유로운 사고를 할 수 있는 개인이 만나 진정한 융합이 이루어지는 교육을 염두에 두고 있다.

이러한 사실은 '온고이지신溫故而知新'이라는 공자의 언급에서 잘 드러난다. 앞에서 언급했듯이 공동체와 개인은 상호의존적 관계에 있다. 개인은 공동체 속으로 태어나며 공동체 속에 살아가지만, 동시에 자유를 지닌 존재이다. 자유를 지닌 존재로서 개인은 공동체의 문화적 내용을 배우되, 자유로운 사고를 통하여 자신의 삶에 적합한 앎을 찾아내게 된다. 그러므로 자유로운 사고의 능력을 가진 개인은 사회 속에 있는 옛것을 배우지만溫故, 자신에게 적합한 새로운 것을 배운다知新. 다시 말하면 온고와 지신은 별개의 것이 아니다. 그것은 옛것을 따뜻하게 만들 수 있는 사람(즉 현재의 삶과의 관련 속에서 옛것을 검토하는 사고의 자유를 가진 사람)이 옛것으로부터 새로운 앎을 갖게 되는 것을 의미한다.

'학學과 사思' 그리고 '온고이지신溫故而知新'하는 배움은 교육이라는 측면에서 보면 보편적인 삶의 현상이지만, 이러한 배움의 특성은 책을 읽는 경우나 예술을 감상하는 경우에 잘 드러난다. 어떤 문학작품을 읽을 때에 정상적인 독자라면 문학작품을 읽으면서 자신만의 생각을 갖게 된다. 그리고 문학작품을 암기하는 것이 아니라 이해하는 경우라면 사람마다 이해하는 바와 얻는 바가 다르다. 또한 한 개인의 경우에도 같은 문학작품을 다시 읽게 되면 새로운 이해에 이르게 된다. 이러한 생각을 일반화하면 옛것만 계속 반복해서 갖게 되는 암기식 교육은 정상적인 공부라고 할 수 없다.

학學과 사思의 병행이며, 온고이지신溫故而知新의 성격을 띠는 교육적 배움은 개인의 앎을 중심으로 표현한다면 진정한 교육은 '개성적 앎'을 추구한다고 말할 수 있다. 그런데 개성적 앎을 개인적인 것이라고만 생각해서는 안 된다. 이 앎은 공동체에 있는 내용인 옛것을 바탕으로 공동체의 환경과 구성요소에 대한 고려와 공동체 내에 있는 다른 개인들과의 논의와 고려를 통하여 생긴 것이다. 따라서 개성적 앎은 개인마다 독특성을 가지고 있기는 하지만 문자 그대로 '개인적인' 것은 아니다. 그 앎은 마치 가족 구성원들 모두가 제각각의 모습을 하고 있지만 유사한 성격을 지니고 있는 것과 같이 일종의 '가족유사성'을 가지고 있다. 그것은 개인적인 것이면서 동시에 사회적인 것이다.

지금까지 논의한 교변작용에서의 배움을 지향하는 교육은 공동체와 개인이 분리할 수 없게 통합된 삶에서의 배움의 원리에 따르며, 공동체의 가치와 개인의 자유와 개성을 동일하게 존중한다는 점에서 오늘의 주제와 관련하여 '공동체자유주의 교육'이라고 명명할 수 있다. 또한 공동체자유주의 교육은 구체적인 삶의 과정을 떠난 이념, 가치, 목적에 종속되는 것이 아니라, 삶의 과정 속에서 적합한 이념, 가치, 목적을 찾아가는 능동적이며 자유로운 사고를 구사하는 삶을 추구하는 것을 특징으로 한다. 그러므로 이 교육은 공동체의 것과 공동체를 구성하는 자유를 가진 개인들이 공동의 노력으로 보다 나은 삶의 의미를 탐구하는 것이다. [4]

공동체의 것을 기반으로 하면서 자유를 가진 구성원들의 공동의 노력으로 이루어지는 탐구는 '대화'를 중요한 특징으로 한다. 이 대화는 사회(공동체)와 개인 사이의 대화이며, 자유와 개성을 가진 다양한 구성원들 사이의 대화이며, 옛것과 새것 사이의 대화이며, 현재보다 더 나은 삶의 의미를 찾아내기 위한 현재와 미래 사이의 대화이다. 이 대화는 공동체의 것과 개인의 자유로운 생각에 대한 존중을 기반으로 하며, 구성원들의 자유로운 사고와 논의의 과정을 거쳐 보다 나은 생각을 형성하는 것을 목적으로 한다. 그러므로 이 대화는 소위 민주주의적 삶의 양식에 해당하는 태도 – 구성원의 자유와 개성에 대한 존중과 동등한 대화 상대로의 인정, 타인의 의견에 대한 경청과 다른 견해에 대한 존중, 다른 관점으로부터의 비판 허용과 타당한 타인의 견해 수용, 다양한 의견들을 평가·조정·타협·종합하는 사고의 능력 등 – 을 필요로 한다. 이러한 교육의 과정을 통하여 구성원들은 민주주의적인 태도를 연습하게 되며, 자연스럽게 민주주의적 사고방

---

4) 필자가 보기에 가족유사성을 지닌 개성적 앎은 모든 사람의 앎에 내재해 있는 기본적인 속성이다. 다만 사람들이 이원론적인 생각을 가지고 있기 때문에 자신의 앎을 사회적인 것 또는 개인적인 것 어느 한쪽으로 분리해서만 생각하는 잘못된 관념을 가지고 있을 뿐이다. 그렇다고 해서 우리의 앎을 이론적으로 사회적인 것과 개인적인 것으로 구분할 수 없다는 것은 아니다. 그것은 인간의 삶의 영역을 사회와 개인으로 나누는 개념적 구분이 있는 한 있을 수밖에 없다. 그런데 그러한 구분들은 개념적 구분일 뿐이지 그 자체가 존재하는 것은 아니다.

식과 삶의 양식을 함양하게 된다. 이런 점에서 볼 때 공동체자유주의 교육은 '민주주의적 삶의 양식을 지향하는 교육', 줄여서 '민주주의 교육'이라고 명명할 수 있다.

결론

　지금까지 우리는 인간과 세계의 존재적 속성에 대한 검토를 통하여 인간은 환경과의 교변작용 속에 존재한다는 점을 살펴보았다. 교변작용 속에서 자연스럽게 이루어지는 배움으로서 교육활동은 개인의 존재 근거인 공동체와 자유를 가진 개인의 원초적 통합 상태에서의 배움이라는 점에서 '공동체자유주의 교육'이라고 명명할 수 있으며, 이 교육은 '민주주의적 삶의 양식을 지향하는 교육' 즉 민주주의적 삶의 양식과 심성을 기를 수 있는 풍부한 가능성을 지니고 있는 교육이라는 점을 살펴보았다. 이상의 논의에 비추어 볼 때 '공동체자유주의'의 타당성과 필요성은 다른 어떤 영역보다도 교육의 성격에 대한 검토에서 가장 잘 확립될 수 있다.

　또한 지금까지의 논의에서 암시적으로 보여주었듯이 공동체자유주의 교육이 이 시대에 우리사회가 지향해야 할 바람직한 교육이라고 한다면, 현재 우리교육은 공동체와 개인의 관련에 대한 이념에 있어서나 교육 실제에 있어서도 여기서 언급한 이상적인 교육의 모습에서 너무 멀리 그것도 양극단적인 방향으로 치닫고 있다. 공동체자유주의 교육과 대조하여 오늘날 한국교육을 단순화하여 캐리커처로 표현한다면, 하나는 한 발은 침대에 올려놓은 채 한 손에는 톱을 들고 다른 한 손에는 인간을 움켜쥐고 있는 '프로크루스테스Procrustes'를, 또 다른 하나는 책을 짓밟고 서 있는 속이 텅빈 커다란 '찌그러진 드럼통'을 그리는 것이 가능할 것이다. 그리스 신화에 의하면 프로크루스테스는 쇠침대를 갖고 있었는데 모든 사람의 키가 그 쇠침대와 일치해야 한다고 생각했다. 따라서 그는 만나는 사람을 잡아다가 쇠침대에 눕히고 키가 침대보다 크면 다리를 잘라 죽이고, 침대보다 짧으면 잡아 늘여 죽였다고 한다. 이 신화가 시사하듯이 획일적 지식을 주입시키는 데에 많은 시간을 허비하는 현재의 한국교육은 학습자들의 자유로운 사고를 말살하는 일을 하고 있다고 할 수 있다. 그것은 앞에서 언급했던 공자의 말을 빌려서 표현하면 학學만 있고 사思는 없는 교육이며, 아무짝에도 쓸모없는 '죽은 지식'을 머리 속에 집어넣는 교육에 해당한다.

한편 공동체에 대하여 개인의 자유를 강조하는 대안교육은 정치적 이념에서든 개성을 강조하는 교육적 관점에서든 공동체적 가치의 소중함을 무시하면 무시할수록 정상적인 인간 형성에 방해가 된다. 역시 앞에서 인용한 공자의 말을 빌려서 말하면 대안교육은 언제든지 사思만 있고 학學이 없는 교육이 될 수 있으며, '앎은 빈약해지고 생각은 독선에 빠질' 위험이 있다. 그럴 경우 대안교육은 개인의 행복과 인권이라는 미명 하에 학습자로 하여금 진정한 자아를 형성하고 발전시킬 수 있는 기회를 박탈하는 우를 범할 수 있다.

이러한 교육에 대한 대안 탐색은 공동체자유주의에 관점을 기반으로 하면서 구체적 교육 사태에 적절하게 무게 중심을 공동체나 개인 쪽으로 조금씩 이동하는 것이다. 연구자가 보기에 공동체자유주의 교육관이 널리 공유되고 이러한 교육을 실시할 수 있는 적절한 제도가 갖추어진다면, 공동체자유주의 교육은 공동체의 발전과 자유로운 사고를 가진 인간 형성 즉 민주주의적인 심성을 가진 인간 형성에 기여하는 교육이 될 수 있다고 확신한다. 그러나 안타깝게도 필자가 보기에 현재 우리나라 교육은 민주주의적인 사고와 심성을 길러주기에는 어려운 교육적 구조와 여건을 가지고 있다. 아니, 현재 우리나라의 전반적인 교육 구조와 여건은 오히려 민주주의 교육에 역행하는 특성을 지니고 있다.

아무리 이념상으로는 민주주의 교육이념을 내세운다 하더라도 정답암기식 교육방법이 주를 이루는 교육을 받은 사람들은 절대주의적인, 비민주적인 마음을 형성을 하게 된다. 그런 점에서 보면 우리나라에서는 제대로 된 민주주의 교육을 실시한 적이 거의 없다고 할 수 있다. 심성 함양에 결정적인 영향을 미치는 시기에 학교에서 비민주주의적인 교육이 행해진다면 대부분의 사람들은 비민주적인 심성을 형성하게 될 것이다. 사실 우리사회는 정치적, 경제적, 이념적, 지역적, 연령별 등 다양한 집단 간에 심각한 대립과 갈등과 반목이 첨예화되어 있다. 왕따나 학교폭력, 엄격한 상하관계나 집단적 행동을 강요하는 군사 문화, 가정폭력, 위계질서가 엄격한 직장 문화와 같은 비민주주의적인 행태가 사회 전반에 침투되어 있기도 하다. 이러한 사회적 병리 현상들은 제대로 된 민주주의 교육을 실시하지 못하는 우리교육의 현실을 반증하는 것이다. 민주주의 교육이 실패한 결과가 바로 지금 우리사회가 겪는 다양한 집단 간 또는 개인 간에 혼란과 갈등과 대립으로 표출되는 것이다.

사고방식과 생활방식을 민주적으로 바꾸는 교육, 곧 민주주의적인 심성을 형성하는 교육이 가능하려면 앞에서 살펴본 공동체자유주의 교육관에 입각한 교육을 실시할 수 있는 교육적 사고와 제도에 대한 대대적인 변화가 이루어져야 한다. (아마 이 일은 현재의 교육제도와 운영 전반을 혁신적으로 바꾸는 그야말로 변혁에 해당될 것이다.) 그때에야 교육 현장은 자유로운 생각을 표현하고, 다양한 의견들을 교환하며, 보다 나은 결론에 이르기 위한 합리적이고 자유로운 논의의 과정으로 채워지게 될 것이다. 이때 교육은 비로소 민주주의의 실험장이요 체험장이 될 수 있다. 그럴 때에 사람들은 교육의 과정을 통하여 민주주의적인 마음과 정신을 함양하게 될 것이며, 우리사회에는 진정한 민주주의가 꽃피게 될 것이다. 그리고 우리나라는 홍익인간의 이념이 보다 더 잘 실현되는 성숙한 사회공동체를 형성하게 될 것이다.

참고문헌

- 박세일(2015). 『대한민국의 미래 공동체자유주가 답이다』. 한반도선진화재단.
- 박세일, 나성린, 신도철(2008). 『공동체자유주의 이념과 정책』. 경기: 나남.
- 박철홍 외 12명(2013). 『현대 교육학개론』. 서울: 학지사.
- 박철홍(1998). 교육과 삶의 내적 관련에 비추어 본 내재적 가치의 의미: 경험중심교육과정에서의 내재적 가치. 「교육철학」 19집.
- _____(2008). 총체적 지식의 함양으로서 공부-듀이의 교변작용에 비추어 본 공부의 의미와 성격. 「교육철학」 34집.
- _____(2013). '하나의 경험'에서 작용하는 사고의 특성에 비추어 본 탐구의 성격: 반성적 사고 단계의 앎에 대한 분석. 「교육철학연구」 35권 1호.
- Dewey, J.(1916). Democracy and Education. New York: The Macmillan Co.. 이홍우(역)(1987). 『민주주의와 교육』. 서울: 교육과학사.
- _____(1929). Experience and Nature (2nd). New York: Dover Publications, Inc.
- _____(1934). Art as Experience. New York: Capricorn Books. 박철홍(역)(2015 근간). 『경험으로서 예술』. 서울: 나남.
- _____(1938) Experience and Education. New York: Collier Book. 박철홍(역)(2002). 아동과 교육과정·경험과 교육. 서울: 문음사.
- Grube, G. M.(1958). Plato's Thought. Boston: Beacon Press
- Plato(1945). The Republic of Plato. (translated by F.M. Cornford). Oxford University Press.
- Rousseau, J. J.(1979). Emile. (translated and notes by Allan Bloom). Basic Book. 김종현(옮김)(2003). 『에밀』. 경기: 한길사.
- Wittgenstein, L.(1961). Tractatus Logci-Philosophicus. (translated by D. F. Pears and B. F. McGuinness). London: Routledge & Kegan Paul.

부록 01

2005, 21세기 국가발전이념
공동체자유주의

| 박 세 일 |

한반도선진화재단 상임고문
서울대학교 명예교수

들어가는 말

이 글을 쓰는 이유는 20세기적 좌우左右대립과 보혁保革대립의 갈등과 혼란을 넘어서 국민을 이념적 사상적으로 통합하고 대동단결하여 모두가 함께 나라先進化의 길로 나아가자고 주장하기 위하여서이다.

우리 사회는 현재 큰 이념의 갈등과 대립을 겪고 있다. 극심한 사상과 사고의 혼란을 경험하고 있다. 그리고 이념과 사고의 혼란은 국가정책과 국가발전 전략의 혼란으로 나타난다.

우리나라 보수保守 속에는 철학적 사상적 보수가 없었다. 냉전 구조 속에서 안주하여 기존의 권리를 지키려는 정치적 보수는 있었다. 그러나 보수의 사상과 가치를 확실히 믿고 이를 정치사회 속에서 실천하려는 사상적 철학적 보수는 적었다. 이상주의理想主義로서의 보수가 없었다. 즉 자유나 인권, 그리고 시장경제 등의 보수적 가치를 지키기 위하여 몸을 던지는 〔자유주의자戰鬪的〕는 부족하였다. 적어도 1960년대 이후에는 그러하였다.

우리나라의 혁신進步도 정서적 관념적 진보는 많았으나 정책적 과학적 진보는 없었다. 어려운 이웃을 생각하는 마음은 많았을지 모르나 어떠한 정책을 선택하는 것이 진정으로 약자弱者를 위하는 것인지에 대한 과학적 연구는 부족하였다. 그래서 오히려 사회적 약자를 더욱 어렵게 만드는 정책발상과 정책추진을 자주 하였다. 일부 진보는 이미 역사적 평가가 끝난 평등주의적, 집단주의적 개혁을 주장하는 경우까지 있었다. 21세기 세계화 시대에는 전혀 맞지 않는 반反진보적 퇴행적 주장까지 나왔다. 그러면 중도의 경우는 어떠한가? 중도도 현실외면이나 책임회피 혹은 판단중지判斷中止가 적지 아니하였다. 심지어 일부는 기회주의적 중도도 있었다. 진정으로 중도적 가치와 이념을 정리하여 그것을 내세우며 좌와 우를, 보수와 진보를 적극적으로 설득하고 아우르며 나가려는 노력은 거의 없었다. 따라서 신념 사상으로서의 중도는 적었고 [행동으로서의 중도]는 더더욱 적었다.

이래서 우리나라는 지금 극심한 이념과 사상의 갈등과 사고의 혼란을 겪고 있다. 그리고 이 혼란과 갈등이 해소되거나 극복되어 가는 기미는 보이지 않는다. 아니 오히려 격화될 위험이 많아지고 있다. 그런데 이러한 갈등과 혼란을 이대로 두고는 21세기 우리나라의 발전, 선진화先進化의 성공은 불가능할 것이다. 이념적 갈등과 사상의 혼란으로 소진되는 국민 정서의 힘, 국민의 에너지를 통합하여 다시 하나로 모아내야 한다. 그래야 국가발전과 민족도약의 에토스를 만들 수 있다. 국민의 대동단결과 애국심이라는 국가발전과 도약의 원동력을 다시 결집하고 발현시킬 수 있다.

필자는 보혁保革으로 혹은 좌우左右로 분열된 국민을 대동단결시킬 수 있고 21세기 세계화 시대의 국가발전원리에도, 그리고 개인의 행복원리에도 맞는, 우리 사회가 나아가야 할 이념 내지 사상으로 [공동체자유주의]를 제시하고자 한다. 이 공동체자유주의를 중심으로 가능한 한 빨리 20세기적 좌우와 보혁의 미망에서 벗어나야 한다고 생각한다. 지난 시대의 낡은 생각의 틀에서, 舊보수와 舊진보의 낡은 사상에서 벗어나야 한다. 그래야 우리는 21세기 나라 선진화에 성공할 수 있다고 본다.

주목할 것은 21세기에 들어오면서 이미 다른 선진국에서는 국가발전전략이나 국가정책 면에서는 좌우와 보혁 간의 급속한 수렴현상이 일어나고 있다는 사실이다. 합리적 보수와 합리적 진보 간에 국가발전의 전략과 정책 면에서 큰 차이가 없어지고 있다. 대동소이大同小異하여지고 있다. 따뜻한 보수compassionate conservative와 연성軟性the third way사이에는 국가발전 전략과 정책 면에서 사실 대차가 없다. 역사와 문화가 나라마다 달라서 나타나는 정책의 차이 정도이다. 국가발전의 핵심은 경제력도 군사력도 문화력도 아니고 바로 정치력이다. 지금 우리나라는 여기에 병이 들고 있다.

또한, 21세기 세계화 정보화 시대에 들어오면서 이론전문가와 정책전문가들 사이에서도 국가발전의 기본원리, 국가발전의 기본전략과 정책에 대하여 상당한 합의 내지 공감이 형성되고 있다. 그런데 우리나라에서는 대단한 차이가 있는 것처럼 좌우와 보혁 간에 관념적 비과학적 감성적 논쟁이 치열하고, 국리민복과 관계없는 불필요한 분열과 갈등만 촉발하고 있다.

물론 20세기적 보수와 진보 사이에는 즉 구舊보수와 구舊진보 사이에 국가발전에 대한 비전과 정책은 크게 다르다. 그러나 21세기 합리적 신新보수와 新진보사이의 차이는 사실 별로 크지 않다. 역사와 문화의 차이만을 없애면 사실상 수렴되고 있다. 이러한 세계적으로 일어나고 있는 21세기 국가발전에 대한 정책적 합의policy consensus에 기초하여, 우리나라의 국가발전 이념과 정책원리를 정리하여 본다면, 공동체자유주의가 가장 타당하다고 생각하는 것이 필자의 생각이다. 문제는 이것을 우리나라의 역사와 문화 속에서 어떻게 구체화 하느냐 라고 생각한다.

우리 사회 일각에서는 "21세기는 이념의 시대가 아니다. 이념논쟁은 하지 말고 실용주의를 가지고 문제를 풀어나가자"고 하는 주장이 있다. 그래서 여야與野지도자들 중에도 자신은 실용주의자라는 분들이 많다. 이 말은 일견 그럴듯하나 크게 틀린 말이다. 21세기는 분명 20세기적인 이념대립의 시대는 아니다. 그러나 문제는 우리나라에서는 아직도 20세기적인 구식舊式의 좌우의 개념이, 구식舊式의 보혁의 이념이 살아 움직이고 있다. 그리고 그것이 국가의 발전을 가로막고 있다. 때로는 평등주의적 개혁으로, 때로는 反법치주의적 언동으로, 그리고 때로는 역사 청산론으로 나타난다. 이미 시대에 맞지 않는 시대착오적인 낡은 사상과 생각들이 살아남아서 국가발전의 발목을 잡기 때문에 문제인 것이다.

따라서 국가발전을 위해서는 이 잘못된 20세기적 좌우개념과 보혁이념을 반드시 匡正하여야 한다. 그러하지 않고는 시대착오적인 잘못된 이념과 사상에서 나오는 잘못된 정책과 발상을 막을 수 없고 또 그로 인한 불필요한 정책의 혼선, 사회적 갈등과 낭비를 막을 수가 없다.

21세기는 분명 20세기적인 좌우 이념이 경쟁하는 시대는 아니다. 그 대신 올바른 국가발전의 비전과 전략이 더욱 중요하여지는 시대이다. 21세기는 국가 비전과 전략이 경쟁하는 시대이다. 그런데 우리나라에서는 아직 20세기적 낡은 이념과 사상이 살아남아서 21세기 국가 비전과 전략을 세우는 일을 방해하고 있다. 아니 21세기적 문명표준에서 볼 때 역사발전에 역행하는 방향으로 나라와 시대를 끌고 가려 하고 있다. 잘못된 이념과 사상의 독소가 이렇게 심대한 것이다.

그런데 사상의 잘못은 대안이 될 수 있는 사상으로 고쳐야 한다. 틀린 사상은 올바른 사상으로 고쳐야 한다. 틀린 이념은 올바른 이념으로 고쳐야 한다. 따라서 올바른 이념을 내놓은 것이 중요하다. 그리고 올바른 사상과 이념을 가지고 낡은 사상과 이념을 설득하는 작업이 필요하다. 그것이 사상전思想戰이다. 이 노력을 제대로 하지 않고 틀린 사상과 틀린 이념이 거리를 활보하게 내버려두고, 책방과 학교 도서관에 스며들어 가는 것을 외면하면서, 실용주의實用主義를 내세우는 것은 편의便宜主義적이거나 기회주의機會主義적 행동이 되기 쉽다.

본래 실용주의는 이념이 아니다. 사상적 목표가 아니다. 이념과 목표를 실현하는 방법 내지 수단을 좀 더 현실적으로 하자는 주장이다. 그런데 실용주의를 주장하는 사람들은 실용주의를 통하여 달성하려는 이념이나 사상목표가 무엇인지는 말하지 않고 있다. 결국, 격렬한 이념과 사상대립 속에는 이념과 사상의 대안을 제시하지 않고 실용주의를 주장하는 것은 공허한 이야기거나 단순한 보신주의補身主義에 불과하다. 따라서 낡은 이념과 사상의 대립이 심하고 혼란스러울 때는 새로운 이념적 사상적 대안을 확실히 제시하고 낡은 이념과 사상을 설득하려는 노력이 필요하다고 본다. 그렇게 하여야 불필요한 낡은 이념 간의 갈등과 대립도 극복하고, 잘못된 이념과 사상에서 끊임없이 나오는 사회적 해악害惡을, 즉 잘못된 정책과 행동, 그리고 시대착오적 발상을 막을 수 있다.

물론 공동체자유주의가 유일무이한 답이라든가 반드시 최선이라고 주장하려는 것은 결코 아니다. 앞으로 더욱 심층적 연구와 많은 논쟁을 통하여 크게 보완되고 발전되어야 할 개념이다. 그러나 공동체자유주의에 대한 논의가 오늘날 우리나라에서 보이는 이념과 사상의 갈등과 대립 그리고 혼란을 극복하고, 다수 국민이 공감할 수 있는 방향으로, 우리의 국가발전의 이념과 철학을 정립하여 가는 하나의 긴 여행의 출발점은 될 수 있다고 생각한다. 보다 생산적이고 미래지향적인 토론의 시발점은 될 수 있다고 생각한다. 그리고 이 글이 그러한 방향으로 우리 모두의 노력에 적지만 유의미한 기여가 되기를 기대한다.

왜 자유주의인가?

선진화 성공의 대전제는 올바른 이념적 좌표의 정립에 있다. 바로 자유주의이다. 자유주의는 개인의 존엄과 자유를 최고의 가치로 보는 사상이다. 자유주의야 말로 인류의 전 역사과정을 통하여 이론적, 경험적으로 검증된 최선의 개인행복원리이고 최선의 사회구성원리이며 최선의 사회발전 원리이다. 지난 인류의 역사를 돌이켜 보면 항상 개개인의 존엄, 창의 그리고 자유의 확대가 인류역사발전의 원동력이었다. 21세기 국가발전, 나라의 선진화를 원한다면 우리는 당연 〔자유주의의 완성〕을 이념적 목표로 하여야 한다.

자유주의의 기본원리와 철학을 간단히 살펴보고 우리나라에서 자유주의가 어떠한 발전과정을 지내왔는지 그리고 왜 지금 이것이 중요한지를 논하도록 한다.

자유주의의 인간관

인간은 존엄성 즉 무한가치無限價値를 가진 존재이고 인간은 수단이 아니라 그 자체가 목적이다. 이것이 자유주의의 인간관이다. 물론 인간의 존엄성이 이미 완성되어 있다거나 인간의 무한가치가 이미 다 실현되고 있다고 보지 않는다. 인간은 끊임 없이 자신의 무한가치를 실현하려고 노력하는 존재이고 그러한 노력을 우리는 인격의 완성 혹은 자아실현이라고 부른다. 따라서 자유주의자는 인간 삶의 목적을 인격의 완성, 자아실현에 두고 있다. 그리고 이 인격의 완성, 자아실현을 인간사회에 있어서 최고의 선이나 최고의 가치로 보고 있다. 따라서 자유주의자는 모든 제도 정책을 평가할 때 그것이 인간의 인격완성과 자아실현에 기여하는가? 아닌가? 에 의하여 그 제도와 정책의 가치를 평가하게 된다. 또한, 자유, 평등, 박애 등 등 여러 가치를 평가하고 선택할 때도 그것이 인격완성이라는 최고의 선에 얼마나 봉사하는가로 그 가치의 우선순위가 결정된다. 그런데 자유주의자는 이러한 인격완성과 자아실현을 위하여 가장 중요한 제1의 조건이 바로 자유라는 것이다. 자유 없이는 인격의 완성과 자아실현은 시작될 수도 완성될 수도 없다고 본다.

그러면 인격의 완성과 자아실현은 무엇을 의미하는가? 우선 자아실현은 인간이 낮은 단계의 욕구충족에서 점차 높은 단계의 욕구충족으로 나아가는 것을 의미한다. 인간은 의식주衣食住와 같은 생존을 위한 물질적, 본능적 욕구를 가지고 있다. 이것이 충족되면 다음으로 명성, 권력 등과 같은 정치적, 사회적 욕구를 가진다. 그리고 마지막 단계로 정신적 영적 즐거움과 만족을 추구하는 정신적, 종교적 욕구를 가진다. 인간의 자아실현이란 물질적 욕구에서 시작하여 사회적 욕구 그리고 나아가 정신적 욕구까지 이들의 요구들이 점차 충족되어가는 것을 의미한다.

그러면 인격완성이란 무엇인가? 인격완성이란 인간의 자아관自我觀이 소아小我로부터 점차 대아大我로 나아가는 것을 의미한다. 인간의 인격은 누구를 자기로 삼는가에 달려 있다. 바꿔 말하면 누구의 문제를 자기의 문제로 삼는가에 달려 있다. 만일 자기를 자연적 육체와 정신작용을 가진 구체적 자기로 이해하고 자신의 이해관계에 따라 세상을 보고 살아가면 그의 인격은 그러한 소아小我의 범위에 머무른다. 그러나 나라의 문제를 자기의 문제로, 나라의 이해관계를 자기의 이해관계로 보고 자기와 나라를 일체화하는 애국자는 그만큼 그의 인격은 커진다. 대아大我로 나아가는 것이다. 더 나아가 인류의 문제를 자신의 문제로 생각하고 고민하는 성현聖賢들은 더 큰 대아의 인격을 가지게 된다. 결국, 인격의 완성이란 소아에서 대아로의 자아의 확대를 의미한다고 할 수 있다.

요컨대 이러한 의미를 가지는 자아실현과 인격완성이 모두 자유가 전제될때에만 가능하다는 것이 자유주의의 주장이다. 그러면 자유란 무엇인가? 엄밀히 이야기하면 자유에는 두 가지 종류가 있을 수 있다. 하나는 내적內的 자유이다. 즉 자아의 자기지배능력으로서의 자유이다. 각자가 자신이 생각하는 선(양심)의 관념에 따라 자기행위를 규율할 수 있는 능력 즉 자율autonomy로서의 자유이다. 이러한 내적 자유 또는 정신적 자유의 확대는 인격완성의 한 내용일 수 있다.

또 다른 하나의 자유는 외적外的 자유이다. 외적 자유란 내적 자유를 행위로 표시하였을 때, 국가나 이웃 사람들에 의하여 방해받지 않는 자유를 의미한다. 외적 강제가 없는 상태를 외적 자유라고 한다. 내적 자유를 적극적 자유, 외적 자유를 소극적 자유라고 부르기도 한다. 왜냐하면, 내적 자유는 새로운 인격의 영역을 창조하여 간다는 의미에서 적극적 자유이고 외적자유는 외적 강제의 不在라는 의미에서 소극적 자유이다. 따라서 내적 자유는 목적이고 외적 자유는 수단이라고 볼 수도 있다. 왜냐하면, 내적 자유는 인격의 완성 자아실현의 내용을 구성하고 외적 자유는 이것을 실현하는 조건이 되기 때문이다.

요컨대 자유주의자는 국가나 이웃의 간섭 없이 자신이 생각하는 善의 관념에 따라 자신의 인격을 완성하고 자아를 실현하여 가는 것을 인간 삶의 최고의 목표이고 최고의 선으로 본다. 그런데 인격완성이나 자아실현의 세계는 개인고유의 자유로운 판단과 결단의 영역임으로 자유주의가 직접적 관심을 두거나 개입할 사항이 아니다. 자유주의자들이 가장 관심을 가지는 것은 바로 여기서 이야기하는 외적 자유 즉 소극적 자유이다. 어떻게 하면 국가와 이웃 사람들의 부당한 강제 내 개입을 최소화하여, 개인의 내적 자유의 영역을 최대화할 것인가이다. 그리하여 인격완성과 자아실현이 가능한 자유의 조건을 만들 것인가이다. 따라서 여기에서 이야기하는 이러한 의미의 자유는 하이에크F. Hayek가 이야기하였듯이 단순한 하나의 가치가 아니다. 다른 모든 도덕적 가치실현의 기본전제가 되는 근본가치라고 보아야 한다.

자유주의의 3대 기본원리

자유주의는 다음과 같은 3대 기본원리를 가지고 있다. 첫째는 사상의 자유, 둘째는 만민평등萬民平等, 셋째는 비판과 관용이다.

첫째, 사상의 자유이다.

사상의 자유야말로 자유주의의 핵심이다. 인간의 사상과 신념의 자유는 모든 자유주의 이념의 시작이고 끝이다. 무한가치(존엄성)를 가진 살아 있는 생명으로서 인간이 스스로 생각의 자유, 사상과 신념의 자유를 가져야 하는 것은 인간의 본성에서 나온 지극히 당연한 귀결일 것이다. 왜냐하면 인간의 본성 즉 생명의 본성자체가 자유이기 때문이다. 자유가 아니면 생명이 아니다. 그리고 인간은 자신의 본성에 맞게 자유로울 때 가장 자신의 무한가치를 잘 발현하기 때문이다. 그리고 모든 자유는 생각의 자유, 사고의 자유, 사상과 신념의 자유로부터 시작된다. 이 사상의 자유에서 시작하여 이 자유가 확대되면서 자유주의는 언론, 출판, 집회 자유의 요구로 발전하는 것이다. 따라서 자유주의의 제1원리는 사상의 자유의 원리이다.

둘째, 만민평등이다.

자유는 철저히 개인의 자유로부터 시작된다. 인간의 존엄성을 실현하기 위하여 구체적 개개인에게 자유가 보장되어야 한다. 그런데 이 개인적 자유를 확실히 보장하려면 만민평등의 원리가 따라와야 한다. 만일 만민이 불평등하다면 개인적 자유는 언제, 어떻게 도전을 받고 상실될지 모른다. 따라서 만민평등은 개인적 자유의 보장을 위하여 필수불가결의 조건이고 수단이다. 그뿐만 아니라 원리적으로도 인간의 존엄성이나 인격 면에서 모든 인간은 절대 평등하다고 보아야 하는 것은 당연하다. 따라서 만민평등의 원리가 필요하다.

주의할 것은 원리적으로 자유가치가 평등가치에 우선한다는 것이다. 자유가 있으면 평등이 생기나 평등이 있다고 자유가 생기는 것은 아니기 때문이다. 따라서 자유는 평등의 어머니라고 한다. 그러나 잊어서는 안 되는 것은 평등을 포함할 때 비로소 자유가 완성된다는 사실이다. 자유의 보편화와 深化는 반드시 평등을 요구하기 때문이다. 결국, 평등 없는 자유는 불완전하다. 그래서 만민평등의 원리가 자유주의의 제2의 원리가 된다.

셋째, 비판과 관용

　인간의 인격완성과 자아실현을 위하여 사상의 자유와 만민평등이 기본적 조건임을 보았다. 그런데 인간은 본래가 불완전한 존재이다. 인간의 인식에는 항상 오류가 있을 수 있고, 인간의 수양에도 부족함이 항상 있을 수 있다. 이것이 인간 실재의 모습이다. 여기서 비판과 관용의 중요성이 나온다. 누군가 우주의 진리를 100% 확실하게 알고 있다면 인간사회에는 자유가 필요하지 않을 수 있다. 그 진리를 아는 사람을 모두가 따라가면 우리는 진리에 도달할 수 있기 때문이다. 그런데 이 세상에서 아무도 자신의 인식 절대성을 주장할 수 없다. 인간이 신이 아니기 때문이다. 인간은 본래가 불완전한 존재이기 때문이다. 따라서 비판의 자유가 필수적인 것이다. 서로의 비판을 통하여 우리는 조금씩 진리로 나아갈 수 있기 때문이다. 최소한 크게 잘못된 길로 나아가지는 않을 수 있기 때문이다.

　이와 동시에 관용의 정신이 필요하게 된다. 자신과 다른 주의와 주장, 다른 종교, 다른 문화에 대하여 이해와 관용의 정신을 가져야 한다. 아무도 누가 절대적으로 옳은 가를 알 수 없기 때문이다. 아니 그러한 주장을 할 수 없기 때문이다. 결국 인간은 불완전하기 때문이다. 그래서 우리 모두는 진리에 대하여 겸손해야 한다. 따라서 비판과 관용이 필요하고, 비판의 자유와 관용의 정신이 있어야 자유주의가 인간의 인격완성과 자아실현의 길이 될 수 있다. 그래서 자유주의는 자신들만의 절대적 진리라고 주장하는 어떠한 형태의 근본주의에도 반대한다. 그것이 종교적 근본주의든 민족적 혹은 문화적 근본주의든 아니면 시장근본주의와 같은 이론적 근본주의든 모든 근본주의는 기본적으로 도그마이기 때문에 자유주의와 양립할 수 없다. 그래서 비판과 관용의 원리가 자유주의의 제3 원리가 된다.

자유주의의 국가구성원리 國家構成原理

개인의 인격완성과 자아실현을 목표로 하는 자유주의는 어떠한 국가구성원리國家構成原理를 주장하고 있는가 하는 문제를 살펴보도록 한다. 3가지로 요약할 수 있다. 첫째는 법치法治주의이고 둘째는 민주民主주의이고 셋째는 시장市場주의이다. 법치주의는 자유주의의 법적 표현이고 민주주의는 정치적 표현이며 시장주의는 경제적 표현이다.

첫째, 법치주의이다.

자유주의를 실천하고 실현하는 법의 원칙은 법치주의다. 법치주의란 아래의 3가지가 동시에 성립하여야 한다. (1) 법의 성립이 합법적 절차를 통하여 이루어져야 한다. (2) 법의 내용이 개인의 자유를 확대하고 보장하는 내용이어야 한다. 국가의 간섭 내지 개입을 제한하는 내용이어야 한다. (3) 법의 집행이 공정 투명 평등하여야 한다. 이 중에서 가장 중요한 것이 두 번째 조건 즉 법의 내용이 개인 자유의 확장과 보장을 내용으로 하여야 한다. 특히 이 두 번째 조건을 더욱 확실히 하기 위하여 법치주의는 개인의 자유권 등의 기본적 인권은 반드시 헌법에서 규정하도록 하는 입헌주의를 택하고 있다. 그래야 개인의 기본권에 대한 국가의 자의적 간섭과 지배가 어려워지기 때문이다. 이러한 의미의 법치주의와 입헌주의가 전제될 때 비로소 자유주의가 실현될 수 있다.

둘째, 민주주의이다.

자유주의를 실천하고 실현하는 정치제도 내지 수단은 민주주의이다. 민주주의란 국민이 선거를 통하여 정부를 바꿀 수 있는 정치제도이다. 자유주의의 역사를 보면 처음에는 절대군주가 개인의 자유에 대하여 자의적으로 개입하는 것을 막기 위하여 입헌주의를 가지고 군주의 행위를 통제하면서 자유주의를 실현해 보려고 하였다. 그러나 입헌주의를 통한 군주통제에는 한계가 있음을 확인하고, 결국 국민의 선거를 통하여 정부를 선택할 수 있는 민주정치를 도입하게 되었다. 그리하여 민주주의가 자유주의 실현을 위한 정치적 제도가 되었다.

그러나 유의할 것은 자유주의는 민주주의를 요구하지만 모든 민주주의는 반드시 자유주의를 보장하는 것은 아니라는 사실이다. 자유주의 실현을 위해서는 정치제도나 수단으로서 민주주의가 반드시 요구되지만, 민주주의를 한다고 하여서 항상 민주주의가 실현되는 것은 아니다. 자유주의와 민주주의가 결합한 자유민주주의, 즉 자유주의 실현에 기여하는 민주주의도 있지만, 비非자유주의와 결합하는 민주주의도 있다. 예컨대 히틀러의 나치즘과 파시즘, 계급독재로서의 인민민주주의와 프로레타리아 민주주의 등등의 비자유민주주의illiberal democracy가 그것이다. 이들 비자유 민주주의는 선거(다수결)를 통하여 정권을 바꿀 수 있다는 의미로서는 민주주의이지만 다수결을 통하여 등장한 정권이 개인의 자유를 억압하고 제한한다는 의미에서는 非자유주의이다. 따라서 자유주의의 성공을 위해서 민주주의가 다수의 폭력(예컨대 사이버 폭력, 지배적 여론 등)을 동원하여 소수의 기본적 권리를 침해하지 않도록 항상 경계하여야 한다. 그래야 자유민주주의를 유지하고 발전시킬 수 있다.

셋째, 시장市場주의이다.

여기서 시장주의란 자원배분의 메커니즘으로서 국가의 계획보다 시장이 더욱 효율적이라는 주장이다. 시장의 상대적 우월성에 대한 신뢰를 의미한다. 일반적으로 인간은 재화를 생산하고 분배하고 소비하면서 생존을 유지하는데 이러한 경제활동을 조직하는 방법에는 두 가지가 있다. 중앙집권적인 계획에 의하여, 즉 국가의 계획에 의하여 생산·분배·소비하는 방법과 개인들의 자유스러운 결정과 선택으로 즉 시장을 통하여 생산·분배·소비를 조직하는 방법이 있다. 국가에 의한 방식보다 시장을 통한 방식이 더 효율적이고 공정한 자원배분의 메커니즘이라고 보는 입장이 시장주의이다.

자유주의는 자유주의를 실현하는 경제제도 내지 경제질서로서 시장주의를 주장한다. 왜냐하면, 개인의 자유와 선택을 중시하는 자유주의로서는 경제활동에서도 중앙집권적 방식보다는 분권적 방식을 선호하기 때문이다. 그런데 이 시장주의는 개인이 시장에서 재화의 자유로운 선택과 교환을 의미하기 때문에 당연히 재화에 대한 사유재산권私有財産權을 전제로 한다. 따라서 자유주의는 사유재산권의 보장을 대단히 중요한 원칙으로 본다.

그런데 이 경제적 재화에 대한 사유재산권은 시장의 작동을 위해 필수불가결의 전제가 되지만 정치적 자유의 물질적 기초나 담보로서도 대단히 중요하다. 왜냐하면, 개개인의 정치적 자유는 경제적 독립(사유재산권)이

가능할 때, 보다 효과적이기 때문이다. 모든 재화가 국가소유인 경우, 개인의 정치적 자유(국가로부터의 자유)는 경제적 독립이 없으므로 사실상 공허하게 될 위험이 크다. 따라서 사유 재산권제도는 자유주의를 경제적으로 실천(시장주의)하고, 정치적으로 실현(민주주의)하기 위하여 모두 필수불가결의 제도적 전제가 된다.

다만 한 가지 주의할 것은 시장주의와 시장만능주의市場萬能主義는 다르고, 자유주의는 시장만능주의를 지지하지 않는다는 사실이다. 시장만능주의는 시장에만 맡기면 모든 경제문제가 잘 풀릴 것이므로 국가는 개입하지 않으면 않을수록 좋다는 주장이다. 시장절대주의 내지 시장원리주의라고도 불리 운다. 그러나 이것은 너무 극단적 도그마이다. 자원배분의 메커니즘으로서 시장이 국가보다 일반적으로 크게 우월한 것은 사실이지만, 시장은 시장 나름의 문제를 가지고 있다. 소득분배의 악화, 노동소외의 발생, 경제력 집중 등의 문제가 그것이다. 따라서 공정한 법치를 통하여 적절한 시장규제가 필요하다. 이러한 입장이 자유주의적 시장주의의 입장이다. 왜냐하면, 소득분배의 악화나 노동소외의 발생 그리고 경제력 집중 등 과도하게 진행되면 개개인의 인격완성 자아실현이라는 자유주의의 근본 목적 자체가 크게 훼손될 수 있기 때문이다.

그런데 이 3가지의 사회구성원리, 즉 법치주의, 민주주의, 시장주의 사이에는 깊은 내적 상호의존성을 가지고 있다. 즉 어느 하나의 원리가 취약해지면, 다른 원리들이 제대로 작동할 수 없게 된다. 특히 중요한 것은 법치주의 없이는 민주주의나 시장주의가 전혀 성립할 수 없다는 사실이다. 개인의 자유, 그리고 그 물적 기초로서 개인의 재산을 지키는 법치의 노력이 전제되어야 민주주의도 성공하고 시장주의도 제대로 작동될 수 있다.

우리는 자유주의를 왜 21세기 선진화의 기본철학으로 삼아야 하는가? 두 가지 이유 때문이다. 하나는 자유주의가 바로 국민 개개인의 인간성 발현, 인격완성과 자아실현을 가능하게 하는 철학이기 때문이다. 다른 하나는 자유주의야말로 공동체의 발전, 문명의 진보를 가능하게 하는 원리이기 때문이다. 지난 200~250년간 인류의 역사상 유례가 없는 눈부신 정치적 경제적 발전은 한마디로 자유주의 철학의 등장과 그 확산 때문이다. 요컨대 자유주의는 [공동체의 발전]과 [개인의 완성]을 동시에 가능하게 하는 철학이기 때문이다. 따라서 우리는 이것이 앞으로 21세기 우리나라의 선진화를 위한 기본철학이 되어야 한다고 믿는다.

우리나라의 자유주의: 역사와 성찰

우리나라의 역사를 보아도, 과거 1960~70년대의 산업화 시대나 1980~90년대의 민주화 시대, 어느 시대에도 자유주의를 향한 노력이 사실상 변화와 발전의 원동력이었다. 산업화시대에는 [경제적 자유주의]가 그리고 민주화 시대에는 [정치적 자유주의]가 지도이념이었다. 그러나 당시에는 자유주의의 개화開花의 정도가 불충분하였다. 산업화시대에는 자유시장경제가 기본이었기는 하나 정부개입과 정부주도의 관치官治경제적 요소가 많았다. 민주화 시대에도 자유민주주의가 원칙이기는 하였으나 민중

民衆민주주의적 요소도 적지 아니했다. 주지하듯이 관치경제도 민중민주주의도 기본적으로 반시장주의, 반反개인주의이기 때문에 반反자유주의이다. 그러므로 앞으로 21세기 선진화 시대에는 정치적 자유민주주의와 경제적 자유시장주의를 확실하게 완성시키는 방향으로 나아가야 한다. 즉 [자유주의의 완전개화]가 선진화의 이념적 목표이며 이념적 수단이어야 한다.

우리나라의 자유주의 역사에는 서구西歐와 다른 특수한 상황과 여건이 있었음을 명심하여야 한다. 우선 정치적 자유주의의 역사를 일별하면 우리나라가 1945년 해방 이후 남북분단과 냉전구조로 편입, 그리고 6.25전쟁 등을 겪으면서 우리의 [정치적 자유주의]는 체제 내부의 자유주의적 개혁을 목표로 하는 공격적 적극적 성격보다는 체제외부의 적敵인 공산주의와의 투쟁을 우선하는 방어적 소극적 성격을 강하게 가지게 되었다. 본래 서구에서의 자유주의는 대단히 반체제적이고 개혁적이며 신질서창조의 경향이 두드러졌던 사상이다. 그런데 우리나라에서는 냉전 시대의 특수성 때문에 내부의 자유주의 개혁 이전에 외부의 더 철저한 반자유주의 세력의 위협, 구체적으로는 공산주의로부터 자유체제를 지켜야 하는 것이 더 시급한 과제였다. 그것이 냉전 시대의 자유주의로부터 시작된, 해방 후 우리나라 정치적 자유주의의 한계이고 조건이었다.

그 과정에서 우리의 정치적 자유주의는 쉽게 방어적防禦的 소극적消極的 개념으로 변하였고 자유주의라는 새로운 질서창출과 발전보다 기존의 질서유지와 수호에 보다 치중하게 되었다. 그리하여 점차 자유주의는 반공주의에게 자신의 자리를 내놓게 되어 갔다. 아직 본격적으로 개화되지 않은 자유주의를 지키기 위해 반공을 하여야 한다는 논리가 반공을 위해서는 자유주의를 제한하지 않을 수 없다는 논리로 발전하였고 결국에는 〔자유제한自由制限의 반공反共주의〕를 곧 자유주의라고 하는 억지가 나오게 되었다. 그러나 이러한 우리나라의 정치적 자유주의의 왜곡과 일탈의 역사는 냉전시대가 끝나면서 이제는 다시 정상화되어야 하는 시대로 진입하였다고 본다. 이제 본격적으로 정치와 사회 각 부분에서 자유주의의 심화와 발전과 확대가 진행되어야 하는 시대로 접어들고 있다.

그런데 불행하게도 脫 냉전시대에 접어들면서 우리나라의 정치적 자유주의가 본격적인 심화와 발전과 확대의 길을 걷기보다는 또 다른 왜곡과 일탈을 경험하고 있다. 냉전시대에는 반공주의가 자유주의의 왜곡 원인이었다면, 이제 탈냉전시대에는 민중民衆민주주의가 우리의 자유주의의 또 다른 일탈逸脫을 가져오고 있다. 이 민중민주주의는 1980~90년대 우리나라 민주화 과정에서 등장한 하나의 사상적 경향인데 이것은 기본적으로 反자유주의적이다. 개인의 존엄과 자유에 대한 존중보다는 民衆이라는 이름의 집단주의적 색채가 강하다. 물론 권위주의 정부와의 싸움에서 전략적으로 집단주의가 유효했다고 판단할 수도 있다. 그러나 민주화 이후에도 집단주의적 경향을 보이는 것은 옳지 않다. 집단주의는 기본적으로 반反개인주의이고 따라서 반反자유주의이기 때문이다. 반드시 새로운 독선과 독재를 결과한다.

오늘날 우리 사회에서 논의되고 있는 참여參與민주주의가 자유민주주의의 발전과 심화에 기여할 것인지 아니면 민중民衆민주주의로 전락할 것인지가 앞으로의 문제라 하겠다. 그 시금석은 참여민주주의가 의회민주주의의 원칙을 얼마나 존중하는가? 삼권분립과 법치주의를 얼마나 존중하는가? 에 달려있다. 참여민주주의가 민중이나 시민의 이름으로 의회민주주의를 대체하려 하거나 법치주의의 원칙 등을 무시하려 하면 이는 자유주의의 또 다른 왜곡과 후퇴를 결과하게 될 것이다. 따라서 앞으로 우리나라 자유주의는 과거 산업화 시대의 반공주의적 잔재도 극복하여야 하고 민주화시대의 민중 민주주의적 일탈도 극복하여야 한다. 그것이 21세기 우리나라 자유주의의 과제이다. 이 과제를 풀어야 진정한 의미의 자유주의가 이 땅에 만개할 수 있을 것이다.

다음으로 [경제적 자유주의]의 역사도 살펴보자. 경제적 자유주의는 한 나라의 바람직한 경제질서로서 사유제私有制에 기초한 경쟁적 자유시장질서를 중시하는 사상이다. 한마디로 자유시장주의自由市場主義를 의미한다. 그런데 이 경제적 자유주의도 우리나라에서는 정치적 자유주의와 마찬가지로 냉전구조의 영향을 크게 받았다. 해방 후 우리의 경제적 자유주의도 내부의 자유시장질서의 심화 확대를 위한 개혁에 노력하기 보다는 외부의 적敵, 즉 공산주의로부터 경제적 자유주의체제를 지키고 수호하는 것이 보다 시급한 과제가 되었었다. 따라서 이를 위하여 가능한 어떻게 하여서든 북한보다 빠른 경제성장을 이루어 공산주의체제보다 자본주의체제의 우월성을 현실적으로 증명하는 것이 시급한 과제였다. 우리나라 자본주의체제 내부에서의 자유시장주의적 개혁을 추진하여 경제적 자유주의를 정착 심화시키는 것은 상대적으로 덜 중요한 과제였다. 여기서 나온 것이 발전주의發展主義developmentalism이였다. 요컨대 냉전시대의 체제대결로 인하여 우리나라에서는 발전주의가 경제적 자유주의보다 우선하게 되었다.

발전주의란 기본적으로 시장 질서를 전제로 하지만 정부의 적극적 개입으로 나라의 중요자원을 전략적으로 성장극대화에 배분하는 정책노선이다. 공산주의와의 대결에서 자본주의를 지키기 위하여 빠른 경제성장은 필수불가결하다는 판단아래 성장제일주의라는 발전주의가 등장하게 되었다. 물론 발전주의는 공산주의와의 대결이라는 측면만 있었던 것은 아니다. 내부적으로는 당시 6.25 전쟁의 참화 이후 절대빈곤絶對貧困에서 생활하는 국민 다수의 절실한 정치적 요구이기도 하였다. 소위 보리고개로 대변되는 절대빈곤의 문제를 해결하기 위해서는 어떤 방식으로든지 빠른 경제성장을 이루는 것이 가장 절박한 국민적 요구였다. 그리하여 발전주의는 국내 국민 요구에도 부응하고 나아가 국내의 정치적 안정, 체제적 안정에도 기여하는 길이었다.

냉전시대의 발전주의로 인하여 대한민국은 대단히 빠른 압축성장을 성취하게 되지만 동시에 자유시장질서의 확립이라는 경제적 자유주의의 면에서는 후퇴와 일탈도 적지 아니하였다. 사적 소유권에 대한 정부의 자의적 개입도 적지 않았고 정경유착, 부정부채 등에서 볼 수 있듯이 자유경쟁 질서의 왜곡도 많았다. 또한 경제질서와 정책의 투명성도 많이 부족하였다. 그러나 이제는 냉전의 시대도 끝났고 발전주의의 결과로 대한민국의 경제도 중진국에 진입하였다. 이제 우리가 선진국 경제로 진입하기 위해서는 정부주도의 관치경제의 단계를 벗어나야 한다. 그리하여 경제적 자유주의, 자유시장경제원리에 더욱 충실한 시대를 만들어 가야 한다.

그런데 여기에 또 하나의 도전이 나타나고 있다. 즉 1980-90년대의 민주화시대에 나타나기 시작한 〔평등주의적 경제개혁사상〕이 그것이다. 그리고 이 평등주의적 경제개혁사상은 2000년대 들어오면서 정치적으로 일정부분 실천되고 있다. 1960~70년대의 산업화의 시대에는 발전주의가 경제적 자유주의의 왜곡을 가져왔다면 1980년~90년대 이후에는 평등주의가 경제적 자유주의의 새로운 일탈을 결과하고 있다. 이 평등주의적 개혁사상은 앞에서 본 민중민주주의의 등장과 함께 나타나고 있다. 양자는 동전의 앞과 뒤의 관계와 같다. 본래가 민중民衆민주주의의 경제적 표현이 평등주의이고 평등주의의 정치적 표현이 민중민주주의이기 때문이다.

그런데 이 평등주의적 개혁사상은 당연히 자유시장적 결과에 대해 불신과 불만에서 출발한다. 따라서 시장에 맡기지 말고 정부가 직접 나서서 더 평등한 결과를 만들어 줄 것을 주장하고 요구한다. 그러면 그만큼 경제적 자유주의는 위축되고 왜곡되지 않을 수 없다. 따라서 우리는 평등주의의 유혹에서 벗어나야 한다. 경제적 기회의 평등은 옳다. 기회의 평등은 많을수록 좋다. 그러나 경제적 결과의 평등은 안 된다. 이것은 자유시장경제 자체를 부정하는 것이 되고 결국 선진화에 역행적이 된다.

21세기 세계화 정보화 시대에는 20세기적 발전주의發展主義국가 노선으로도 혹은 20세기적 사회주의 내지 평등주의平等主義국가 노선으로도 더 이상 국가발전을 하기 어려운 시대이다. 정치적 경제적 자유주의국가 노선만이 개인의 발전과 국가의 발전을 동시에 이룩할 수 있는 시대이다. 그리하여 정치적 경제적 자유주의만이 우리나라의 선진화를 이룩할 수 있는 올바른 노선이다.

냉전시기에 반공주의와 발전주의로 인하여 방어적 체제 수호적 성격이 강했던 우리나라의 자유주의 역사는 이제 냉전의 시대를 끝내고 새롭게 적극적 체제 변혁적 개혁의 이념으로 거듭나야 한다. 이제 자유주의야 말로 21세기 대한민국의 최고의 선진적 개혁이념으로 등장하고 있다.

왜 공동체주의共同體主義 인가?

　공동체共同體주의communitarianism는 본래 개인주의적 자유주의와 전체주의적 권위주의 모두가 가지는 문제점에 대한 반성에서부터 시작된다. 그리하여 공동체주의는 인간의 자발적 자유공동체를 보다 건강하게 만들고 보다 활성화하는데 그 목적을 두고 있다. 왜냐하면, 개인의 인격완성과 자아실현은 건강한 자유공동체 속에서만 가능하다고 믿기 때문이다.

　공동체주의는 자유스러운 개인을 전제로 한 이 자유공동체(예컨대 가족 이웃 시민사회 등)가 오늘날 두 가지 심각한 도전을 받고 있다고 생각한다. 하나는 극단적인 개인주의 즉 개인주의적 자유주의이고, 다른 하나는 극단적인 집단주의 즉 전체주의적 권위주의이다. 이 극단적 개인주의와 극단적 집단주의 모두가 인간의 자유공동체를 파괴하고 피폐하게 만들고 있다고 보고 여기에서 오늘날의 모든 정치·경제·사회적 난제가 발생한다고 보고 있다. 따라서 공동체주의는 이들 두 가지 잘못된 사상의 폐해로부터 자유공동체를 보호 육성하고 재창조하여야 한다고 주장한다.

최근의 공동체주의

공동체주의의 역사는 인류의 사상사思想史 만큼이나 오래된 사상이다. 그리스사상이나 불교사상 등까지 올라갈 수 있다. 그러나 최근에 1980년대 말부터 구미歐美에서 공동체주의가 다시 등장하고 있다. 거기에는 몇 가지 이유가 있다. 우선 개인주의적 자유주의가 과잉개인주의hyper-individualism를 결과하면서 첫째, 사회 무질서, 마약, 범죄, 가족해체, 학교붕괴, 도덕적 해이, 정신적 황폐, 등 사회적 부작용이 증가하고 있다. 결국 공동체연대가 붕괴하기 시작하고 있다. 둘째, 국민 각자가 자기권리만을 주장하고 있지 시민적 의무나 권리에 따른 책임의식은 외면하고 있다. 그 결과 공동체는 피폐해져 가고 있다. 셋째, 부분이익이 전체이익 내지 공동이익을 무시하는 경우가 증대하기 시작하였다. 집단화된 개인들이 국가이익의 희생 위에 자신들의 부분이익을 추구하고 있다. 결국, 공동체는 목소리 큰 사람들의 약탈 대상이 되어 가고 있는 셈이다. 이러한 문제의식을 배경으로 자유공동체의 재창조를 목표로 하는 공동체주의가 등장하게 되었다.

그런데 공동체주의는 이러한 과잉 개인주의적 자유주의에 대한 반동反動으로서 만이 아니라 사실은 종래의 보수-혁신이나, 좌우左右대립의 2분법을 넘어서려는 의도도 가지고 있다. 공동체주의는 자유냐? 질서이냐? 혹은 시장이냐? 국가냐? 의 2분법은 잘못되었다고 생각한다. 자유와 질서 간의 관계가 결코 상호 트레이드오프trade-off의 관계가 아니라는 것이다. 즉 자유가 많아지면 질서가 문란해지고 질서가 강조되면 자유가 억압 받는 그러한 관계가 아니라는 것이다. 우리가 공동체를 육성하고 재창조하는 데 성공한다면 우리는 더 많은 자유와 질서를 함께 가질 수 있다고 주장한다.

또한 시장이냐 국가냐 하는 논쟁도 양자택일의 관계가 아니라는 것이다. 시장이라는 효율을 강조하면 국가라는 정의(형평)는 줄어들어야 하고 그 반대로 국가라는 정의(형평)를 강조하면 시장이라는 효율은 줄어들어야 하는 관계가 아니라는 것이다. 만일 우리가 공동체(공동체 의식)를 재창조할 수만 있다면 시장과 국가의 기능을 제대로 살려낼 수 있고 따라서 효율과 형평을 함께 재고시킬 수 있다는 것이다. 그리고 더 나아가 시장 국가 시민사회의 3자 사이에 상호견제와 균형, 조화와 발전의 관계를 만들어 나갈 수도 있어, 우리는 더 좋은 사회good society를 만드는 데 성공할 수 있다고 주장한다.

따라서 〔공동체의 재창조〕가 중요하고 이를 위해 세 가지 노력이 필요하다고 한다. 첫째는 공동성찰과 공동탐구이다. 공동체구성원 모두가 공동체(예컨대 가족, 지역사회, 시민사회 등)의 목표와 가치를 공동으로 성찰하고 탐구하여야 한다. 그리하여 공동체의 목표, 가치, 그리고 도덕의 재발견과 재확인이 필요하다는 것이다. 둘째는 공동참여와 공동책임이다. 이렇게 확인된 공동체의 목표를 달성하고 가치를 실현하기 위하여 공동체구성원 모두가 공동참여하여야 하고 그 결과에 대하여 공동책임을 지어야 한다는 것이다. 셋째는 가정과 학교로부터 시작이다. 이러한 공동체의 목표, 가치, 도덕의 재창조, 재무장의 노력은 가정과 학교로부터 시작되어야 하고 점차 지역사회 그리고 시민사회로 발전하여 나가야 한다는 것이다.

공동체주의는 이렇게 구성원 한 사람 한사람의 자발적 협동적 노력에 의하여, 가정에서 학교로 더 나아가 시민사회로, 자유공동체를 재창조하여 나가면 우리는 극단적 개인주의의 폐해도 집단주의의 폐해도 함께 극복하고, 보혁保革이나 좌우左右논쟁의 틀도 모두 벗어날 수 있다고 주장한다. 그리하여 자발적 질서voluntary order와 자제된 자유bounded autonomy가 충만한, 더욱 좋은 사회good society를 건설할 수 있다고 주장한다.

공동체주의의 확대

우리는 이러한 서구의 공동체주의를 좀 더 발전 확대해야 한다.

첫째, 개인과 공동체와의 관계를 논함에 있어 공동체를 사회공동체에만 국한할 것이 아니라 자연공동체와 역사공동체로 확대해야 한다. 개인을 오직 사회공동체의 일원으로서만 파악하는 것은 불충분하다. 인간은 존재론적으로 사회의 일부일 뿐 아니라 자연의 일부이고 역사의 일부이다. 뒤에서 다시 상론하겠으나 특히 우리나라에서는 이점을 올바로 이해하는 것이 중요하다고 생각한다.

둘째, 개인과 공동체를 대립對立적인 측면에서만 파악하지 말고 統一적 측면 즉 개인과 공동체가 상의상생相依相生의 관계, 불가불리의 관계라는 측면을 보다 강조하여야 한다.

서양에서는 인간을 본질적으로 〔개체적 존재〕로 파악하여 모든 논의를 인간의 개체성에서 출발한다. 그리하여 점차 공동체 내지 전체의 중요성을 강조하는 방향으로 나아간다. 그러나 동양에서는 인간을 처음부터 [관계적 존재]로 파악한다. 인간을 개체와 개체와의 관계적 존재, 개체와 전체와의 관계적 존재, 그리하여 개체성과 공동체성을 함께 가진 존재, 더 나아가서는 개체와 전체의 통일적 내지 융합적 존재로서 파악한다.

예컨대 불교佛敎는 인간을 인因 - 연緣 - 과果의 [연기적緣起的 존재]로 파악한다. [이것이 있으니 저것이 있고 저것이 있으니 이것이 있다]는 상호의존적 상호작용적 연기적 존재로 파악한다. 그리고 이 연기적 관계는 복합적 중첩적으로 중중무진重重無盡으로 나타나며 시간적으로 공간적으로 한없이 확산하여 나간다. 그래서 이 연기를 떠난 개체의 존재를 주장하기 어렵다.

불교儒敎도 인간을 기본적으로 관계적 존재로 파악하여 인간과 인간의 올바른 관계설정을 그 중심사상으로 하고 있다. 임금은 임금다워야 하고 신하는 신하다워야 하며 부모는 부모다워야 하고 자식은 자식다워야 한다君君臣臣, 父父子子가 기본사상이다. 삼강오륜三綱五倫 그 자체도 바로 올바른 관계에 대한 원리이다. 부모 없는 자식의 의미는 없다. 반대의 경우도 마찬가지이다.

이렇게 개체 그 자체보다는 개체와 개체와의 관계, 혹은 개체와 전체와의 관계에 동양사상은 그 사상의 중심을 둔다. 사실은 여기에 동양사상의 진수眞髓가 있다. 그 만큼 공동체주의는 이미 동양 사상은 원래가 보다 친親

공동체적이다. 따라서 서양보다 동양에서 공동체주의의 수용이 보다 용이하다. 그리고 서양의 공동체주의보다 동양의 공동체주의가 공동체적 가치를 더욱 많이 존중하는 내용과 형식이 되지 않을 수 없다.

다시 정리하면 인간은 독존적 개체적 존재이면서도 동시에 관계적 공동체적 존재이다. 인간은 본래가 공동체적 관계를 떠나서 개인으로서만, 원자화된 개인으로만 존재할 수 없다. 공동체도 개인들의 자발적 적극적 기여 없이 지속 가능하지 않다. 이것이 인간과 인간 공동체의 생생한 본래의 모습이다. 인간존재의 실상이다. 이 존재법칙을 역행하면 자기부정이 일어난다. 즉 인간이 개인적 자유만을 극단적으로 주장하면 공동체의 유지와 발전이 어렵게 되고 그러면 개인적 자유 자체도 지속 가능하지 않게 된다. 결국 개인적 자유의 자기부정이 일어나게 된다.

따라서 개인적 자유주의의 발전은 항상 공동체의 유지 발전과 조화로울 수 있어야 한다. 여기서 공동체주의의 필요가 등장한다. 공동체주의는 인간을 원자화되고 파편화된 독자적 개인으로 이해하지 않고 공동체와 불가불리의 존재로서 이해한다. 그리하여 개인과 공동체와의 연대, 개인과 공동체와의 상호작용, 그리고 공동체의 유지와 발전, 공동체적 전통과 가치 등등을 중시하게 된다. 그리고 이러한 사상은 인간이 본래 개체적 존재이면서도 동시에 관계적 존재이고 공동체적 존재라고 하는 데서 유래한다.

끝으로 한번 더 강조하고자 한다. 공동체주의communitarianism는 개인주의를 거부하는 집단주의Collectivism 내지 전체주의totalitarianism와 혼동하여서는 안 된다. 집단주의내지 전체주의는 집단이나 전체의 이익을 위하여, 혹은 위한다는 명목으로 개인의 존엄이나 창의 그리고 자유를 부정하지만, 공동체주의는 개인의 존엄과 창의 그리고 자유의 존중을 기본으로 한다. 그래서 우리는 〔자유공동체〕라는 말을 자주 사용한다. 공동체주의에서 이야기하는 공동체는 기본적으로 〔자유공동체〕이다. 다만 개인의 자유를 기본으로 하되 공동체의 발전과 개인의 자유와 조화가 필요함을 강조할 뿐이다. 개인의 자유 가치와 공동체의 발전 가치가 조화되어야 함을 주장하는 것이다. 그러한 의미에서 공동체주의는 극단의 개인주의와 극단의 집단주의라는 양변兩邊을 모두 거부한다는 의미에서 불교의 중도中道사상 내지 유교의 중용中庸사상에 가깝다고 볼 수도 있다.

3가지 인간공동체人間共同體

일반적으로 공동체주의가 중시하는 인간 공동체에는 3가지 종류 또는 차원이 있다.

첫째, 사회社會공동체이다.

인간은 이웃과 더불어 사는 존재이다. 인간은 결코 홀로 존재할 수 없다. 이웃과의 관계(예컨대 사회적 분업의 망) 속에서만 존재하고 발전할 수 있다. 인간은 자신이 소비하는 대부분의 재화를 자신이 직접 생산한 것이 아니다. 이웃노동의 도움이 없으면 하루도 생활할 수 없다. 존재적으로 인간은 사회적 동물이다.

따라서 개인의 자유(권리)를 기본으로 하지만 공동체의 발전에 기여하여야 한다는 의무가 함께 강조되지 않을 수 없다. 한마디로 [共生의 윤리], 즉 [권리와 의무의 일체화]의 윤리가 필요하게 된다. 즉 개인에게는 자신의 자유를 주장할 권리가 있음과 동시에 개인의 자유가 주장되고 번창할 수 있는 사회를 만들어야 하는 의무도 함께 있는 것이다. 즉 자유공동체를 유지 발전시킬 의무가 모든 사회구성원에게 있는 것이다.

이를 위하여 이웃과의 나눔과 사랑 그리고 이웃과의 연대가 중요하다. 나만의 자유가 아니라 모든 사람의 자유가 함께 실현되어야 하기 때문이다. 그래서 공동체주의는 사회적 약자를 위한 공적 부조 등 사회 안전망의 중요성을 특히 강조한다. 그리고 국가에 의한 약자보호정책과 함께 시민사회의 자발적인 사랑과 나눔 그리고 이웃돕기 운동 등의 중요성을 강조한다.

둘째, 역사歷史공동체이다.

인간은 시간적 존재이고 역사적 존재이다. 개인도 역사적 관계 속에서 등장하고 활동하고 사라지며 그 과정에서 자기의미를 가진다. 비역사적 개인은 존재할 수 없다. 가족의 역사이든 민족의 역사이든 그 역사 속에서 개인은 위하고 평가받고 자기존재의 의미를 스스로 창조한다.

우리의 선조와 조상들에 대하여, 다음 올 세대인 후손들에 대하여 지금의 우리의 삶과 활동이 어떠한 역사적 의미를 가질 것인가를 곰곰이 생각해 보아야 한다. 이것이 역사의식이다. 물론 우리는 과거 역사와 조상의 문화유산에 대하여 자부심을 가지고 감사해야 한다. 그리고 역사와 문화의 아름다움을 마음껏 즐겨야 한다. 역사공동체에 대한 막중한 의무를 지고 있다. 우리의 역사와 문화 속에서 어떠한 핵심적 가치와 교훈을 어떻게 하여 다음 세대에 올바로 전달할 것인가? 과거 속에서 잘못된 부분을 어떻게 반성하여 다시 후손들의 역사 속에서 그러한 잘못이 반복되지 않게 할 것인가? 우리가 역사공동체에 대하여 가지는 엄중한 의무이다.

한마디로 우리는 역사를 소중히 하여야 한다. 누구도 역사로부터 자유스러울 수 없고 역사를 떠나서 개인은 존재할 수도 의미를 가질 수도 없다.

셋째, 자연공동체이다.

인간은 본래가 자연생명의 일부이다. 따라서 자연 생명에 대한 파괴행위는 결국 자기파괴이고 자기부정이 된다. 그러므로 단순한 환경 보호차원의 문제가 아니라 생태계의 생명력 복원이 문제이다. 자연생명의 복원을 고민하여야 한다. 자유주의도 시장주의도 중요하지만, 특히 21세기에는 반드시 자연 생명문제에 대한 올바른 배려와 정책이 없으면 개인적 자유주의가 지속 가능하지 않을 수 있다.

지금까지는 자연을 약탈의 대상으로만 삼아 왔다. 권리행사의 객체로서만 다루어 왔다. 앞으로는 자연에 대한 인간의 의무를 생각하여야 한다. 자연과 연대하고 자연과 협동하여 어떻게 우리가 지구라는 큰 생명의 복원에 성공할 것인가가 앞으로의 문제이다.

현재 약 10억의 인구가 산업화에 성공한 선진경제에 살고 있다. 그러면서도 심각한 환경파괴 자원부족 문제를 일으키고 있다. 앞으로 중국과 인도를 합쳐서 약 25억의 인구가 21세기에 본격적인 산업화와 선진화의 길을 간다면 우리의 지구 생명체가 과연 견디어 낼 수 있을까? 대단히 급박한 문제의 하나이다. 그 답은 우리가 지금까지와는 근본적으로 다른 산업화의 방식, 새로운 삶과 일의 방식을 찾아야 한다는 것이다. 이것이 인류가 당면한 큰 도전의 하나이다.

이처럼 인간은 본래가 사회적 · 역사적 · 자연적 존재이다. 또한, 본래가 그러한 관계를 떠나서는 물리적으로 존재라 할 수 없을 뿐 아니라 의미창조 意味創造도 할 수 없는 존재이다. 따라서 결국 인간에게는 사회공동체 · 역사공동체 · 자연공동체의 유지 발전이 대단히 중요한 가치와 목표가 되지 않을 수 없다. 개인적 자유주의에 기초를 두지만 올바른 사회의식 · 역사의식 그리고 환경의식이 필요하다는 것이 바로 공동체자유주의의 주장이다.

왜 공동체 자유주의인가?

　인간이란 존재가 본래 개체적이고 독자적인 존재이면서 동시에 관계적이고 공동체적인 존재이다. 따라서 개인적 자유주의는 공동체주의와 반드시 상호보완의 관계를 발전시켜 나가야 한다. 예컨대 개인적 자유주의만 강조하고 거기에 머무르면 각종 경제적 격차와 차별, 사회적 갈등과 대립, 공동체 연대의 붕괴, 개인의 파편화, 역사단절과 전통붕괴, 생명훼손과 환경파괴 등의 문제에 직면하게 된다. 이러한 문제들이 계속 쌓이면 사회공동체 역사공동체 자연공동체가 피폐하고 붕괴되어 자유주의 자체의 지속이 불가능하게 된다. 이러한 개인주의적 자유주의가 가져오는 문제점들을 해결하기 위하여선 공동체적 연대와 사랑 그리고 배려와 나눔을 중시하는 공동체주의가 필요하게 된다. 즉 자유주의에 대한 공동체주의적 보완이 필요하게 된다. 다시 강조하지만 결국 인간의 존재가 가지는 본질적 양면성 때문이다. 즉 개체적인 존재이면서 공동체적 존재라는 양면성 때문에 공동체자유주의의 필요성이 나온다. 개인의 존엄과 자유를 최고 가치로 하는 자유주의를 기본으로 하되 사회공동체, 역사공동체, 자연공동체의 발전을 위한 적절한 배려와 조화노력을 반드시 수반하는 자유주의여야 한다는 것이다. 요약하면 자유주의를 통한 개인의 자아실현과 공동체주의를 통한 공동체의 재창조와 발전을 동시에 이루려는 노력이 바로 공동체자유주의의 핵심이다.

자유공동체의 구성원리: 연대성連帶性과 보완성補完性의 원리

개인의 자유를 기본으로 하되 공동체 발전과의 조화에 노력하여야 한다는 공동체자유주의를 구체적으로 제도화한다면 어떠한 사회구성 원리내지 사회조직 원리가 나올까? 바꿔 말하면 공동체자유주의가 지향하는 자유공동체의 질서원리 또는 작동원리는 무엇일까?

자유공동체는 다음과 같은 두 가지 구성 원리를 가져야 한다고 본다. 하나는 연대성의 원리solidarity principle이다. 공동체의 횡적橫的 질서는 연대성에 기초하는 것이 옳다. 공동체 구성원상호간에는 서로의 인격에 대한 상호존중과 동고동락同苦同樂의 동지애가 있어야 한다. 인격의 존엄성과 절대성에 대한 상호존중의 정신과 공동체의 일원으로서 권리와 의무를 다하는 자세, 더 나아가 공동체 성원의 고통을 함께 분담하려는 의지 이것이 바로 연대성의 원리이다.

다른 하나는 보완성의 원리subsidiary principle이다. 이것은 공동체의 종적縱的 질서를 규율하는 원리이다. 하위조직 혹은 작은 단위가 할 수 있는 것은 모두 하위조직 내지 작은 단위가 책임지고 한다는 원칙이다. 그리고 하위조직이나 작은 단위가 할 수 없는 것 혹은 할 수 있어도 비효율적으로밖에 할 수 없는 경우만 상위조직 혹은 큰 단위가 담당한다는 원칙이다.

바꿔 말하면 보완성의 원리는 우선 자유로운 개인이 할 수 있는 문제는 모두 자유스러운 개인에게 맡긴다는 원칙이다. 다만 자유스러운 개인이 할 수 없는 문제, 혹은 하여도 비효율적인 결과가 나오는 문제에 대해서만 공동체가 나서야 한다는 것이다. 이 원리에 따르면 사실 개인의 자유와 더불어 개인의 책임이 엄중하게 요구된다. 따라서 개개인의 자조와 자립의 정신을 중시하는 질서원리라고 할 수 있다. 그래서 [밑으로부터의 질서원리]라고 명명할 수도 있을 것이다. 또한, 이 원리는 공동체의 과도한 개입과 간섭을 견제하는 질서원리이다. 공동체가 개입할 수 있는 경우를 상당히 제한적으로 만들었기 때문이다. 따라서 공동체에 의한 개인 자유의 침해를 최소화하려는 질서원리라고 볼 수 있다.

몇 가지 보완성 원리의 예를 들어보자. (1) 우선 개인이 할 수 있는 일을 사회에 미루지 말아야 한다. 자유공동체는 의존(의타)의 문화가 아니라 자립(자조)의 문화 속에서 발전하기 때문이다. (2) 지방地方이 할 수 있는 일을 중앙에 미루지 말아야 한다. 그래야 공동체자유주의에 기초한 올바른 지방발전이 가능하다. (3) 가족이 할 수 있는 일을 학교에 미루어서는 안 된다. 부모들이 더 잘 가르칠 수 있는 인성人性교육을 학교에 미루어선 도덕교육에 실패하게 된다. (4) 학교에서 더 잘 가르칠 수 있는 것을 사회교육내지 평생교육에 미루어서는 안 된다. (5) 자기 동네에서 할 수 있는 일을 이웃의 큰 동네에 미루어서는 안 된다. 가까운 이웃의 어려움은 먼저 이웃사촌들끼리 풀려고 노력 하여야 한다. 그래도 안 되는 경우에만 보다 큰 공동체의 도움을 청하여야 할 것이다. (6) 국가나 민족의 문제는 스스로 풀 생각을 먼저 해야 한다. 잘 안 풀린다고 이웃 큰 나라들을 비판하거나 쉽게 의지하려 하여서는 안 된다. 그들의 도움이 꼭 필요할 때만 도움을 받도록 하여야 한다. 국가발전은 자강自强에 기초하여야지 원조로 되지 않는다.

보완성의 원리가 적용될 수 있는 몇 가지 예를 들어 보았다. 자신들이 해결할 수 있는 문제는 가능한 자신들이 해결하고 공동체의 도움은 문제가 안 풀리는 혹은 잘못 풀리는 특별한 경우에만 국한하자는 이 보완성의 원리는 사실 공동체자유주의의 핵심적 원리이다. 이 원리가 지켜져야 (1) 우리는 우리의 공동체 속에 자유주의를 최대한 지켜나갈 수 있다. 공동체의 개입과 간섭 이전에 개인의 자유와 창의를 최대한 발현시켜 볼 수 있기 때문이다. 동시에 (2) 또한 공동체주의도 강화해 나갈 수 있다. 과도한 공동체의존은 공동체자체를 허약하고 피폐하게 만든다. 따라서 공동체의 역할에 대한 제한은 공동체자체의 건강유지에 크게 도움이 된다.

자유공동체의 운영원리: 정보공유情報共有와 협치協治의 원리

앞에서 우리는 연대성의 원리와 보완성의 원리라는 공동체의 구성構成원리를 밝혔다. 그러면 이 구성원리를 어떻게 구체화할 것인가? 이제 자유공동체의 운영運營원리를 밝혀야 한다. 여기에서 두 가지를 제안하고자 한다. 하나는 정보공유情報共有의 원리이고 다른 하나는 협치協治의 원리 혹은 협동協同의 원리이다.

정보공유는 공동체구성원사이의 정보교류와 공유를 말한다. 정보공유는 상호신뢰와 인식의 공유를 가져온다. 특히 공동체의 공동이익, 공동체가 당면한 문제 등에 대한 인식의 공유가 중요하다. 그래야 공동체적 연대, 사랑이 나올 수 있다. 그리고 상호신뢰에 기초한 협동적 행동이 나올 수 있다. 그래야 연대성과 보완성의 원리를 효과적으로 실현하고 작동시킬 수 있다.

공동체의 연대가 약해지고 민과 관의 협조가 되지 않는 원인은 상호신뢰의 부족에서 오고 상호신뢰의 부족은 대부분 정보독점, 비공개, 불투명성 등 정보교류와 정보공유의 부족에서 온다. 공동체 내에서 이웃의 고통과 어려움에 대한 정보가 불충분하면 공동체적 사랑과 연대가 나오기 어렵다. 공동체를 위기로부터 구하기 위한 이웃의 숨은 노력을 잘 알지 못하면 공동체에 대한 감사와 이웃에 대한 연대의 마음을 가지기 어렵다.

특히 보완성 원리를 성공하기 위하여 이 정보교류와 공유는 대단히 중요하다. 예컨대 민간부문이 스스로 문제를 풀지 못하여 정부가 관여하는 경우에 당면하는 가장 큰 문제는 상호신뢰의 부족 문제이다. 상호불신相互不信의 문제이다. 지방자치단체가 문제를 풀 수 없어 중앙정부가 나서는 경우도 마찬가지이다. 특히 노사문제를 노사 스스로 풀지 못하여 정부가 나서는 경우는 이 신뢰부족의 문제는 더욱 심각하다. 이러한 경우 해결책은 지속적인 정보공유information sharing와 이해당사자들 간의 진지한 사회적 대화social dialogue이다.

예컨대 노사문제의 경우 노동자의 어려움과 기업의 어려움 그리고 국가경제가 처하여 있는 어려움에 대한 정확한 정보, 과학적 객관적 정보의 당사자간의 공유, 노사정간의 공유가 대단히 중요하다. 그리고 이들 이해 당사자들간의 진솔한 사회적 대화이다. 불신은 서로 다른 정보, 검증되지 않은 부정확한 정보들을 가지고 있어서 발생하는 경우가 일반적이다. 이렇게 잘못된 정보를 가지고 있으면 서로 불신만 증폭되고 나아가 서로 협동과 협치는 불가능해진다. 그러면 결국 정부실패, 정책실패, 노사정간 대타협의 실패 등을 결과하게 되고 보완성의 원리는 혼란스러워진다. 공동체는 성공하지 못한다. 따라서 진지한 정보의 교류와 공유 그리고 사회적 대화가 전제되어야 한다. 그래야 연대의 원리도 보완의 원리도 성공할 수 있다.

다음은 이 정보공유와 사회적 대화를 전제로 사회의 여러 주체 사이에 協同의 원리가 실현되어야 한다. 협치協治의 원리가 작동하여야 한다. 이는 협동과 협치의 원리는 공동체 내의 횡적, 종적 질서 모두에 해당하나 특히 종적질서에서 중요한 의미를 가진다. 한마디로 이제는 21세기는 官주도의 시대가 아니라는 것이다. 이제는 중앙정부주도의 시대가 아니라는 것이다. 이제는 민관民官협동의 시대, 중앙-지방협동의 시대라는 것이다.

한마디로 통치統治의 시대가 아니라 협치協治의 시대라는 것이다. 왜 통치가 아니라 협치의 시대인가? 그 이유는 이제는 공동체구성원 모두가 가진 정보와 지혜와 실력을, 그리고 경제적 기술적 능력뿐 아니라 정신적 윤리적 능력까지도 하나도 빠짐없이 모두 효과적으로 동원하고 조직화하여야 그 공동체가 크게 성공할 수 있는 그러한 시대이기 때문이다. 그런데 공동체구성원의 모든 지혜와 능력을 다 생산적으로 조직화해내는 것은 통치로서는 결코 해낼 수 없다. 그러나 협치를 통하여서는 이것이 가능하다. 여기에 협치의 가치가 있고 자유공동체의 아름다움이 있는 것이다. 이상에서 공동체자유주의가 주장하는 자유공동체의 구성원리와 운영원리를 보았다.

다음으로 공동체자유주의가 21세기 사회구성원리로서 더욱더 그 중요성이 커질 수밖에 없다는 사실을 지적하고자 한다. 자유주의에 대한 공동체주의적 보완의 필요성은 21세기 세계화 정보화 시대가 되면서 더욱더 절박하고 중요해지고 있다. 왜냐하면, 21세기에 들면서 인간존재의 관계성이 보다 강화되고 그 범위가 확대되기 때문이다. 세계화의 진전에 따라 개인과 개인 간의 경제적 사회적 교류와 만남의 영역이 이제는 범지구적 범위로 확대되고 있다. 동시에 정보화 기술의 발전에 따라 교류와 만남의 빈도와 속도도 기하급수적으로 증가하게 되었다. 이러한 변화가 결국 인간과 인간 상호간의 상호작용성 내지 상호의존성을 크게 높이고 있다. 이제 지구의 한쪽에서 일어난 일이 지구의 다른 쪽에 미치는 영향이 엄청나게 증가하게 되었다. 이는 결국 인간존재에서 관계성의 증가를 의미한다. 그리고 이〔관계성의 증가〕는 결국 공동체적 배려의 증가를 요구한다. 개인이 자신의 자유를 향유하고 권리를 행사할 때 보다 많이 사회공동체에 배려, 보다 많이 역사공동체와 자연공동체에 대한 배려를 해야 함을 의미한다. 따라서 21세기는 공동체적 자유주의의 필요성이 보다 커지는 세기라고 볼 수 있다.

18세기를 흔히 자유방임주의의 세기라고 하고 19세기는 개인주의적 자유주의의 시대라고 한다. 그리고 20세기는 개인주의적 자유주의와 집단주의적 사회주의가 투쟁하는 세기였다고 할 수 있다. 그러한 맥락에서 보면 21세기는 공동체적 자유주의가 만개滿開하는 세기가 될 것이다. 그리고 이 공동체적 자유주의를 더 잘 실천하는 국가와 국민이 성공하는 세기가 바로 21세기가 될 것이다. 따라서 21세기 나라 선진화를 국가목표로 하여야 하는 우리나라는 이 공동체자유주의를 이념으로 하여 선진화 과제를 선정하고 전략과 정책을 수립하여 나가야 할 것이다.

정책철학政策哲學으로서의 공동체자유주의

지금까지는 21세기 선진화를 이루기 위해 우리가 가져야 할 세계관 역사관 자연관 인생관으로서의 공동체자유주의에 대해 논하여 왔다. 보다 구체적으로는 공동체자유주의를 개인행복원리, 사회구성원리, 국가발전원리로서 논하여 왔다. 그러나 공동체 자유주의의 의의나 가치는 거기에 끝나지 않는다. 공동체 자유주의는 국가정책의 구상원리, 국정운영의 철학으로도 유효한 의미를 가진다. 특히 개혁정책을 입안하고 추진할 때 정책의 우선순위를 정하고 각 정책의 내용을 정하는 데 하나의 중요한 준거準據 틀이 예컨대 교육개혁의 문제를 들어보자. 우선 교육개혁에서 가장 우선하여야 할 정책은 자유주의의 원리에 따라 교육개방과 자유경쟁을 통하여 세계최고수준의 교육서비스를 생산하는데 두어야 한다. 세계최고수준의 대학과 중고등학교를 많이 만드는데 두어야 한다. 이를 위하여 교육 분아에서 민간의 창의가, 혁신능력이 마음껏 발휘될 수 있는 여건을 마련하는 것이 시급하다. 그 수단으로서는 각종의 교육규제를 탈규제deregulation하여야 하고, 교육현장에서 대학 총장이나 학교 교장 그리고 교사들이 마음껏 교육혁신을 일으킬 수 있도록 학교의 지배구조school governance를 개혁하여야 한다. 지금 우리 교육의 발전을 막고 있는 것은 평등주의 또한 평균지향의 교육정책이다. 교육을 이대로 두고는 선진국 진입은 전혀 불가능할 것이다.

이러한 자유주의적 개혁을 함과 동시에 우리는 공동체주의적 개혁이 필요하다. 예컨대 도서島嶼나 산간벽지山間僻地거주 자녀들이나 영세빈곤零細貧困소득층의 자녀들에게도 양질의 교육기회가 주어지도록 하여야 한다. 학습부진아, 장애인, 소년소녀가장 등의 교육문제에 대하여 특별한 대책이 마련되어야 한다. 동시에 공동체적 윤리나 연대를 높이기 위하여 인성교육, 도덕교육, 역사교육, 환경교육 등이 강조되어야 한다. 또한 문사철文史哲 등의 인문학분야와 기초과학기술분야 등도 자유주의에만 맡겨서는 충분한 교육이 이루어지지 못할 것임으로 공동체주의의 입장에서 강조하고 지원해야 할 분야이다. 다만 주의할 것은 이러한 공동체주의적 노력이 결코 취약계층이나 취약분야의 자조 노력이나 자립 정신을 해하는 것이 되어서는 결코 안 된다는 것이다.

이와 같이 자유주의 개혁을 앞세우고 나아가면서 공동체주의 개혁을 함께하여 자유주의 개혁을 보완하여 나간다면 우리나라 교육개혁은 성공할 수 있다. 지금처럼 평등주의적이고 집단주의적 개혁을 하여서는 희망이 없다.

또 하나의 예를 들어보자. 경제사회정책에서 항상 문제가 되는 정부냐? 시장이냐? 정부가 나설 것인가? 시장에게 맡길 것인가? 의 논쟁의 경우를 보자. 특히 산업정책과 관련하여 이러한 논쟁은 항상 양자택일적 시각이 지배적이었다. 한편에서는 오늘날과 같은 개방된 세계경쟁의 시대에 더 이상의 산업정책은 의미가 없다. 산업정책은 과거 관 주도의 개발시대에나 의미를 가지는 것이다. 이제 산업정책은 오직 정부실패로 인한 경제의 비효율과 불공정만 증대시킬 것이다. 모든 것을 민간 자율에 즉 시장에 맡기는 것이 옳다고 주장한다. 그러나 다른 편에서는 시장은 결코 완벽하지 못하다. 시장에는 항상 시장실패가 있으므로 이를 교정 내지 보완하기 위한 산업정책이 필요하다고 주장한다. 어느 주장이 옳은가?

이와 같이 정책철학의 근본문제와 관련된 논쟁에도 공동체 자유주의를 활용하면 쉽게 문제가 풀린다. 우선 공동체 자유주의적 시각에서는 시장만능주의나 정부만능주의 양자를 모두 옳다고 생각하지 않는다. 모든 경제문제는 시장에게 맡기면 풀린다는 시장만능주의 또는 시장낙관주의는 극단적 개인주의적 자유주의가 가지는 문제점과 같은 문제점을 가진다. 결국, 시장에만 의존하면 일반적으로는 분배악화, 독점등장, 소외증대 등이 발생할 수 있고 산업정책 면에서는 과잉투자와 과소투자, 과당경쟁과 과소경쟁 등의 낭비와 비효율이 발생한다. 그리고 이러한 문제들이 심각한 수준으로 축적되면 결국 시장주의의 자기부정에까지 이를 수 있다.

반면에 많은 경제사회문제를 정부에게 맡기면 풀린다는 정부만능주의 내지 정부낙관주의는 집단주의가 가지는 문제점과 같은 문제점을 가진다.

결국 개인의 창의와 자유의 후퇴, 민간의 경제經濟하려는 의지의 위축, 과다규제의 남발, 정경유착과 관료부패의 심화 등으로 경제의 비효율과 불공정이 함께 증대하여 결국 정책실패 나아가 경제실패를 가져온다.

요컨대 시장이든 정부든 모두가 불완전한 제도이다. 개인주의든 집단주의든 모두가 완전한 사상이 아닌 것과 같은 논리이다. 따라서 어느 하나만을 고집하지 말고 양자의 조화와 협력을 구하여야 한다. 따라서 21세기 세계화 시대에는 산업정책은 전혀 필요 없다는 주장이나 과거식의 산업정책을 다시 활용하여야 발전할 수 있다는 주장은 모두 잘못이다. 그러면 시장이냐 정부냐의 문제를 어떻게 해결하는 것이 옳을까?

공동체자유주의에서 자유주의를 기본으로 하듯이 우선 시장주의를 기본으로 하는 것이 옳다. 그리고 시장이 못 푸는 문제(예컨대 빈곤층의 문제, 환경과 에너지 문제, 과소투자와 과당경쟁의 문제, 국제금융의 구조적 불안정의 문제 등등)에 대하여서만 정부가 나서는 방식을 택하는 것이 좋다고 본다. 앞에서 본 보완성의 원리subsidiary principle를 활용하는 것이 바람직할 것이다. 그리고 정부가 나서는 경우에도 앞에서 주장하였지만 [집단주의적 방식]이 아니라 [공동체적 방식]으로 官주도의 일방적 방식이 아니라 정보교류와 정보공유 그리고 사회적 대화를 전제로 한 [민관 협치民官協治]의 방식으로 하여야 할 것이다.

여기서 다시 21세기는 세계화의 시대라는 사실을 강조하고자 한다. 시장의 크기가 세계적 규모로 확장됨을 의미한다. 지구촌 시장의 등장, 세계

경쟁의 등장을 의미한다. 정책 환경이 이렇게 변화하고 있으므로 국가정책운영에서도 다음과 같은 변화가 있어야 한다. 첫째, 미시경제에서는 시장의 역할이 더욱 커져야 한다. 시장만능주의는 아니나 21세기에는 모든 국가운영에서 시장주의가 보다 강화되어야 한다. 민간의 자율성과 기업의 자주성이, 그리고 대외개방과 자유경쟁의 중요성이 보다 강조되어야 한다. 그리고 시장-정부 협치 메커니즘 구조 속에서도 시장의 목소리 비중이 보다 커져야 한다.

둘째, 거시적 조정에서의 정부의 역할은 더욱 중요하여진다. 세계화는 미시적 개별경제주체가 풀 수 없는 거시적 문제를 많이 발생시킨다. 에너지 문제, 환경문제, 고령화 문제, 핵과 테러문제, 국제금융의 구조적 불안정, 절대 빈곤층의 대두 등등 거시적으로 국내외 조정이 필요한 정책과제가 많아진다. 이들 문제를 정부가 잘 풀지 못하면 민간에 주는 피해는 과거보다 훨씬 커진다. 세계시장의 등장으로 정부실패의 외부효과가 커지기 때문이다. 따라서 정부 자체가 커질 필요는 없으나 더욱 똑똑하고 유능해져야 세계경쟁에서 이길 수 있는 시대이다.

이러한 주장은 공동체 자유주의에서 기본원리는 자유주의이나 공동체주의의 보완이 필요하다는 주장과 근본적으로 맥을 같이 한다. 동일한 논리구조로 되어 있는 셈이다.

부록 02

2014, 왜 공동체자유주의인가?

| 박 세 일 |

한반도선진화재단 상임고문
서울대학교 명예교수

문제제기

 이 글을 쓰는 이유는 20세기적 좌우左右대립과 보혁保革대립의 갈등과 혼란을 넘어서 국민을 이념적 사상적으로 통합하고 대동단결하여, 우리 모두가 함께 대한민국의 선진화先進化와 한반도 통일統一의 길로 나아가자고 주장하기 위하여서이다. 본래 낡은 사상 간의 대립과 갈등을 극복하려면 반드시 새로운 사상의 제시가 있어야 한다. 그래서 필자는 2000년 초부터 우리 시대가 필요로 하는 새로운 사상으로 '공동체자유주의共同體自由主義' – 공동체를 소중히 하는 자유주의 – 를 주장하여 왔다.

 공동체자유주의에서의 자유주의는 서양에서 발전되어 온 '개인주의적 자유주의個人主義的 自由主義'에 가깝다. 그리고 공동체자유주의에서의 공동체주의는 동양사상에서 발달되어 '동양적 공동체주의東洋的 共同體主義'에 가깝다. 구체적으로는 '유교적 공동체주의' 그리고 '불교적 공동체주의'에 가깝다고 할 수 있다. 서양의 자유주의와 동양의 공동체주의를 원융圓融시킨 공동체자유주의여야 20세기적 이념의 미망을 벗어나지 못한 현재 대한민국의 좌우左右대립과 보혁保革갈등의 문제를 넘어설 수 있다고 본다. 그래서 국민을 통합하고 국가발전을 도모할 수 있다고 생각한다.

 우리 사회는 현재 큰 이념의 갈등과 대립을 겪고 있다. 극심한 사상과 사고의 혼란을 경험하고 있다. 그리고 이념과 사고의 혼란은 국가정책과 국가전략의 혼선으로 나타난다. 이대로 가면 21세기 우리나라의 선진화와 한반도 통일의 달성은 점점 어려워질지 모른다. 시대착오적인 낡은 이념과 극단적 사상들이 거리를 활보하면서 국민을 분열시키고 대립 갈등하게 만들면, 국혼國魂은 위축되고 국력國力은 쇠잔해진다. 새로운 역사의 발전과 창조는 불가능해진다. 이래선 안 된다. 20세기 산업화와 민주화를 빛나게 성공한 대한민국이 21세기 선진화와 통일이라는 새로운 국가비전과 국가과제 앞에서 주저앉을 수는 없지 않은가?

과거 20세기는 크게 보아 민주주의와 시장경제라는 '자유주의自由主義'와 파시즘(우파독재) 혹은 공산주의(좌파독재)라는 '전체주의全體主義' 사이의 싸움 시기였다. 그리고 그 싸움에서 자유주의가 승리하였다. 자유주의 승리의 환호는 20세기 말 냉전冷戰의 종식과 더불어 공산주의가 붕괴하면서 그 정점에 달했다. 이제 자유민주주의와 자유시장경제가 즉 '민주자본주의'가 인류의 보편적 정치-경제질서로서 확고히 자리를 잡는 것 같았다. 더 이상의 좋은 제도와 질서가 없다는 결론을 냈다. 그래서 '역사歷史의 종언終焉'이라는 책도 나왔다. 이제는 확실한 답이 나왔다는 것이다. 더 이상의 논쟁은 없다는 것이다.

그러나 21세기로 들어오면서 자유주의가 자유만능주의自由萬能主義 liberal-fundamentalism 내지 과잉過剩자유주의hyper-liberalism로 발전하면서, 그리고 자유주의의 기초가 되는 개인주의가 과잉개인주의hyper-individualism, 즉 '이기적 개인주의'로 변화하면서, 오히려 국가발전이 후퇴하고 사회분열과 갈등이 크게 증대하는 결과를 가져오고 있다.

좀 더 구체적으로 보면, 우선 과잉자유로 인하여 민주주의가 포퓰리즘 populism화 하는 경향이 커졌다. 조직된 집단이 목소리를 높이어, 국익을 희생하면서도 자신들의 집단이익을 관철하는 경향이 생겼다. 그리고 정치지도자들 사이에도 이러한 잘못을 고치기보다는, 그러한 흐름에 아부하여 표만을 얻으려는 인기영합적 경향이 생겼다. 그러면서 민주주의는 공익公益과 공동선共同善을 위한 제도가 아니라, 목소리가 큰, 조직화한 소수에 의하여 국가운영이 끌려 다니는 – 정치지도자들도 이러한 경향에 영합하는 – 포퓰리즘으로 타락하게 되었다. 한마디로 이제는 민주주의가 선동가들이 이미지정치에 좌우되는 어리석은 백성들을 가지고 노는 '중우衆愚민주주의'로 변질되기 시작하고 있다. 그러면서 건강한 '민본적民本的 민주주의'는 크게 후퇴하기 시작했다.

또한, 자본주의도 과잉자유 – 이기적 자유 – 로 인하여 '천민賤民자본주의화' 하는 경향을 보이기 시작했다. 즉 자유공정 경쟁이 깨지고 독과점 구조 – 독점대기업의 등장 – 와 특권과 기득권 구조 – 요즈음 이야기하는 관官피아, 정政피아, 법法피아 등 – 가 등장하면서, 그동안 '건강한 자본주의정신'으로 예찬되어 온 '근면, 정직, 성실'의 직업윤리職業倫理가 없어지고, 물질만능과 황금만능의 사조가 온 사회에 넘쳐 나게 되었다. 이렇게 천민자본주의가 등장하게 되면 그 사회의 건강한 '인본적人本的 자본주의'는 파괴되기 시작한다. 이상의 두 가지 – 중우衆愚민주주의와 천민賤民자본주의 – 모두가 사실은 이웃과 공동체를 배려하지 않는 과잉자유주의, 이기적 자유만능주의의 폐해인 것이다.

요약하면, 전체주의와의 투쟁에서 자유주의의 승리는 바람직한 역사의 발전이었다. 그러나 승리에 도취한 자유주의가 과도하게 자유지상주의, 자유만능주의로 질주하면서, 자유주의의 부작용이 심각하게 드러나게 되었다. 민주주의가 포퓰리즘의 덫에 걸리고 자본주의가 과도한 황금만능주의, 즉 천민자본주의의 포로가 되었다. 그래서 인간의 정신세계 위축과 더불어 공동체의 가치와 연대가 약화되고 바람직한 건강한 정치·경제적 기본질서 - 민본적 민주주의와 인본적 자본주의 - 가 파괴되기 시작하였다.

물론 이러한 과도한 자유주의 - 이기적 물질적 자유주의의 문제점을 고치는 길이 다시 20세기적 전체주의로 - 개인부정과 국가지배로 - 돌아가는 길이 되어서는 안 된다. 즉 우리나라 舊좌파 즉 '낡은 진보'들 - 종북좌파 NL나 레닌적 좌파PD들 - 이 주장하는 시대착오적인 노동해방 계급투쟁 반미자주反美自主의 세계가 우리의 미래 대안이 될 수 없다. 그렇다고 하여 舊우파 즉 '낡은 보수'처럼 과잉한 물질적 이기적 자유의 문제 - 과잉자유로 인한 천민賤民민주주의와 정치적 인기영합주의(포퓰리즘 등)의 - 부작용을 고치려 하지 않고, 과잉자유주의가 만든 특권이나 기득권에 안주하여, 개혁을 거부하는 보수적守舊的 우파右派의 입장도 우리의 미래의 대안이 될 수 없다.

그러면 우리의 미래의 대안은 어디서 찾아야 할까? 여기서 우리는 서양적 자유주의와 우리의 전래의 동양적 공동체주의의 통합과 융합에서 그 답을 찾아야 한다고 본다.

1945년 이후 우리는 서구의 자유주의를 받아들이는 과정에서 '제도institution로서의 자유주의'를 들어오는 데만 급급하였다. 그래서 서구에서 제도를 수입할 때 서구의 개인주의적 정신과 문화는 함께 들어 왔는데, 서구의 공동체적 정신과 문화는 제대로 들여오지 못했다. 본래 서구의 자유주의는 개인주의적 가치와 공동체적 가치 간의 나름의 균형과 조화 위에서 발전되어 온 사상이다. 그런데 서구의 공동체적 가치 - 노블레스 오블리주, 신사도紳士道, 시민정신, 자유와 책임 등등 - 는 전혀 들여오지 않고, 제도로서의 자유주의만을 들어오는 데만 급급하였다. 반면에 우리의 전래의 정신과 문화 속에 있던 유불선儒佛仙의 공동체적 가치와 전통은 쉽게 내팽개쳤다. 오랜 역사 속에서 형성되어온 우리의 선조들의 지혜와 경험이 녹아 있는 우리의 좋은 전통을 전前근대적인 것이고 낙후된 것으로만 치부하여, 외면하고 무시하여 왔다. 그래서 우리나라에서 자유주의 제도는 들어 왔는데 그 제도를 뒷받침할 가치 그리고 정신/문화 - 특히 개인주의를 균형 있게 조화시킬 공동체주의적 가치와 정신/문화가 부재한 상황이 되었다. 이것이 오늘날 우리 사회의 생각의 혼란과 대립 - 좌우대립과 보혁대립 - 의 원인이 되고 있다고 생각한다. 우리나라의 자유주의 속에 - 지금의 민주주의와 자본주의 속에 - 공동체가치에 대한 존중과 배려가 충분히 있었다면, 지금과 같은 격렬한 좌우대립과 보혁대립까지는 오지 아니했을 것으로 생각한다.

　그래서 지금 우리는 동양적 공동체사상에 의하여 보완되는 개인주의적 자유주의가 필요함을 주장하고 있다.

왜 자유주의自由主義여야 하는가?

21세기는 어느 나라든지 두 가지 문제를 풀어야 한다. 하나는 어떻게 국가를 발전시킬 것인가? '국가발전의 원리' 내지 이념은 무엇인가? 다른 하나는 어떻게 국민을 통합시킬 것인가? '국민통합의 원리'와 이념은 무엇인가? 이 두 가지의 문제를 풀어야 한다.

우선 국가발전원리로서는 당연히 자유주의가 되어야 한다고 생각한다. 왜 국가발전의 원리가 자유주의 – 개인의 존엄과 창의, 자유와 선택을 소중히 하는 자유주의 – 가 되어야 하는가를 살펴보자.

지난 250년간 인류는 비약적 예외적 경제 발전을 하였다. 그 발전의 원인 또는 발전의 동력은 자유주의 – '개인주의적 자유주의'에서 왔다. 좀 더 자세히 살펴보자. BC(기원전), 1,000년 전에 지구 위에 살던 인류의 일 인당 평균소득은 어느 정도였을까? 요즈음 가격으로 환산하면 미화로 약 150불 정도 된다고 한다. 그러면 AD(기원후) 1750년, 즉 지금부터 약 250년 전의 지구촌의 인류의 일 인당 평균소득은 어느 정도였을까? 약 180불이다. 결국 약 2,700여 년간 인류는 겨우 150불에서 180불 수준으로밖에 경제가 발전하지 않은 셈이다. 너무 오랫동안 경제는 거의 변화가 없었다는 이야기이다. 참 오랫동안 인류는 물질적으로는 대단히 가난하게 살아 왔다.

그러면 AD (기원후) 2000년에는 어느 수준이 되었을까? 약 6,600불로 나온다. 지난 250년간 인류는 실로 눈부신 비상飛上을 한 셈이다. 한마디로 180불에서 6,600불로의 비상이다. 도대체 이러한 기적이 어떻게 가능했을까? 그 답은 자유주의에서 찾아야 한다. 개인의 창의와 인간의 존엄을 존중하는 자유주의의 확산 때문에 위와 같은 인류의 경제적 물질적 도약이 가능하게 되었던 것이다. 좀 더 구체적으로 살펴보자.

우선 경제성장이란 무엇인가? 경제성장이란 한마디로 생산성의 향상을 의미한다. 생산성의 향상이란 노동자 한사람이 만들어 내는 물건이 매년 증가하는 것을 의미한다. 그러면 생산성의 향상은 어디에서 오는가? 그 답은 분업分業 division of labor의 세분화細分化, 환언하면 노동특화勞動特化의 정도 degree of specialization에서 온다. 우리가 물건을 만들 때 그 공정工程을 몇 개 분야로 나누어 만든다. 예컨대, 책상을 만들 때 그 만드는 공정을 몇 분야로 나누어 만드는 것을 분업分業이라고 한다. 한 사람은 나무를 자르고 다른 사람은 나무를 대패질하고 또 다른 사람은 못을 박고 나머지 사람은 도색을 하고 등등으로 나누어 작업하는 것이 분업이다. 또한 공정을 세분화하여 노동자들이 각자 맡은 특정 작업에만 집중하는 것을 노동특화라고 한다. 물론 노동을 특화하면 할수록 기술과 기능은 올라갈 것이다. 이처럼 공정을 몇몇 분야로 나누는 분업을 세분화하면 할수록, 노동특화의 정도를 높이면 높일수록, 생산성은 당연히 올라간다. 그래서 책상을 한 사람이 전

공정을 책임지고 만드는 것 보다 여러 사람이 나누어 만들면 생산성은 크게 오른다. 예컨대, 한 사람이 하루에 책상 하나를 만들 수 있었다면 네 사람이 분업을 하면 10개를 만들 수 있고 열 사람이 분업하면 40개를 만들 수 있게 된다. 이것이 생산성 향상의 비밀이다.

그러면 분업의 세분화 또는 노동특화의 정도는 무엇에 의해 결정되는가? 그 답은 '시장의 크기'이다. 시장이 커야 그 물건에 대한 시장수요가 커지기 때문에, 작업공정 – 분업을 보다 세분화할 수 있고, 그래서 생산성을 올릴 수 있다. 시장이 작으면 수요가 적어 분업의 세분화의 여지도 없고 그래서 생산성을 높일 수도 없다. 그래서 생산성을 높이기 위해서는 환언하면 경제성장을 위해서는 가장 중요한 것이 시장의 크기, 즉 시장의 확대이다.

그런데 과거 AD 1750년 전에는 시장의 확대를 제약하는 국가규제가 많았다. 해외 거래를 막는 경우가 일반적이었고, 같은 나라 안에서도 이웃 마을과의 거래를 막는 경우가 많았다. 예컨대 봉건영주마다 이웃봉토와의 거래에 대하여 세금을 부과하는 경우가 많았다. 결국 시장 형성은 각각 봉건영주지배권 안에서만 가능하였던 것이다. 이렇게 시장이 동네마을시장 내지 '지역시장' 중심이었다. 그러던 것이 점차 마을간 지역 간 무역에 대한 규제와 세금을 점차 풀어 나가면서, 일국一國내 '국내시장'이 형성되기 시작하였다. 그리고 그 다음에는 점차 외국과의 거래를 풀어 – 소위 개항開港하고 경제를 개방하여 – 점차 '세계시장'이 형성되어 왔다.

그래서 오늘날은 세계화의 시대 Age of Globalization까지 이르게 되었다. 이와 같이 시장규제를 점차 풀어 왔는데 그 힘이 '경제적 자유주의' 사상의 확산에서 왔다. 그로 인해 시장의 획기적 확대가 이루어지고 그 결과로 분업이 세분되고 그래서 생산성의 획기적 제고, 즉 고도 경제성장이 이루어져 왔다. 따라서 지난 250년의 경제성장에 결정적으로 기여한 것이 바로 시장에 대한 국가개입과 간섭을 줄이고, 시장규제를 풀어나가야 한다는 '경제적 자유주의' 사상이었다.

경제발전 즉 생산성 향상을 위해 '시장의 확대'와 더불어 중요한 또 하나의 요인이 있다면 그것은 '과학기술의 발전'이다. 그런데 과학기술의 발전은 '사상의 자유'가 보장될 때만 가능하다. 중세中世 때는 사상의 자유가 없었기 때문에 지배적 종교의 가르침에 역행하는 사상은 사회적으로 용납되지 않았다. 당시는 지동설地動說을 주장하면 감옥에 가게 되어 있었던 시대였다. 그러한 상황에서 과학과 기술은 발전할 수 없다. 그러나 르네상스 이후 점진적으로 시작되어 온 사상적 자유주의가 1875년 이후 급격히 확산하면서 그 이후 과학기술의 획기적 발전을 가능하게 만들었다.

그런데 이러한 '시장의 확대'와 '과학기술의 발전'으로 생산성의 향상 즉 경제성장이 이루어지면 그 성과가 시장 확대와 과학기술 발전을 위하여 노력한 사람들에게 돌아가야 한다. 그래야 경제발전이 지속적이 될 수 있다. 생산성 향상의 결과를 즉 노력의 결과를 정부가 다 가져간다든가 아니면 이웃 도적들이 와서 다 약탈해 간다면 경제성장은 지속할 수 없다. 그래서 '사적재산권私的財産權 private property right의 보호'를 보장하는 '정치적 자유주의'-자유민주주의, 입헌주의, 법치주의 등-이 필요하게 된다. 정치적 자유주의가 없으면 국가권력이 혹은 이웃이 개개인 노력의 결과를 임의로 침탈할 수 있게 된다. 그래선 누가 분업과 노동의 특화를 통하여 생산성을 높이려 노력하겠는가? 누가 새로운 과학과 기술을 개발하려 노력하겠는가? 결국, 한마디로 경제성장이 이루어 질 수 없는 것이다.

따라서 1875년 이후 지구촌 위에 경제적 자유, 사상적 자유, 그리고 정치적 자유주의가 확산하면서 인류는 역사상 유례없는 고도성장을 하게 되었던 셈이다. 그래서 우리는 자유주의가 '발전의 원리'라고 주장하는 것이다.

왜 공동체주의共同體主義여야 하는가?

'국가발전의 원리'가 자유주의라고 한다면 그러면 '사회통합의 원리'는 무엇인가? 여기서 공동체주의의 필요가 등장한다. 인간은 본래가 개체적個體的이면서도 공동체적 – 관계적關係的 존재이다. 그래서 개체적 욕구도 있으면서 공동체적 – 관계적 – 욕구도 가지고 있다. 인간은 본래 이기적利己的 욕구도 가지고 있지만 동시에 이타적利他的 욕구도 함께 가지고 있다. 그래서 자유주의가 발전을 가져 오지만 자유주의가 이기적 자유주의로 폭주하여 공동체의 가치, 연대 등을 파괴하게 되면 인간의 불만은 폭등하게 된다. 인간의 본성本性 – 개체적이면서 관계적인 본성 – 에 맞지 않기 때문이다. 그래서 결국은 자유주의 그 자체가 지속 가능하지 않게 된다.

서양에서는 인간을 본질적으로 〔개체적 존재〕로 파악하여 모든 논의를 인간의 개체성에서 출발한다. 그래서 사회도 국가도 기본적으로는 개체적 인간들이 서로의 계약을 통하여 만든 합의물合意物로 본다.

그러나 동양에서는 인간을 처음부터 〔관계적 존재〕로 파악한다. 인간을 개체와 개체와의 관계적 존재, 개체와 전체와의 관계적 존재, 그리하여 개체성個體性과 공동체성共同體性을 함께 가진 존재, 더 나아가서는 개체와 전체의 통일적 또는 융합적 존재로서 파악한다. 이것이 동양사상의 특징이다.

예컨대 불교佛敎는 인간을 인因-연緣-과果의 [연기적緣起的 존재]로 파악한다. [이것이 있으니 저것이 있고 저것이 있으니 이것이 있다]는 상호의존적 상호작용적 연기적 존재로 파악한다. 그리고 이 연기적 관계는 복합적 중첩적으로 중중무진重重無盡으로 나타나며, 시간적으로 공간적으로 한 없이 확산되어 나간다. 그래서 이 연기의 관계를 떠난, 연기와 무관한 개체의 존재를 주장하기 어렵다.

유교儒敎도 인간을 기본적으로 [관계적 존재]로 파악하여, 인간과 인간 간의 올바른 관계설정의 중요성을 그 중심사상으로 하고 있다. 임금은 임금다워야 하고 신하는 신하다워야 하며 부모는 부모다워야 하고 자식은 자식다워야 한다(군군신신君君臣臣, 부부자자父父子子)는 주장에서 나오듯이 기본적으로 인간을 관계적 존재로 본다. 삼강오륜三綱五倫 그 자체도 바로 올바른 관계에 대한 원리이다. 부모 없는 자식의 의미는 없다. 반대의 경우도 마찬가지이다.

이렇게 동양은 개체 그 자체보다는 개체와 개체와의 관계, 혹은 개체와 전체와의 관계를 중시하고 거기에 사상의 중심을 둔다. 사실은 여기에 동양사상의 진수眞髓가 있다. 사실 공동체주의는 이미 오랫동안 동양인의 생각과 삶 속에 체화되어 온 사상이다. 그러한 의미에서 동양의 삶 자체가 원래 친親공동체적이라고 할 수 있다. 따라서 서양보다 동양에서 공동체주의의 수용이 이념적으로나 실천적으로 더욱 용이하다. 그래서 서양의 공동체주의보다 동양의 공동체주의가 보다 풍부한 공동체적 가치를 다양하게 많이 강조하는 모습으로 나타난다.

그래서 필자는 우리가 주장하는 공동체자유주의에서는 세 가지 공동체를 소중히 하여야 한다고 생각한다.

첫째는 사회공동체이다.

인간은 본래가 이웃과 더불어 사는 존재이고 특히 복잡다기하게 얽어진 사회적 분업망social division of labor을 통하여 서로서로 생존을 의지하고 있다. 내가 먹을 곡식을 내가 직접 심고 가꾸지 아니하고도 나는 식사를 거르는 일이 별로 없다. 내가 입을 옷을 내가 직접 만들지 아니해도 나는 옷을 입고 사는 데 지장이 없다. 농민과 노동자들의 사회적 분업 때문이다. 나의 삶의 풍요가 그분들의 노동에 의지하여 있다. 또한, 나의 노동 – 학교에서 학생들을 가르치는 노동 – 이 여러 형태로 여러 과정을 통하여 그 분들의 삶을 풍부하게 하는 데 기여가 된다. 이렇게 사회 속에서 우리의 서로의 삶이 넓고 깊게 연결된 셈이다.

그리고 인간의 행복도 아담스미스Adam Smith가 이야기 한 대로 혼자 느끼는 행복도 있으나, 대부분의 행복은 동료들과의 공감共感 sympathy with fellow-men에서 온다. 대부분의 인간 행복은 부모와 자식 간의, 형제자매 간의, 그리고 친구와 친구 간의 서로의 감정이입感情移入 즉, 공감共感이 결정적 역할을 한다. 서로가 같은 느낌을 가질 때 – 동양에서 이야기하는 역지사지易地思之할 때 같은 느낌을 가지면 – 가장 행복한 것이다. 그래서 주위의 행복한 얼굴을 보면서 나도 행복해진다. 주위가 괴로워하면 나도 괴로운 것이다. 그래서 건강한 가족-사회공동체의 유지 발전은 나와 남 모두의 '생존'-사회적 분업을 통한 생존-과 '행복'-상호공감을 통한 행복-을 위하여 불가결하다. 따라서 우리는 자유주의를 하되 가족-사회공동체를 소중히 하는 자유주의를 하여야 한다.

둘째는 역사공동체이다

인간은 본래가 시간적 존재이고 역사적 존재이다. 개인도 역사 속에서 선조先朝들의 사랑과 기도 속에서 출생하였고, 자신의 후손後孫들에게 선조들의 집단적 지혜인 전통과 문화를 물려줄 의무를 가지고 있다. 아니 선조들에게 물려받은 전통과 문화보다 더 좋은 전통과 문화를 만들어 후손들에게 남겨 주어야 한다. 그러한 사명과 책무가 있다. 더 나아가 더 '좋은 사회'를 만들어 후손들에게 남겨 주어야 한다. 이와 같이 인간은 본래 역사 속에서 자기 의미를 찾고 삶의 목표와 가치를 만들어 가는 존재이다. 임금은 천하를 영토로 삼으나 선비는 만고를 영토로 삼는다는 이야기가 있다. 이것이 바로 선비들의 역사의식, 역사공동체에 대한 존중과 배려이다. 우리는 자유주의를 하되 역사공동체를 소중히 하는 자유주의를 하여야 한다.

셋째는 자연공동체이다.

인간은 본래가 자연自然이란 큰 생명체의 일부이다. 자연생명에 대한 파괴는 결국은 인간의 자기 파괴이고 자기부정이다. 지난 250년간의 인류의 물질적 경제적 성장의 눈부심은 이미 앞에서 지적한 바 있다. 그러나 주지하듯이 이러한 경제성장은 자연파괴, 생태계 파괴를 수반하여 왔고 오늘날 그 파괴의 정도가 대단히 심한 상황에 이르렀다. 더 이상의 성장이 지속가능하지 않을 정도로 심각해지고 있다. 그래서 우리는 단순한 환경보호에 머물러서는 안 된다. 이미 상당 부분 파괴된 생태계의 '생명력의 복원'에 노력해야 한다. 그래서 21세기에 우리는 자연주의 - 생명주의에 대한 보다 깊은 이해와 배려가 필요하다. 생태계의 생명력 복원 노력없이 개인적 자유주의의 더 이상 지속은 어려울지 모른다. 동양에서는 노자와 공자 때부터 사람이 기계를 쓰면 기심機心이 생기고 인심人心이 없어지니 기계機械를 지나치게 좋아하지 말라는 이야기가 있다.

이상에서 본바와 같이 인간은 본래가 개인적이면서도 '사회적 역사적 자연적 존재'이다. 사회적 역사적 자연적 관계를 떠나서 생물학적으로 존재할 수도 정신적으로 행복을 느낄 수도, 그리고 영적靈的으로도 인간의 가치와 의미를 찾을 수도 없는 존재이다. 따라서 개인행복과 국가발전을 함께 이루기 위해서는 개인적 자유주의에 기초를 두되 올바른 사회의식 역사의식 환경의식이 반드시 함께해야 한다고 생각한다. 이것이 바로 공동체자유주의이다.

왜 공동체자유주의여야 하는가?

다시 정리하면 인간은 독존적, 개체적 존재이면서도 동시에 관계적, 공동체적 존재이다. 인간은 본래가 공동체적 관계를 떠나서 개인으로서만, 원자화原子化된 개인으로만 존재할 수 없다. 공동체도 개인들의 자발적 적극적 기여와 배려 없이 지속 가능하지 않다. 이것이 인간과 인간 공동체의 생생한 본래의 모습이다. '인간존재의 실상'이다. 이 존재법칙을 역행하면 자기부정이 일어난다. 즉 인간이 개인적 자유만을 극단적으로 주장하면 공동체의 유지와 발전이 어렵게 되고, 그래서 개인적 자유 자체도 지속 가능하지 않게 된다. 결국, 개인적 자유의 자기부정이 일어나게 된다.

따라서 개인적 자유주의의 발전은 항상 공동체의 유지 발전과 조화로울 수 있어야 한다. 여기서 공동체주의의 필요가 등장한다. 공동체주의는 인간을 원자화되고 파편화破片化된 개별적 독자적 개인으로 이해하지 않고, 공동체와 불가분리의 존재로서 이해한다. 그리하여 개인과 공동체와의 연대, 개인과 공동체간의 상호작용 그리고 공동체의 유지와 발전, 공동체적 전통과 가치 등을 중시하게 된다. 그리고 이러한 사상은 인간이 본래 개체적 존재이면서도 동시에 관계적 존재이고 공동체적 존재라고 하는 '인간존재의 실상', '인간본성의 모습'에서 유래하는 것이다.

한 가지 주의를 요구하는 것이 있다. 공동체주의共同體主義 communitarianism를 개인주의를 거부하는 집단주의集團主義 collectivism 혹은 전체주의全體主義 totalitarianism와 혼동하여서는 안 된다는 것이다. 집단주의 또는 전체주의는 집단이나 전체의 이익을 위하여 혹은 위한다는 명목으로 개인의 존엄이나 창의 그리고 자유를 부정하지만, 공동체주의는 개인의 존엄과 창의 그리고 자유의 존중을 기본으로 한다. 그래서 우리는 〔자유공동체〕라는 말을 자주 사용한다. 공동체주의에서 이야기하는 공동체는 기본적으로 〔자유공동체〕이다. 다만 개인의 자유를 기본으로 하되 공동체의 발전과 개인자유와의 조화가 필요함을 강조할 뿐이다. 개인의 자유가치와 공동체의 발전가치가 균형되고 조화되어야 함을 주장하는 것이다. 그리고 그 조화의 방식은 교육과 설득과 솔선의 방식을 통하여 자발적 주체적으로 만들어 나간다. 국가에 의한 외적 강제를 통하여서가 아니다. 이러한 의미에서 공동체주의는 극단의 개인주의와 극단의 집단주의라는 양변兩邊을 함께 거부한다는 의미에서 불교의 중도中道사상, 그리고 양변兩邊을 조화한다는 의미에서 유교의 중화中和사상에 가깝다고 볼 수 있다.

자유주의는 동양보다는 서양에서 많이 발전되어 왔고 제도화되어 온 이념이고 가치이다. 반면에 공동체주의는 실은 서양보다는 동양에서 많이 발전되고 생활화되어 온 이념이고 가치이다. 서양에도 물론 공동체주의적 전통과 주장이 있어 왔다. 그러나 서양에서는 공동체 논의가 주로 사회공동체를 중심으로 전개되어 왔다. 우리가 여기서 주장하는 사회공동체만이 아니라 역사공동체 그리고 자연공동체까지를 포함하는 공동체주의는 서구사상의 주류에서는 찾기 쉽지 않다. 반면에 동양에서는 오래전부터 인간을 사회공동체만이 아니라 역사공동체 자연공동체의 일부로 파악하여 왔다. 따라서 다시 강조하지만, 우리가 주장하는 공동체자유주의의 공동체주의는 '동양적 공동체주의'에 보다 가깝다고 할 수 있다.

국가정책의 원리로서의 공동체자유주의

지금까지는 공동체자유주의를 국가발전과 국민통합원리 또는 이념으로서 논하여 왔다. 그러나 공동체자유주의는 개별 국가정책을 결정할 때도 올바른 정책선택의 원리로서도 그 가치가 크다. 공동체자유주의는 단순히 관념적 이론적 논의에 그치지 않고 구체적 정책선택원리로써 활용될 수 있다.

공동체자유주의에 기초하여 국가정책을 선택하려 할 때, 우선적으로 가장 중시하여야 할 것이 정부의 모든 제도와 정책이 국민 개개인의 창의와 자유를 신장하는가? 개개인의 선택의 폭을 넓히고 선택의 질을 높이는가? 그리고 그 과정이 투명하고 공정한가? 등이 되어야 한다. 결국 '자유 확대'와 '투명성과 공정성 제고'가 기준이 되어야 한다.

이렇게 자유주의적 입장에서의 국가정책의 기본방향을 선택한 다음에는 반드시 공동체주의적 보완을 해야 한다. 즉 그 국가정책이 공동체적 가치와 연대와 책임을 강화하는가? 아니면 훼손하는가? 를 검토하여야 한다. 비록 자유주의의 원리에 의하여 선택된 국가정책이라 하여도, 반드시 그 정책이 공동체적 가치, 연대, 책임에는 어떠한 영향을 미치는가를 체크

해야 한다는 것이다. 그래서 필요하다면 이미 채택한 자유주의적 국가정책에 대하여 공동체주의적 수정과 보완이 반드시 있어야 한다.

구체적 예를 하나 들어 보자. 예컨대 올바른 교육정책을 세우는 경우를 생각해 보자. 교육정책의 영역에서 '자유주의적 교육정책'은 학생들의 자유와 선택, 그리고 학교의 자율과 책무를 높이는 방향으로 제도와 정책을 바꾸어 나가는 것이다. 그렇게 하기 위해선 학교에서의 교육수요자敎育需要者 사이(학생, 학부모 등)의 자유선택과 자유경쟁의 폭을 높일 뿐 아니라 교육공급자敎育供給者 사이(교사, 학교, 교육부 등)의 자율과 자유경쟁도 반드시 촉진해야 한다. 선택과 경쟁 없이는 발전이 없기 때문이다. 이를 위해선 교육수요자들이 다양한 학교와 다양한 교육프로그램을 선택할 수 있도록 해주어야 한다. 그러한 의미에서 정부의 학교나 교육프로그램에 대한 규제는 가능한 최소화하여야 한다. 다양한 학교와 다양한 교육프로그램이 등장할 수 있도록 그래서 교육수요자인 학생과 학부모가 이 다양한 학교와 교육프로그램 중에서 본인들이 선호하는 학교와 프로그램을 자유롭게 선택할 수 있도록 해야 한다. 여러 학생이 선호하는 학교나 프로그램이 제한적이면 선택경쟁-혹은 입시경쟁-이 일어날 것이다. 그것은 바람직한 일이다. 다만 선택경쟁이 너무 심해지는 것을 줄이려면 공급을 즉 '좋은 학교나 좋은 프로그램'을 늘릴 생각을 하여야 하지, 선택경쟁 자체를 못하게-예컨대 평준화 같이-정부가 나서서 규제를 강화하는 것은 옳지 않다. 자유주의적 교육정책에 맞지 않는다.

지금까지 우리나라에서는 학생들 간의 경쟁은 많았으나, 학교와 교사

등 교육 공급자들 간의 '좋은 교육서비스를 제공하기 위한 경쟁'은 거의 없었다. 이들 간에도 경쟁을 시키고 그 성과를 평가를 하는 것이 자유주의적 교육정책이다. 왜 그런가? 교육정책의 목표는 좋은 교육서비스를 학생 - 그 교육에 맞는 학생들 - 에게 공급하는데 있기 때문이다. 그 교육에 맞는가 여부는 선택경쟁 혹은 입시경쟁을 통하여 결정하면 될 것이다. 여하튼 학생들에게는 '선택의 폭'을 넓히고 교사들에게는 '경쟁의 정도'를 높이는 것이 자유주의적 교육정책이다.

그리고 학교 내에서 이러한 자유주의적 교육혁신educational innovation - 새로운 학교의 등장, 새로운 교육 프로그램과 교육기법의 등장 등 - 이 끊임없이 일어날 수 있도록 제도와 분위기를 만들어야 한다. 더 나아가 이러한 교육혁신이 자유스럽게 나올 수 있도록 학교의 지배구조school governance - 학생과 교사와의 관계, 교사와 교장과의 관계, 교장과 이사장과의 관계, 교장과 교육감/교육부와의 관계 등 - 를 혁신지향형으로 바꾸어 나가야 한다. 학교지배구조 자체가 폐쇄적이고 권위적이면 새로운 자유주의적 교육혁신이 마음껏 시도될 수 없다.

그러나 이러한 자유주의적 개혁만으로는 불충분하다. 반드시 공동체주의적 보완이 있어야 한다.

첫째, 아무리 공정하고 자유스러운 교육환경을 만든다 하더라도 좋은 교육을 받을 기회자체가 원초적으로 봉쇄되어 있는 경우가 발생할 수 있다. 학습부진아와 낙후지역 학생들, 그리고 영세저소득층의 학생들이 그 경우에 속할 것이다. 따라서 학습부진아나 낙후지역 학생들에 대하여는 특별교육프로그램이 필요할 것이고 빈곤층 학생 등에 대한 장학금제도의 일종인 교육 바우처boucher 제도와 같은 보완이 반드시 있어야 한다.

둘째, 개인의 자유선택에만 맡겨서는 공동체적 관점에서 바람직한 교육이 충분히 이루어지지 않는 경우가 있을 수 있다. 예컨대 인성人性 및 도덕교육, 역사와 문학과 철학 등의 인문人文교육, 그리고 기초과학과 기술교육 등이 그러한 분야이다. 이들 분야에 대하여는 자유주의적 교육시장에만 맡기면 공동체가 필요로 하는 만큼의 충분한 교육이 일어나지 않는다. 자유주의 교육시장에만 맡기면 인기분야, 인기학과, 인기대학 – 법학, 경영학, 의과대학 등등 – 으로만 학생들이 몰릴 수 있다. 이것은 장기적으로 개인의 완성과 공동체발전을 크게 막는 길이 된다. 그래서 자유주의에만 맡기지 말고 공동체적 입장에서 인성과 도덕교육, 인문교육, 기초과학교육 등의 분야에 정부가 별도의 교육정책과 지원정책을 반드시 해야 한다. 이렇게 하여 자유주의적 정책과 공동체주의적 정책을 최적결합最適結合optimal mix시켜 국가발전과 국민통합을 함께 이루는 교육개혁을 할 때 우리는 그것을 '공동체자유주의적 교육개혁'이라고 부를 수 있다.

미래를 향하여: 선비민주주의와 선비자본주의

　공동체자유주의에서 주장하는 자유주의와 공동체주의를 구체적으로 어떠한 비중내지 구성으로 결합하는 것이 바람직한가? 양 원리의 최적 결합을 어떻게 달성할 것인가? 하는 문제가 남는다. 사실 이 문제는 대단히 어렵고 중요한 문제이다. 그러나 이론적으로는 두 가지에 의하여 결정될 것이다. 하나는 그 나라의 '경제의 크기'이고 다른 하나는 그 나라 경제의 '발전의 단계'이다. 이 두 가지에 의하여 최적결합의 비율이 결정된다고 본다. 구체적으로는 그 나라의 경제규모가 크면 클수록 자유주의의 비중이 공동체주의보다 클 수밖에 없다. 그리고 경제발전의 단계가 높을수록, 즉 선진경제에 일수록, 자유주의의 비중이 공동체주의보다 클 수밖에 없다고 본다. 반면에 경제규모가 작은 경제 그리고 아직 경제발전의 초기에 있는 경제의 경우에는 상대적으로 공동체주의의 비중이 크지 않을 수밖에 없다고 본다.

　우리는 공동체자유주의가 유일무이唯一無二한 정답이라고 주장하지 않는다. 다만 앞으로 보다 많은 연구와 토론을 통하여 보다 심화되고 발전되어야 할 개념이라고 생각한다. 그러나 공동체자유주의에 대한 논의가 오늘날 세계에서 나타나고 있는 이념과 사상의 혼란과 갈등과 대립을 극복하여 나가는 하나의 단초가 되기를 희망한다. 앞에서 간단히 보았듯이 21세기 들어오면서 많은 나라에서 민주주의는 점차 〔중우衆愚민주주의〕가 되고 있다. 그리고 자본주의는 점차 〔천민賤民자본주의〕가 되고 있다.

우리나라도 예외는 아니다. 앞으로 필자는 우리나라 민주주의와 자본주의가 금욕禁慾과 선공先公을 주장하는 '선비정신'에 의하여 보완되지 않으면 안 된다고 생각한다. 그래서 우리나라에서 '선비민주주의'와 '선비자본주의'를 만들어 나가야 한다고 본다. 정치지도자들이 '큰 선비정신'을 가질 때 그리고 국민들이 '작은 선비정신'을 가질 때, 우리나라의 민주주의는 진정한 '민본적民本的 민주주의' – 백성의 이익을 하늘처럼 생각하는 민주주의 – 가 될 수 있다고 생각한다. 또한 우리나라 기업인들이 '큰 선비정신'을 가질 때, 그리고 우리나라 노동자들이 '작은 선비정신'을 가질 때, 우리나라 자본주의가 진정한 인본적人本的 자본주의 – 인간의 얼굴을 한 자본주의 – 가 될 수 있다고 생각한다. 결국 선비민주주의가 되어야 이 땅에 진정한 '민본적民本的 민주주의'가 등장할 수 있고, 선비자본주의가 되어야 이 땅에 진정한 '인본적人本的 자본주의'가 등장할 수 있다고 생각한다. 또한 그래야 우리나라가 대한민국의 선진화와 한반도 통일에 성공할 수 있다고 생각한다.

그런데 이 선비민주주의와 선비자본주의를 만들어 낼 수 있는 정신적 기반, 사상과 철학이 바로 우리가 지금 논하고 있는 '공동체자유주의' – 동양적 공동체주의와 서양적 자유주의의 융합 – 라고 생각한다. 이 공동체자유주의가 우리나라 뿐 아니라 21세기에 세계 여러 나라에서 나타나고 있는 다양한

민주주의와 자본주의의 위기를 극복하고, 세계의 여러 개별국가들이 '민본적 민주주의'와 '인본적 자본주의'를 찾아가는, 그래서 국가발전과 국민통합의 대도大道를 얻을 수 있는 하나의 출발점이 되기를 희망한다.

우리 사회에서 앞으로 '공동체자유주의'에 대한 보다 심층적이고 생산적이며 미래 지향적인 논의가 많이 있기를 기대한다. 그래서 개인의 인격완성과 자아실현 그리고 공동체의 건강과 발전이 함께 이루어지는 그러한 좋은 세상, 그러한 이상理想사회 – 홍익인간弘益人間, 대동大同사회, 불국佛國정토 – 를 만들어 나가는데, 오늘 우리가 논의하는 공동체자유주의가 의미있는 기여가 될 수 있기를 기대한다.

부록 03

공동체자유주의 약사

| 박 세 일 |
한반도선진화재단 상임고문
서울대학교 명예교수

공동체자유주의의 약사略史

우리나라에서 공동체자유주의는 언제 어떻게 등장하였고 그 이후 어떻게 변화 발전하여 왔는가? 하는 역사를 간단히 살펴보자. 우선 우리나라에서의 공동체자유주의 등장의 역사는 간략히 3단계로 나누어 보는 것이 좋을 것 같다.

제1기는 공동체자유주의가 대학교수, 학자들의 문건 속에 처음으로 나타난 [태동기]이다. 1996년 대학교수, 연구소 박사 등의 이론전문가와 기업인, 공무원 등의 현장전문가 들이 중심이 되어, 정치·경제·사회·문화 등 다양한 분야의 국가정책 과제들을 연구하고 개혁적인 - 이상적이면서도 현실적인 - 정책대안을 제시하기 위하여 [안민정책安民政策 포럼]을 만들었다. 그 안민정책포럼이 [1997년 공동체자유주의]를 주창하는 선언문을 발표했는데 그 선언문에서 우리나라에서 처음으로 공동체자유주의라는 표현이 등장한다. 그것이 우리나라에서 공동체자유주의 담론의 시작이었다.[1]

---

1) 물론 1996년 안민정책포럼은 갑자기 하늘에서 떨어진 것이 아니다. 1985년 KDI에서 국가정책을 연구하던 일단의 연구자들이 KDI에서 나와 대학으로 간다. 그들은 '안민(安民)산우회'라는 등산모임을 만들어 매주 주말에 산행을 하면서 어떻게 하면 이론과 현실을 결합할 것인가를 논의한다. 국가정책을 올바로 세우기 위해선 이론적으로도 옳아야 하지만 현실적으로도 현장적합성이 있어야 한다. 그래서 대학교수 등 이론전문가와 공무원, 기업

그로부터 약 10년이 지나 제2기는 2006년 〔한반도선진화재단(약칭: 한선재단)〕이 등장하면서 시작된다. 한선재단은 안민정책포럼 보다는 좀 더 당면한 현실의 국정과제 연구를 중시하면서도, 큰 방향은 대한민국의 선진화를 위한 국가정책 연구라는 목표를 보다 확실히 한다. 제2기는 한선재단이 안민정책포럼의 공동체자유주의를 계승하여 대한민국 〔선진화의 기본 철학 내지 사상〕으로서 발전시켜 나가면서 시작되었다.

2006년 이후를 공동체자유주의의 〔발전기〕라고 할 수 있다. 2008년에는 한선재단 관련 학자들이 모여 〔공동체자유주의〕(2008년 나남출판)라는 책을 출간하였다. 그러면서 공동체자유주의에 대한 연구와 확산이 보다 본격화되었다.

제3기는 2014~15년 경부터라고 볼 수 있다. 이제는 〔도약기〕로 들어간다고 볼 수 있다. 한반도선진화재단에서 〔선진화〕와 더불어 〔통일〕을 국가비전으로 주장하기 시작한 것은 2009년부터이다. 한반도 통일의 문제를 국민과 국가지도자가 강력한 통일의지와 열정을 가지고 적극적으로 풀지 못하면 통일은 물론이고 선진화도 불가능하다는 문제인식이 배경이었다. 이제는 대한민국이 선진통일의 세계 일등 국가로 가는가? 아니면 삼류 분

인 등 현장전문가들이 함께 만나 이야기하는 기회를 산에서도 가지고 또 주중에서도 작은 사무실을 열어 시내에서 가지기로 한다. 그래서 처음에는 〔남현南峴정책연구소〕라는 연구 사무실을 만든다. 그리고 참여자들의 일부는 1989년 〔경제정의실천연합〕을 만드는 일을 주도하기도 한다. 그러면서 학자 중에서 훌륭한 정책연구 전문가들을 초대하여 토론하고 시대를 앞서는 정치인, 개혁적 공무원과 기업인들을 모셔다. 그들의 현장경험과 비전과 지혜를 배워 왔다. 1985년 시작된 그러한 실사구시적實事求是的 노력이 배경이 되어 약 10년 후인 1996년 안민정책포럼이 등장하게 된다.

단국가로 추락하는가? 하는 역사의 기로에 서있다는 문제의식이었다.

이러한 문제의식을 배경으로 2013년 〔선진통일전략〕(2013년 21세기 북스)이라는 책을 출판하였다. 정부도 2014년부터 통일대박론을 주창하면서 통일이 대한민국 사회의 핵심적 국가비전이자 정책담론이 되었다. 한반도선진화재단은 2014년 여름부터 대한민국이 나아가야 할 길로서 대외적으로는 〔선진통일〕 그리고 대내적으로는 〔국가개조〕라는 화두를 들면서, 이 두 가지를 뒷바침 할 사상과 철학으로서 다시 공동체자유주의를 강조하기 시작하였다. 그러면서 공동체자유주의는 이제 제3기인 도약기에 들어가고 있다고 볼 수 있다.

공동체자유주의가 주장되고 강조되는 데는 각 발전단계 별로 시대적 상황의 변화와 새로운 국가과제의 등장이라는 배경이 있었다. 제1기인 태동기에는 1990년대 초 사회주의 국가가 붕괴되고 세계적으로 지구촌경제가 확대되면서 그리고 지식정보화가 빠르게 진행되면서 1992년 등장한 김영삼 정부가 세계화 개혁 - 세계화 정보화 시대에 맞는 새로운 국가시스템을 구축하기 위한 일련의 국정개혁 - 을 주장하고 나섰던 것이 그 시대적 배경이 되었다. 김영삼 정부가 세계화개혁 - 사법개혁 · 교육개혁 · 노동개혁 · 복지개혁 등 - 을 들고 나온 것은 시의적절한 올바른 결단이었으나 실제의 추진상황은 당시의 지식인 학자들이 보기에는 많이 미흡하였다.

세계화 개혁이 〔미완의 성공〕이 된 그 이유가 어디에 있는가를 고민하던 지식인들은 그 원인을 시대는 개혁과 변화의 시대인데 (1)개혁과 변화를 주도할 사상과 철학이 확실하게 정립되어 있지 아니 했고, 또한 (2)개혁과 변화의 필요성에 대한 국민들의 이해도 많이 부족한데 있었다고 보았다. 그래서 〔안민정책포럼〕은 세계화 정보화시대의 개혁사상, 국정운영철학으로서 공동체자유주의를 주장하기 시작하였다. 그리고 이러한 개혁사상과 철학을 확실히 세우고, 여기서 각 국정분야별 개혁과제, 개혁원칙, 개혁전략 등을 만들어 나가야 한다고 생각하였다. 동시에 그러한 철학과 개혁의 청사진을 언론과 협력하여 국민들에게 알리고 설명해 나가면서 개혁과 변화에 대한 국민적 공감대를 확대하여야 한다고 생각하였다. 그래서 공동체자유주의를 강조하고 주창하기 시작하였다. 제1기인 「태동기」는 이렇게 시작되었다.

제2기 발전기에 즉 2006년경 공동체자유주의가 다시 강조되기 시작한 배경과 이유는 제1기와는 크게 다르다. 제1기에는 1990년대 초 대한민국이 산업화와 근대화의 시대를 끝내고, 세계화 정보화의 시대로 들어가면서, 이러한 새로운 문명사적 변화에 맞추기 위해 요구되는 일련의 국정개혁을 추진하여 위한 개혁사상으로서 공동체자유주의가 주장되었다면, 제2기는 소위 1998년부터 진보정권의 10년이 진행되는 와중에서, 舊 진보와 舊 보수 간의 사회적 갈등과 분열이 너무 격화되고 심화되고 있었다는 것이 공동체자유주의가 다시 주창되고 강조되는 배경이 되었다.

특히 노무현 참여정부시대에 특히 舊 진보와 舊 보수의 갈등과 대립이 너무 첨예하였다. 여기서 舊 보수란 개혁을 거부하는 수구보수, 기득권에 안주하는 부패보수, 시대의 변화를 외면내지 거부하는 보수를 의미하고, 구舊 진보란 소위 NL, PD 라고 하는 시대착오적인 종북적 좌파와 계급투쟁적 진보를 의미한다. 이 두 세력의 사상과 사고는 역사의 발전에 전혀 도움이 안 되는, 아니 역사를 역逆주행시키는 반동反動의 사상과 사고들이었다.

주지하듯이, 2005~6년 경에는 대한민국에서 10여개의 [역사청산위원회]가 만들어지고 구 진보와 구 보수는 대한민국의 과거역사를 가지고 난타전을 벌이고 있었다. 국가가 나가야 할 미래에 대한 고민과 담론은 거의 없었고, 오로지 과거의 싸움만이 판을 쳤다. 여기서 두 가지 필요가 등장하였다. 하나는 새로운 국가 미래 비전을 제시하여야 할 필요, 그리고 다른 하나는 기존의 구 진보와 구 보수를 넘어서는 그래서 국민을 통합할 수 있는 새로운 사상과 철학을 제시할 필요 - 이 두 가지 필요가 등장하였다. 그래서 당시 [한반도선진화재단]이 중심이 되어 국가미래비전으로는 [선진화]를 그리고 구 진보와 구 보수를 뛰어넘은 국가발전과 국민통합 사상 내지 철학으로서는 [공동체자유주의]를 주창하기 시작하였다. 그래서 제2기인 [발전기]가 시작된 것이었다.

2015년 현재 이제는 제3기인 [도약기]로 들어가는 것 같다. 이제 다시 공동체자유주의를 강조하고 주장하게 되는 배경을 보면 2014 ~15년을 계기로 하여 대한민국의 국가과제가 [선진통일]과 [국가개조]로 넘어가고 있기 때문이다. 이제 우리사회가 다시 [통일의 철학]과 [개조의 사상]이 필요한 시대가 되었고 그 답을 우리는 다시 공동체자유주의에서 찾아야 한다고 생각하기 때문이다. 이제 우리는 남한과 북한을 하나로 묶어야 하는 그리고 새로운 선진통일국가를 창조하여야 할 시대적 과제를 가지고 있다. 어떠한 철학과 사상 그리고 가치와 원칙을 가지고 이 선진통일과 국가개조를 성공시킬 것인가?

　다시 강조하지만 이제 대한민국은 선진통일을 위하여 대대적 국가개조가 필요한 시대로 들어가고 있다. 정치, 경제, 사회, 교육, 등 국가시스템 전체의 대대적 개혁이 필요할 뿐 아니라, 대한민국의 정신적 상부구조 – 국민의식, 나라사랑, 헌법존중, 국민윤리, 사회도덕, 직업의식, 노동철학 – 도 크게 개혁하여야 한다. 지금과 같이 국민윤리, 공중도덕, 직업의식, 지도자정신 등이 취약하여서는 대한민국이라는 국가공동체의 발전은 중지되거나 한없이 표류하지 않을 수 없다고 판단된다. 아니 배가 산으로 올라갈 수 있다. 그러면 선진과 통일의 시대를 열기는커녕 [분단 삼류국가]로 추락하게 된다.

　그래서 총체적이고 근본적인 국가개조 – 제도적 개혁과 정신적 개조 – 가 필요한 시점이 되었다. 국가개조를 어떠한 철학과 사상, 가치와 원칙을 가지고 할 것인가? 그 답을 우리는 다시 공동체자유주의에서 찾아야 한다고 생각한다. 이렇게 우리는 선진통일과 국가개조를 위한 새로운 사상·가치·원칙을 세우기 위하여 다시 [공동체자유주의]를 강조하고 있다. 그래서 다시 제 3기 도약기가 시작되고 있다고 볼 수 있다.

　공동체자유주의는 처음부터 완벽하고 치밀한 사상체계 내지 이론체계를 가지고 등장한 것은 아니다. 학자들 간의 각종 정책 토론 속에서 자연스럽게 수렴되는 [사고의 경향성]을 모아가는 과정에서 등장한 하나의 시각, 관점이었다고 보아야 할 것이다. 마치 옛날 선비들이 국시國是와 공론公

論을 만들어 가는 과정과 흡사했다고 볼 수 있다. 오늘의 시대적 과제를 이론적으로만 아니라 실천적으로 고민하는 오늘의 지식인들이 만들어낸, 아니 찾아낸 하나의 [집단지성의 산물]이라고 볼 수 있다.

실사구시實事求是와 학행일치學行一致를 추구하는 학자들이 모여 토론을 하면 자연히 그 주제는 그 시대가 당면한 주요 국가과제가 될 수밖에 없었다. 따라서 공동체자유주의도 그 주장의 강조점이 자연히 그 시대의 국가과제의 변화에 따라 변화해 오고 있었던 것이다. 처음에 태동기에는 [세계화개혁]이, 발전기에는 [진보와 보수의 통합]이, 그리고 이제 도약기에는 [통일과 국가개조]가 중요한 국가과제이기 때문에 그에 따라 공동체자유주의의 강조점도 당연히 변화하여 왔다. 그러나 시대가 변화하여도 항상 자유와 공동체를 함께 소중히 하려는 기본적 문제의식과 기본시각은 같았다.

좀 더 구체적으로 표현하면 [국가발전]과 [국민통합]을 어떻게 이루어 나갈 것인가? 경제적 [풍요]와 사회적 [정의]를, [물질의 진보]와 [정신의 진보]를, 함께 달성하려면 어떻게 할 것인가? [개인의 완성]과 [공동체의 완성]을 함께 달성하려면 어떻게 할 것인가? 어떠한 제도, 정책, 의식, 도덕이 있어야 하고 그 것을 어떻게 만들 것인가? 등이 항상 모든 공동체자유주의 담론을 관통하는 가장 기본적 화두였다.

앞으로도 공동체자유주의의 주장과 강조점은 시대와 국가과제의 변화에 따라 끊임없이 발전하고 진화하여 나갈 것으로 본다. 또한 그렇게 되어야 진정한 공동체자유주의라고 생각한다. 공동체자유주의는 소수가 창안하고 발명한 것이 아니라 다수가 발견하고 함께 만들어 가는 것이기 때문이다.